CW01661044

ŞEY
EVLİY

Mücahitlikten Müteahhitliğe

Eren Erdem

DESTEK
yayınları

DESTEK YAYINLARI: 168
ARAŞTIRMA-İNCELEME: 54

ŞEYTAN EVLİYALARI / EREN ERDEM

Her hakkı saklıdır. Bu eserin aynen ya da özet olarak hiçbir bölümü, telif hakkı sahibinin yazılı izni alınmadan kullanılamaz.

Genel Yayın Yönetmeni: Ertürk Akşun
Editör: Zuhal Doğan
Teknik Hazırlık: İlkTasarı
Kapak: Fikirhane

Destek Yayınları: EYLÜL 2011
2. Baskı: Eylül 2013
3. Baskı: Kasım 2013
4.Baskı: Eylül 2014

Yayıncı Sertifika No: 13226
ISBN 978-605-4455-67-6

© Destek Medya Prodüksiyon&Yayınevi
İnönü Cad. 33/4 Gümüşsuyu
Beyoğlu / İstanbul
Tel : (0212) 252 22 42
Fax : (0212) 252 22 43
www.destekyayinlari.com
info@destekyayinlari.com

Deniz Ofset - Nazlı Koçak
Sertifika No. 29652
Maltepe Mah. Gümüşsuyu Cad.
Odin İş Mrk. B Blok No. 403/2
Zeytinburnu / İstanbul

ŞEYTAN EVLİYALARI

Mücahitlikten Müteahhitliğe

Eren Erdem

DESTEK
yayınları

Eren Erdem; İstanbul'da doğdu. İlk ve orta öğrenimini İstanbul'da tamamladı. On sekiz yaşından beri İslam ilimleri üzerine çalışan, konunun uzmanları ile çalışmalar yapan yazar; İstanbul Üniversitesi'nde Sosyoloji eğitimini yarıda bırakarak İslam felsefesi araştırmalarına devam etmiştir. Yaklaşık 11 yıllık Kur'an çalışmalarını (Kelam, Tefsir) akademik çevrelerde yaptığı konferans ve seminerler ile halka anlatan yazarın **5 kitabı** mevcuttur.

Birçok yazılı ve görsel medya aracında uzun süreden beri makaleler yayınlayan Eren Erdem, şu an bağımsız yazarlık yapmaktadır.

Gayya Karanlığından Kur'an Aydınlığına,

Abdestli Kapitalizm,

Nurjuvazi,

İslam ve Kapitalizm (kol***lektif)*** adlı kitapları büyük ilgi gören yazar, birçok televizyon programına katılmış, çok sayıda gazete, dergi ve yazılı basın aracına söyleşiler yapmıştır.

Yazarın Dinler Tarihi üzerine hazırlamakta olduğu kitap Destek Yayınları'ndan okurlara sunulacaktır.

www.eren-erdem.com

Eğer İslam buysa,
hepimiz Müslüman değil miyiz?

Goethe

İÇİNDEKİLER

Üçüncü Bölüm

Dördüncü Bölüm

Beşinci Bölüm

Altıncı Bölüm

GİRİŞ

Sizlere yaldızlı sözler fısıldamayacağım. Lakin ben, yastığa başını koyduğunda "gökgürültüsü misali horlayarak uykuya gark olanlara değil, uykuya hasret gözler ile; camdan dışarı bakarak, yarınları düşleyenlere sesleniyorum."

Üstad'ın (Dr. Ali Şeriati) dediği gibi "Sizi rahatsız etmeye geldim..."

Bu geleneği sürdürmek üzerine aldım kalemi elime. Ve tıpkı Hallac'ın kelamındaki o esrarlı esinti misali;

Aşk ile kılınan iki rekât da Hakka götürür, lakin abdesti kişinin kendi kanıyla alınsın, diyerek çıktık yolculuğa...

Sizlere hayal pazarlamıyorum. **Ahiret Güzin ablası da değilim.** Size gerçeğinizi anlatmaya, gerçeğimizi hatırlatmaya çalışıyorum...

İslam'ın ruhunu temsil eden Ali'nin dediği gibi;

Yoksulluk küfürdür! (Nehc'ul Belağa)

Fıkıh kitapları okuyup, hazırcevap hadisçilik yaparak; kimseyi morartma gibi bir gayem yok. Velev ki, bu kitabı okuyan herkes, yazarken moraran ben gibi "**mosmor kesilecektir şüphesiz.**"

Üstad Muhammed İkbal, ki Anadolu aydınlanmasının son temsilcilerindendir, şöyle der;

Ölüm güçtür, lakin hayat daha güç...

İnsanımız, içine itildiği buhrandan bihaber; bir kavram fetişizmidir gark olmuş gidiyor...

Herkes bir şey arıyor, ama gerçeği arayan yok maalesef.

Yazdığım kitapları okuyanlar bana soruyor;

"Hocam, kitaplarınızda belge yok."

Ben de diyorum, eğer belge kişiyi uyandırıp akıllandırsaydı; bu ülkenin İstihbarat Görevlileri "**akl'ı selim**" davranırlardı...

Çünkü belgenin kamyonla tartılır ölçekte tutulur odaların anahtarları onlardadır...

Zalimleri ifşa etmek için belge göstermek, bizzat sistemin içine eklemlenmektir.

Ha yok mu bilgi-belge? Evet var...

Biz, onların pisliğini; tüm boyutları ile biliyor ve görüyoruz. Lakin sizlere 3-5 çarpıcı kâğıt parçası sunarak avunmanızı sağlamak yerine, aynaya sevk edip; kendinizi muhakeme etmenizi sağlamak daha yeğdir.

O yüzden, bu kitabı mümkünse bir bütün olarak okumalısınız. Çünkü bu kitapta kendinizi, toplumu ve **sokakta kanayan yarayı** ve çözümleri göreceksiniz...

Kendisini bilen, Hakkı bilir. Evet, bu tam olarak böyledir. Kendisinden gafil olan, Hakkı bilemez...

Şeytanı hiçbir yerde aramayın. Yüksek maliyetli Amerikan filmlerindeki şeytanları unutun; evet, size gerçek Şeytan'ı ve onun dostlarını tanıtacağım...

Bunu, bir Kuran ve Peygamber takipçisi olarak, Hanif bir inanan olarak yapacağım.

Ve yeryüzündeki büyük yalanı, insanı, hakkı anlatacağım.

O yalnız yaşar, yalnız ölür ve kabirden yalnız dirilir... (Hz.Muhammed)

Ve Ebuzer'i Rebeze'den dirilttiğimiz gün, işte o gün; **madrabazların, ikiyüzlülerin, abdestli ve abdestsiz kapitalistlerin, şirk imamlarının defterini düreceğiz...**

Çevremizde konuşlanan bukalemunlara, güce tapıcılara, namus ve haysiyetini basit pazarlıklar ile satılığa çıkartanlara, sırttan hançerleyenlere rağmen...

Yürekten Selam ve Esenlikle...

Eren Erdem

3 Ağustos 2011 – İstanbul

Ebuzer
Ve Davadaşlarının
Anısına…

Birinci Bölüm

ŞEYTAN EVLİYACILIĞININ DİNSEL KÖKLERİ

Hikmet, Miskinleri Kralların yerine oturtur!

(Hz.Yahya)

KURAN'DA ŞEYTAN

Şeytan kavramı çok eski bir kavramdır. İlk kullanıldığı "şaytan" formu, İbranicedir. Düşman manasına gelir. Ve tarihsel olarak sürekli sabit kalmış bir kavramdır. Neredeyse 3-5 bin yıl boyunca hiç değişmemiş ve varlığını korumuştur.

Bunun temel nedeni, insanın "düşman" olgusunu sürekli olarak kabul edişidir. Ve düşmanlık, daimen varlığını sürdürmektedir. Ve baktığımızda; din dilindeki en eski ve köklü kavramın bu kavram olduğunu görürüz.

Şeytan, ilk kullanıldığı dönemlerde, mistik bir varlığa işaret etmemiştir. Salt anlamda "birinin düşmanı" için "şaytan" denilmiştir. Hatta batı dillerinde "satan" olarak vücut bulan bu kavram, İbraniceden direk batıya geçmiştir.

Satan, anti-christ; İsa'ya düşman manasına gelir.

Yani yapısal olarak kelime kendi anlam ve mahiyetini korumuştur.

İnsanlık tarihinde bu kadar etkin bir kavram olmasının birçok nedeninden bahsedebiliriz. Ancak insanbilimsel olarak baktığımızda; insanın ihtiva ettiği zıtlık/polarite ve çelişkiler; olgunlaşma/kemalat yoksunu zihinlerde; mutlak bir düşman üretme ihtiyacı doğurmaktadır.

Bugün de durum aynen böyledir…

İnsanlık tarihinin "**en eski kavramı**" nedir sizce?

Hemen söyleyeyim; "**düşman**" kavramı. Orta Asya kökenli olan bu kavram, insanlığın doğduğu mecralarda hayat bulmuştur.

Ve "düşman kavramının bu kadar köklü bir kavram olmasının temel nedeni", insanlık tarihinin doğru okunuşu ile ortaya çıkacaktır.

Düşman, kötü düşünen manasına gelir. Duj/Duş; kötü uğursuz manasına gelir. Dujmen/Düşman ise; kötü düşünceler barındıran manasındadır.

Ancak kötülük burada tamamen kişiseldir Bir kişi, kendisi için kötü düşünen birine düşmandır. Ve aslında birinin bir başkasına kötülük beslemesinin temel nedeni; kötülük beslenen kişinin de kötülük beslemesidir. Yani, akıbetler genel olarak niyetler ile paraleldir…

Ve yine enteresan bir veri olarak paylaşalım. Bu kavramlar; yerleşik düzene geçiş ile ortaya çıkmış kavramlardır. Genellikle, paylaşım sorunlarında kullanılmışlardır. Ve ilk düşmanlıklar mal-mülk kavgası ile belirmiştir. Ve bu düşmanlıkların kökünde yatan temel etken "ego/benlik" güdüsüdür…

O halde, benlik ve bencillik için tarih "şaytan" diyor dediğimizde, hatalı bir tespit yapmış olmayız.

Din dilinde ise Şeytan, kavramsal kökleri ile ilintili anlamlar ihtiva eder biçimde konumlanır;

Kuran'da ise Şeytan kelimesi yaklaşık olarak **63** yerde geçer. Ünlü dilbilimci Ragıp İsfehani'ye **(Ragıp El İsfehani – Müfredat/Ştn Mad.)** göre bu kelime "ştn" kökünden gelip; **uzaklaşmak** manasına gelir…

Uzaklaşmak, uzak olmak anlamına gelen bu kavram, temelinde "**ontolojik bir varlığa işaret etmez.**"

Kuran'ı "servet ve zenginliğine paravan yapan madrabaz çete tarafından üzeri örtülen", boynuzlu ve kuyruklu bir varlık olarak tanıtılan bu kavram yanlış bilinmektedir.

Yani, uzaklaşan her şey için kullanılır.

Fildişi kulelerden fetva veren, halkın, sokağın derdinden bihaber "hocaefendiler ve ruhbanlar için" cuk oturan bu kavram şu ayetler ile daha belirginleşebilir.

(BAKARA suresi 14. ayet) Bunlar iman etmiş olanlarla yüz yüze geldiklerinde, "Îman ettik" derler. Kendi şeytanlarıyla baş başa kaldıklarında ise söyledikleri şudur: "Hiç kuşkunuz olmasın biz sizinleyiz. Gerçek olan şu ki, biz alay edip duran kişileriz."

(BAKARA suresi 168. ayet) Ey insanlar! Yeryüzündeki nimetlerden temiz ve helal olmak şartıyla yiyin. Şeytanın adımlarını izlemeyin. Çünkü o size açık bir düşmandır.

(BAKARA suresi 268. ayet) Şeytan sizi fakirlikle korkutur, sizi görünür görünmez çirkinliklere sürükler. Allah ise size kendisinden bir bağışlanma ve lütuf vaat eder. Allah, Vâsi'dir, Alîm'dir.

Ancak altını çizmemiz gereken bir nokta mevcuttur. Şeytan hiçbir surette Allah'a düşman, ya da Allah'tan uzaklaştığı için cezalandırılmış bir olgu değildir. Şeytan, ayette de görüldüğü üzre; insanın düşmanıdır. 'İnsan'dan uzaklaştığı, yakınlığı kabul etmediği için yargılanmıştır.

Bu gerçek üzerine tanımı şu şekilde yapmak doğru olacaktır;

Şeytan, insandan ve **insani değerlerden uzaklaşandır...**

Ve şu şekilde özetlenebilir;

Kuran'a göre **şeytan**;

1. Düşmanlık aşılayan (**Bakara 36**),
2. Fakirlikle korkutup cimriliği (**mal yığmayı**) öneren (**Bakara 268**),
3. Ribayı/emeksiz kazancı emreden (**Bakara 275**),
4. İnsanları kendi safında örgütleyen (**Ali İmran 175**),
5. Malları gösteriş için harcatan, müsrifleştiren (**Nisa 38**),
6. Kur'an'ı okunmayan bir kitap haline getirip Kur'an dışı bir din algısı yaratan (**Nisa 60**),
7. İnsan tabiatına aykırı iş ve oluşlar emreden (**Nisa 119**),
8. Vaatleriyle kuruntu ve ümit aşılayan (**Nisa 120**),
9. İnsanlığı iyi ve güzel işler üretmekten alıkoyan (**Maide 91**),
10. Kötülükleri iyilik olarak gösteren, algıları değiştiren (**Enam 43**),
11. Ebedileşmenin, servet ve zenginlik yoluyla mümkün olacağını telkin eden (**Taha 120**),
12. İnsanları telkinleri ile uyuşturan, etki altına alan (**Araf 200**),
13. İsyankâr, inatçı ve bozguncu (**Meryem 44**),
14. İnsanlığı bilgisizliğe, cehalete, bağnazlığa sürükleyen (**Hac 3**),
15. Zenginlik vadeden (**Haşr 16**).

Bu maddeler arasında yer almayan en tehlikeli özellik ise; "Allah ile aldatmak sureti ile kandıran, Allah'ın ismini anarak kandıran, mümin görünümlü müşrikliğin temsilciliğine soyunan" (**Fatır 5, Lokman 33**) diye bir özellikten de bahsetmek gerekecektir.

İlgili ayetleri incelediğimizde, "**Allah ile aldat-**

ma" özelliğinin, şeytani bir özellik olduğunu görürüz. Bu ve benzeri ayetlerde; **"Şeytan sizi aldatır"** noktasına atıf yaparken, meseleyi şu çerçevede sunan bir üslup ile karşılaşırız;

Sizi Allah ile aldatan herkes, şeytandır!

Mümin maskeli müşrikliğin mesleği haline gelen şeytancılığın gerçek anlamı, günü kurtarma adına uydurulmuş hadisler ile eritilir.

Kuran'ın betimlemeler ile dolu anlatımları içerisinde eritilen bu anlam, Kuran'ın vermek istediği esas anlamdır.

Bu çerçeveden ilgili ayetleri inceleyelim;

(A'RAF suresi 11. ayet) And olsun ki sizi yarattık, sonra sizi biçimlendirdik, sonra da meleklere: "Adem'e secde edin" dedik. Onlar da secde ettiler. Ama İblis etmedi, secde edenlerden olmadı o.

(A'RAF suresi 12. ayet) Allah buyurdu: "Sana emrettiğimde secde etmeni engelleyen neydi?" İblis dedi: "Ben ondan hayırlıyım. Beni ateşten yarattın, onu çamurdan yarattın."

(A'RAF suresi 13. ayet) Buyurdu: "O halde in oradan. Senin haddine mi orada büyüklük taslamak! Hadi çık! Sen alçaklardansın."

(A'RAF suresi 14. ayet) Dedi: "İnsanların diriltileceği/gerçekleri görecekleri güne kadar bana süre ver."

(A'RAF suresi 15. ayet) Buyurdu: "Süre verilenlerdensin."

(A'RAF suresi 16. ayet) Dedi: "Beni azdırmana yemin ederim ki, onları saptırmak için senin dosdoğru yolun üzerine kurulacağım."

(A'RAF suresi 17. ayet) "Sonra onlara; önlerinden, arkalarından, sağlarından, sollarından musallat olacağım. Birçoklarını şükreder bulamayacaksın."

(A'RAF suresi 18. ayet) Allah buyurdu: "Çık oradan, yenik düşmüş ve kovulmuş olarak. Onlardan sana uyan olursa yemin olsun ki, cehennemi tamamen sizden dolduracağım."

(A'RAF suresi 19. ayet) "Ey Adem! Sen ve eşin cennette oturun, dilediğiniz yerden yiyin ama şu ağaca yaklaşmayın. Yoksa ikiniz de zalimlerden olursunuz."

Yani çatışmanın temelinde "**insan**" vardır. İnsan ve İblis, ya da şeytan...

Peki "şeytan" tarafından reddedilen "insan" kimdir? Bugün sokakları dolduran kalabalık mıdır?

(BAKARA suresi 30. ayet) Bir zamanlar Rabb'in meleklere: "Ben, yeryüzünde bir halife atayacağım" demişti de onlar şöyle konuşmuşlardı: "Orada bozgunculuk etmekte olan, kan döken birini mi atayacaksın? Oysaki bizler, seni hamd ile tespih ediyoruz; seni kutsayıp yüceltiyoruz." Allah şöyle dedi: "Şu bir gerçek ki ben, sizin bilmediklerinizi bilmekteyim."

(BAKARA suresi 31. ayet) Ve Âdem'e isimlerin tümünü öğretti. Sonra onları meleklere göstererek şöyle buyurdu: "Hadi, haber verin bana şunların isimlerini, eğer doğru sözlüler iseniz."

(BAKARA suresi 32. ayet) Dediler ki: "Yücedir şanın senin. Bize öğretmiş olduğunun dışında bilgimiz yok bizim. Sen, yalnız sen Alîm'sin, her şeyi en iyi şekilde bilirsin; Hakîm'sin, her şeyin bütün hikmetlerine sahipsin."

(BAKARA suresi 33. ayet) Allah buyurdu: "Ey Âdem, haber ver onlara onların adlarını." Adem onlara onların adlarını haber verince, Allah şöyle buyurdu: "Dememiş miydim ben size! Ki ben, göklerin ve yerin gaybını en iyi bilenim. Ve ben, sizin açığa vurduklarınızı da saklayageldiklerinizi de en iyi biçimde bilmekteyim."

(BAKARA suresi 34. ayet) O vakit biz meleklere, "Âdem'e secde edin" demiştik de İblis dışında tümü secde etmişti. İblis yan çizmiş, kibre sapmış ve nankörlerden olmuştu.

Yeryüzünde kan döken, bunu "**ifsad** ettiği için yapan" bir zümrenin halifeleşmesi, yani olgunlaşarak; Allah'ın isim ve sıfatları ile donatılması sürecinden bahseden bu ayetlerde; meleklerin itaat etmesi emredilmektedir. Ancak şeytan itiraz etmektedir. Bunun temel nedeni; yeni durumun "**meleksel**", eski durumun ise "şeytani" durum olmasıdır.

Yani şeytan, yeni durumdan rahatsızdır. Eski durumdan memnundur…

Bugün de bildiğiniz gibi, bütün bu zülüm "kader olarak tanıtılır." Ruhbanizm ve Abdestli Kapitalizm tarafından; zahmetler rahmet, rahmetler ise zahmet kılıfına sokularak sunulur. Bu bozgunculuğun dindeki adı; şirktir.

Ve Şirk en büyük zulümdür… (Bkz. Lokman Suresi 33. Ayet)

Melek kelimesi, "**melaiketul**", olarak çıkar karşımıza. Anlamı, **yönetimsel güçtür**. Kuran'da kastedilen mana ise, ölçüye boyun eğen manasıdır.

Meleklerin şikayetine bakın;

"Kan döken ve ifsad eden."

İfsad, fsd kökünden türemiştir. **Fesad** kelimesi buradan gelir. Anlamı; "ölçüyü bozmak" manasına gelir. Yani, yeryüzünde ölçüyü bozan insanın, halifeleşeceği; yani ölçüye uyumlanacağı söylenmiş, bunun üzerinde; o topluluk içinde

"ademleşme süreci başgöstermiş", akabinde insan sisteme/tabiata uyumlanmıştır.

Yani yeryüzünde, zaten insan vardı ve sadece bir hal değiştirdi.

Yoksullar yoksullukla, zenginler servetle imtihan ediliyor diyebilecek kadar 'dinidarlaşmış' zihinlerin, Allah'tan ve Kuran'dan feyz almadığı aşikardır. Bu çerçevede, insan suretine bürünmüş iblislerin, zamane filmlerine senaryo olan halkın bilmesi gereken temel unsur; eski sürecin yapısıdır.

Bu durumdan rahatsız olan tek unsur; şeytandır. Ve şeytan Adem'e şu telkinde bulunarak Adem'in ayağını kaydırmış, tekrar eski sürece dönüşünü sağlamıştır;

(TÂHÂ suresi 120. ayet) Derken, şeytan ona şöyle diyerek vesvese verdi: "Ey Âdem! Sana, sonsuzluk ağacıyla eskimez-çökmez mülkiyeti göstereyim mi?"

Ayette geçen "şeceratil huldi ve mulkil la yebla" vurgusu şu anlama gelir;

Ebedilik-sonsuzluk ağacını yani çökmez mülkiyeti...

İşte Kuran'daki yasak ağaç budur. Bu ayet, bizzat yasak ağaç ayetidir. Ve Kuran'a göre; Adem, bir ağaçtan meyve falan yememiştir. Yasak ağaçtan kasıt, **mülkiyettir...**

Mülkiyetin varlığı değil, kullanımı sorunsalından bahsetmemiz gerekiyor.

Mesela bugün içine itildiğimiz ideolojik kamplaşma ortamı bünyesinde de "**mülkiyet sorunu başgösterir.**"

İdeoloji, siyasal ya da toplumsal bir öğreti oluşturan, bir hükümetin, bir partinin, bir toplumsal sınıfın davranışlarına yön veren politik, hukuksal, bilimsel, felsefi, dinsel, moral, estetik düşünceler bütünü, en basit tabirle bir ideoloji, düzenlenmiş, yapılanmış bir fikirler bütünüdür.

Peki düzenleme ihtiyacı nereden kaynaklanmıştır?

İşte az önce bahsettiğimiz ayetlerdeki "ifsad" düzen ihtiyacı yaratmıştır. Ki; o ayetler dahilinde de bu görülür.

Esasında, Ademleşme öncesi var olan düzene çözüm sunan fikirler ortaya atılmıştır. Yani ideolojiler vardır. Çünkü bir düzen ihtiyacı başgöstermiş, böyle bir talep oluşmuştur.

Ancak, ideolojiler çözüm getirmemiş; ancak bir noktaya taşıyarak olgunlaştırmıştır. Dolayısı ile netice itibari ile "egosal saplantılardan arınma" farkındalığına erişilmiş ve ortaya adem çıkmıştır. (Bu meseleyi biraz daha açmamız gerekiyor, lakin biraz daha zamana ihtiyacımız olduğu kanaatindeyim.)

Ve insana düşman olan şeytanın telkini olması noktasında, Kuran'a göre mülkiyet; insanlığa düşmanca bir olgudur. **Bu çerçeveden bakarsak; bu ayetlerin hiçbiri "ontolojik bir süreci tanımlamamakla birlikte, tamamen sosyolojik (toplumbilimsel) ve antropolojik (insanbilimsel) bir çerçevede incelenmesi gereken ayetlerdir…**

Ve belirttiğimiz gibi Şeytan, bir varlık değil; insanlık fıtratında var olan bir yaratılış kuvvesidir.

Bir diğer noktası hasebi ile, bu süreçte Adem, ilk insan değildir. Sürecin yaşandığı yer de; göklerdeki bir cennet değil, doğrudan yeryüzüdür.

Bu bahsimizin delillerini şu şekilde sıralayabiliriz.

HALİFELEŞTİRME BAHSİ – ADEM İLK İNSAN MI?

Türkiye'de yapılan mealler arasında yanılmıyorsam sadece 3 meal Bakara Suresi 30. Ayeti doğru çevirmiştir. **Prof. Dr.Yaşar Nuri Öztürk, Hakkı Yılmaz ve İhsan Eliaçık…**

Ayetin tam karşılığı şu şekilde olmalıdır;

(BAKARA suresi 30. ayet) Bir zamanlar Rabb'in meleklere: "Ben, yeryüzünde bir halife atayacağım" demişti de onlar şöyle konuşmuşlardı: "Orada bozgunculuk etmekte olan, kan döken birini mi atayacaksın? Oysaki bizler, seni hamd ile tespih ediyoruz; seni kutsayıp yüceltiyoruz." Allah şöyle dedi: "Şu bir gerçek ki ben, sizin bilmediklerinizi bilmekteyim."

Bu ayet, genellikle şu şekilde çevrilir;

(Örnek çeviri – Diyanet Meali)

Hani, Rabbin meleklere, "Ben yeryüzünde bir halife yaratacağım" demişti. Onlar, "Orada bozgunculuk yapacak, kan dökecek birini mi yaratacaksın? Oysa biz sana hamdederek daima seni tesbih ve takdis ediyoruz" demişler. Allah da, "Ben sizin bilmediğinizi bilirim" demişti.

Bu çeviri baştan sona hatalıdır. Çünkü çeviride; yeryüzünde bir halife yaratacağım, ifadesi kullanılarak; sanki yeryüzünde insan yokmuş havası verilir. Ve gelecek zamana atıf yapılarak, meleklerin geleceği bildiği yanılgısı pompalanır...

Ayette "yaratma/hlk" ibaresi asla geçmez. "Tayin etme/ceale" ifadesi geçer. Ceale kelimesi, ca'l kökünden gelir. Anlamı, var olan bir şeyin halini değiştirmektir. Suyun buza, buzun suya dönüşmesi gibi...

Bu açıdan, bu ayet asla böyle çevrilemez. Kasıtlı olarak böyle çevriliyor ise, bu bir yalandır, aldatmadır. Bilinçsizce yapılmışsa, gaflettir, dalalettir...

ADEM'İN CENNETİ NERESİ?

(A'RAF suresi 19. ayet) "Ey Adem! Sen ve eşin cennette oturun, dilediğiniz yerden yiyin ama şu ağaca yaklaşmayın. Yoksa ikiniz de zalimlerden olursunuz."

Bu ayete göre, yeryüzünde kan döken varlık ademleşmiştir. Akabinde cennete girmiştir. Yani bir önceki aşama(kan dökülen ortam) cennet değildir. Ve Kuran diyalektiğine göre; bu ortam cehennemdir.

Ancak her ikisi de dünyadadır. Yani esasında seyir, cehennemden cennete doğrudur. Bu çerçeveden bakalım;

(KALEM suresi 17. ayet) Biz onları, o bahçe sahiplerini belalandırdığımız gibi belalandırdık. Hani, onlar sabaha çıktıklarında, bahçeyi mutlaka kesip biçeceklerine yemin etmişlerdi.

Kalem Suresi 17. ayette ilginç bir ifade geçer; "ashabel cenneti."

Bu ayette ve devamında; yeryüzündeki bahçe sahipleri için "ashabel cenneti" diye bir hitap kullanılır. Aslına bakarsanız Adem sürecini de tanımlayan bu bölüm, **Kuran'ın ilk kıssası/hikayesidir.**

Bu kıssada, yeryüzünde bahçe işleri yapan ve dileyen herkesin o bahçelere girip ihtiyacını aldığı bir ortamdan söz edilir. Akabinde, bahçeyi devşirenlerden biri ve ya birkaçı; bu bahçeler bizim malımızdır der ve helak olurlar…

Bir diğer yönü itibari ile, paylaşım ve bölüşüm düzeni içinde "**cennet ashabı**", ancak bu paylaşıma karşıt konumlanmak suresi ile "**cehennem ashabına**" dönüşmüşlerdir.

Cinn, Cennet, Cinnet, Cünnet ve benzeri kavramlar, "algılanamayan" manasına gelen, cnn kökünden gelir. Ama yanlış bilinen şey; "algılanamama durumunun"; bunların mistik ya da gizemli olgular olmasından ileri geldiği değildir, algılanamayışlarının nedeni, içinde bulunamamaktandır.

Kuran'a göre cennet, içine girilmedikçe, deneyimlenmedikçe anlaşılmayacak bir ortamdır. Yapısal olarak, bir yeryüzü ideali, bir bölüşüm ve paylaşım düzenidir.

(ÂLİ İMRÂN suresi 142. ayet) Yoksa siz, Allah içinizden uğraşıp didinenleri seçmeden, sabredenleri seçmeden cennete gireceğinizi mi sandınız?

Ve yine Kuran'a göre; cennete girmek için, uğraşmak, didinmek gerekmektedir. Bir mücadele sürecinin varlığı söz konusudur.

Ve Cennet ortamı şu şekildedir;

(Taha Suresi 115 ve 120. Ayetler) Yemin olsun, biz daha önce Âdem'e ahit verdik de unuttu; biz onda bir kararlılık bulamadık. Hani meleklere "Âdem'e secde edin" demişti de İblis müstesna hepsi secde etmişti. İblis dayatmıştı.

Bunun üzerine biz şöyle demiştik: "Ey Âdem! Şu, senin de eşinin de düşmanıdır, dikkat et de sizi cennetten çıkarmasın; sonra bedbaht olursun."

"Senin burada ne acıkman söz konusudur ne de çıplak kalman."

"Ve sen burada ne susayacaksın ne de güneşten yanacaksın."

Derken, şeytan ona şöyle diyerek vesvese verdi: "Ey Âdem! Sana, **sonsuzluk ağacıyla eskimez-çökmez mülkiyeti** göstereyim mi?"

Kuran'ı düşünerek okumama hasebi ile halkımızın peşkeş çekildiği din baronları, bu ayetleri bilmiyor olsa gerek...

Dikkatli incelediğimizde, Allah Adem'e cenneti tanıtmaktadır. "Orada aç kalmazsın, çıplak kalmazsın, susamazsın ve güneşten yanmazsın."

Adem şöyle bir soru soruyor mu ?

- Açlık nedir?
- Çıplaklık nedir?
- Susuzluk nedir?
- Güneşin sıcağı nedir?

Hayır! Sormuyor...

Çünkü bunları yaşamış, deneyimlemiş, rahatsızlık duymuş, **alternatif bir yola girmiş...**

Ve bu yola girdikten sonra "şeytan ona karşı çıkmış", bir önceki durumuna geri sürüklemek için; "**sana sonsuzluk ağacını, yani mülkiyeti göstereyim mi**" diyerek, sürecin son noktasını koymuştur.

Tekrarlıyorum, şeytan Allah'a değil, Adem'e ve yeni sürecine karşı çıkmış. O sürecin alternatifi olarak "**mülkiyeti önermiştir.**" Ve zaten Adem öncesini melekler "kan döken ve ölçüyü bozan" süreç olarak tanımlamıştır.

Yani, Taha suresi 120. Ayet ile, Bakara Suresi 30. Ayet birlikte okunduğunda ortaya çok açık ve net biçimde şu resim çıkmaktadır;

Mülkiyet; kan ve bozgunculuğun yegâne nedenidir.

Ve aslında bu ayetler, birkaç bin yıllık ayetler değildir. Yaratılışı içermekle beraber, yaratılış sürecine ait ayetler değillerdir.

Bugünün insanına atıflar içeren, evrensel ve tüm zamanları kapsayan "**ayetlerdir.**"

Ve bu ayetlerin tefsiri mahiyetini taşıyan surelerin başında "**Kalem Suresi**" gelir. O sureyi de bütün olarak görelim dilerseniz;

KALEM SURESİ/BAŞLANGICI

N.

Kaleme ve yazdıklarına andolsun! (Kalem ve kalemin yazması bir gerçeklik olduğundan, bu "gerçeğe yemin olsun" manasına gelir.)

Sen, Efendin sayesinde; ajan ya da dış güçlerin adamı değilsin! (Cinlenmiş değilsin/bkz. Cinlenenlere adlı makalem www.eren-erdem.com)

Ve senin bu mücadelenin neticesinde, büyük bir karşılık var! Çünkü sen çok büyük bir ahlak üzerindesin. Yakında görürsün ve onlar da görecek…

Hanginizmiş "**fitnebaz ve ajan.**"

Şunda hiçbir şüphe yok ki, Allah; kendi yolundan sapanı ve o yolu sürdüreni çok iyi bilir. **O halde, sana sapkın diyenleri asla kafana takma!**

Onlar senin onlara yağcılık yapmanı, böylece onların da sana yağcılık yapmasını ve aranızda bu tarz bir çıkar ilişkisinin sürmesini istiyorlar!

Ve özellikle şu adamlara dikkat et;

Çok yemin eden, aşağılık, işi gücü koğuculuk, laf taşımak, iyilik yapmayı engelleyen, agresif, kötülükle dolu, göbeği şişik, kaba ve kötülükle damgalı.

Böyle davranmasının nedeni; zenginliği, malı-mülkü ve oğullarının varlığıdır.

O'na yeryüzündeki doğayı, tabiatı yani delillerimizi gösterirsin. Onlar da sana; "**bunlar artık eskilerde kaldı, biz çağa uymalıyız**" der.

Ama yakında burnu sürtülecek!

Tıpkı o bahçe sahiplerine yaptığımız gibi. **Onlar, sabah bahçeye gidip çalışacak, emek harcayacaklardı;**

Bu konuda istisnasızlardı. Yani asla aksatmazlardı.

Fakat onlar uyurken, bahçelerini büyük bir bela sardı. Bahçe simsiyah kesildi.

Sabah kalkıp birbirlerine seslendiler;

"Haydi, çalışmak için erkenden bahçelere gidin" diye. Derken yürüdüler, aralarında şöyle konuşuyorlardı;

Aman bugün erkenden gidelim de, bir yoksul bahçeye gelip aramıza girmesin.

İşi gücü alıkoymak ve şiddete başvurmak olan bu adamlar bahçeye vardılar. Gördükleri manzara karşısında şaşırıp; **"Biz yanlış geldik galiba"** dediler.

Yok yok! Biz büyük bir zarara uğramışız, demeye başladılar.

İçlerinden makul olanı, **"Ben size Efendinizi hatırlayın, bu yolla efendilik taslamayın, yani Efendiniz Allah'ın kullarının bahçenize gelip mahsul almasına mani olmayın demedim mi?" dedi.**

"Evet halkısın, Efendimize uyarız ki biz gerçekten zulmetmişiz," dediler.

Sonra birbirlerine döndüler ve birbirlerini suçlamaya başladılar. Dediler ki;

"Yazıklar olsun bize, biz gerçekten zenginlikle şımarmışız."

Umarız ki Allah bize daha hayırlısını verir, O'na yöneliriz, O'ndan umarız…

İşte bizim bahsettiğimiz azap böyledir. Ahiret azabı büyüktür. Keşke bunu hesap edebilselerdi.

(Not: Bahçe sahipleri bölümünde bahsedilen azap, kendi elleriyle yaptıkları bir azaptır. Yani; onlar paylaşan, bölüşen bir halkı, mülkiyetçi bir halka dönüştürmüş, bu dönüşüm kendilerine de zarar vermiştir. Çünkü sadece kendilerini değil, tüm insanları aynı çizgiye sokan bu adamlar, yine kendi yapıp ettiklerinden dolayı zarar görmüşlerdir. İşte Kuran bunu "bizim azabımız" diye tanımlar, çünkü doğada karşılığı olan bir durumdur. Yani, bunu kim yaparsa, doğanın kanunları gereği başına bu iş gelir, manasındadır.)

Fakat! Allah'a karşı gelmeyen; yani gereğini yapan(**bölüşen-paylaşan/ bu anlama gelmesinin nedeni, bu ayetin bölüşmeyenlerle ilgili bir bölümden sonra gelmesidir. Yani bahçe sahipleri Allah'a karşı gelmiş yani bölüşmemiştir. Dolayısı ile Allah'a karşı gelmemek: bölüşmek**) kişiler için, Rableri/ efendileri nezdinde bol nimetler ile doldurulmuş cennetler vardır.

Hiç, barışseverleri; savaşsever suçlular ile bir tutar mıyız?

Sizin neyiniz var? Nasıl böyle hükümler üretiyorsunuz?

Yoksa size özel bir kitabınız var da ondan mı okuyorsunuz?

O kitapta "**beğendiğiniz her şey sizin malınızdır**" diye bir şey mi yazıyor?

Yoksa size karşı, uyanış gününe kadar sürecek taahhüt ya da anlaşmalar mı var?

Sor onlara: **bu tip bir şeye hangisi kefil?**

Yoksa onlara yardım eden "**aracı tanrıları mı var**"? Hadi doğrucu kimselerse çağırsınlar onları da görelim!

Gerçeklerin meydana çıkacağı gün, onu da yapamayacaklar.

Gözleri yere bakan, egoları çatlamış vaziyette duracaklar! Hâlbuki sağlam iken iyilik yapmaya, iyiliğe yönelmeye davet edilmişlerdi…

O halde bu yalancıları bana bırak! Onları bilmedikleri yönden adım adım azaba yaklaştıracağız.

Onlara mühlet veriyorum, benim tuzaklarımı hiç kimse bozamaz!

Yoksa sen onlardan yüksek bir ücret istedin de ondan mı böyle borç altında kalmamak için kaçıyorlar?

Yoksa, yarın başlarına ne geleceğini biliyorlar mı? Bu kadar emin davranmalarının nedeni ne?

Allah'ın hükmünün gerçekleşmesi için kararlı ol! Balık sahibi gibi olma…

Eğer O'na Rabbinden bir nimet ulaşmasaydı, inan büyük bir sıkıntıya girecekti.

Fakat Allah O'nu seçti ve iyilerden kıldı.

O gerçeklerin üzerini örten yalancılar, sen onlara Kur'an'ın önerilerini anlattığında, gözleri ile seni devirecek gibi bakıyorlardı. Ve; Bu kesin ajandır, dediler.

Halbuki o anlattıkların bütün jenerasyonlar için geçerli bir öğüt, tavsiyedir.

(KALEM SURESİ/SONU)

(Not: Sure "Nun" gibi bir huruf'u mukatta ile başlar. Bu ve benzeri huruflar ile başlayan surelerin başındaki harfler, asırlardır tartışma konusu olmuşlardır. Ancak bunlar esasında hiçbir mistik anlam içermezler. Bu harflerin sırrı şöyle özetlenebilir;

Araplarda şairler, meydanlarda şiir okurlar. Ve halkı etraflarına toplamak için, okur-yazar olduklarını sembolize eden çağrılar yaparlardı. Bu çağrılar şuna benzer çağrılardı;

A b c d e f g....

Şair, harfler sıralayarak halkın şiir dinleyeceğini, ya da bir haber vereceğini duyururdu. Bu bir çeşit "se" uyarısıdır. Hani düğünlere gittiğinizde, müzikten önce mikrofona "se" diye bir ses verilir. Bu bir uyarıdır...

Kuran'ın huruf ile başlayan surelerinin "**meydanlarda açıklanan sureler**" olduğunu düşünmekteyim. Ve Allah'ın stratejik önerisi icabı, bazı sureleri meydanlarda haykırtması noktasında bir uyarı olduğunu düşünüyorum. Bu gözle okuduğunuzda, gerçekten de mantıklı olduğunu göreceksiniz. Çünkü Huruf'u Mukatta/Sıralı harfler ile başlayan sureler, servet ve iktidar sahiplerinin korkulu rüyası olan surelerdir...)

Görüldüğü gibi, Kuran'ın henüz 2. suresinde yeryüzünde cereyan eden problemin faili olarak bir tipolojiye işaret edilir;

Ve özellikle şu adamlara dikkat et;

Çok yemin eden, aşağılık, işi gücü koğuculuk, laf taşımak, iyilik yapmayı engelleyen, agresif, kötülükle dolu, göbeği şişik, kaba ve kötülükle damgalı.

Böyle davranmasının nedeni; zenginliği, malı-mülkü ve oğullarının varlığıdır.

O'na yeryüzündeki doğayı, tabiatı yani delillerimizi gösterirsin. Onlar da sana; "**bunlar artık eskilerde kaldı, biz çağa uymalıyız**" der.

İşte kan döken, bozgunculuk eden, fitnebaz ve yardakçı tipin temel arzu ve güdüsü Kuran'ın deyimi ile "**mal ve evlatlardır.**"

(Tekasür Suresi 1. Ayet) Bir mal çoğaltma yarışıdır, oyalanıp duruyorsunuz...

Bu gerçekliğe binaen şu cümleyle bahsi kapatmamız gerekir;

İnsana karşıt olan kuvve şeytandır. Ve bu karşıtlığın en büyük silahı "**mülkiyettir.**"

Esas mesele şimdi başlıyor! **Peki "insan" nedir? Ya da Adem...**

Kuran'da insan kelimesi, ins kökünten türemiş bir kavram olarak çıkar karşımıza. İnsiyan formunda biçimlenen bu kavram, "algılanabilen/açık, iletişim kurulabilen, etkileşim içinde olunan" anlamlarının toplamıdır.

Hatırlarsınız ki cin için, algılanamayan demiştik. İçinde olunmadığı için anlaşılamayan durum, olgu ve hal.

İnsan da, her hali ve yönüyle "açık", şeffaf, berrak, iletişim kurulabilen, yani bilgiye açık ve etkileşim içinde olunan, sebep-sonuç ilişkileri kurabilen ve gerçek-doğru nazarında eylem üreten gibi anlamların bileşkesi olarak tanımlanmalıdır.

Bu çerçevede şunu söylemek gerekir ki;

Yeryüzünde 7 milyar insanın varlığından bahsetmek, yalancılıktır...

Evet, yeryüzünde 7 milyar, gömlek giyen, konuşan, düşünen varlık vardır. Ama "insan" ya da kan dökmeyen form/Adem yoktur.

Bunun temel nedeni de, insanı aldatan unsurların; bu aldatmada araç olarak "Allah'ı kullanma gayesidir." Kuran bu namussuzluğa; "Allah ile Aldatılmayın(Fatır 5)" diyerek, manifesto niteliğinde bir tokat sallamış, ancak bu şeytanlar topluluğu, insan ile Kuran arasına duvar örerek, aldatmaya devam etmişlerdir.

Yani şöyle formüle edebiliriz;

Adem/İnsan .... İnsanlaşacak/İnsansı

Bu ikili, görüntü olarak aynıdır. Ama içerik olarak farklıdırlar. Yani ürettikleri eylemleri ile birbirinden ayrılırlar.

Esas noktaya gelelim;

İnsansı, İnsan'a yakın ama bir o kadar da uzaktır...

Uzak/Şeytan oluşu hasebi ile yeryüzünde kan durmamaktadır. Bu kanın nedeni, ölçüyü bozmasıdır. Yani, nimetleri tekeline alma güdüsüne/yasak ağaca sahip olmasıdır.

Şeytancılık, eski bir ideolojidir. İdeoloji bataklığına dönmüş zihinlerde varlığını koruyan belirgin bir karakterdir.

İnsanı, kendisine yabancılaştıran, dolayısı ile topluma ve insani değerlere yabancı kılan bütün olgulardır...

İnsanın ana menzilini açıklayan biz atasözünü buraya taşımak isterim.

Haydan gelen huya gider...

Şimdi, bu sözü herkes muhakkak kullanmıştır. Ama size bu sözün gerçekte nasıl çarpıtıldığını ispat edeceğim.

Sözün orjinali şudur;

HAYY'dan gelen, HU'ya gider...

Halk arasında, kötü yoldan gelen, kötü yola gider gibi bir anlamla bütünleştirilen bu ifade, esasında, Allah'tan gelen Allah'a gider gibi bir mana taşımaktadır.

Ama kullanılan sıfatlar icabı, teorik bir dinamit, ya da bilinç patlaması yaratacak kadar engin ve dolu bir ifadedir;

Çünkü "**Hayy**" sıfatı, Allah'ın dirilik sıfatıdır. Hu ise "O" **manasına gelir.**

Yani, dirilikten kastedilen "bölünme", ya da kesri/çokluk algısı, mutlak anlamda "hiçliğe" yani vahdete seyretmektedir.

Bu işin sırrı ise şu ayet ile ifade edilir;

(**YÛNUS suresi 30. ayet**) İşte orada, her benlik önceden gönderdiği şeyi kendisi deneyecektir. Hepsi gerçek Mevlâ'larına döndürülmüş, iftira aracı yaptıkları şeyler kendilerini koyup gitmiştir.

İnsan, eğer yaratılışı itibari ile "eşya" ötesine bakabilirse, yani gözü 1 milyon kere büyük gösterirse, aslında her şeyin tek bir şey olduğunu görür (atomaltı düzeyden bahsediyorum.)

Bu durumu anlamak için birkaç dakikalığına kitaba ara verip şöyle düşünün;

Doğduğunuz an itibari ile, gözünüz 1 milyon kere büyük gösteriyor her şeyi. Ve size; kitabı bana göstermenizi istiyorum...

Bana kitabın ne olduğunu sorarsınız. Ve kitabın var olmadığını söylersiniz. Çünkü gördüğünüz şey, tek bir şeydir. Ve aynı şeydir...

Bu çerçeveden, ne iş vardır, ne oluş. Ne fiil vardır, ne fail...

Her şey yapısal olarak, kendi karakteri dahilinde akıp gitmektedir. Ve bütün kainat bu şekilde tavaf etmektedir hakikati...

Ki bu mecazlı sözde, HAYY'dan gelmek, eşyanın süsüne

aldanmaktır. HU'ya gitmek ise; eşyanın hakikatini anlamak, idrak etmek ve kabullenmektir.

Bunun dünyevi duruşu ise, eşitlenmektir. Yani, bütün farklılıklara itiraz ederek, eşitlenmeyi savunmak, böylece; hakikatine uyumlu tavır sergilemektir.

Ki işte, bu gerçekten kopan algıya "yabancılaşmış/şeytanlaşmış" algı diyoruz. Ve şeytanlaşma temayülü, salt anlamda "dini yozlaştırarak aldatanlar için değil, dini reddetse de insanlığın tarihsel çelişkisine bağımlı/mülkiyetçi tutum sergileyen her varlık için kullanılmalıdır…

Bu çerçeveden, felsefi, teolojik ve sosyolojik çözümlemeler ışığında düşünmeye devam edelim.

İşte bu kitapta, Kuran'ın şeytan gerçeğinin günümüz dünyasındaki konum ve işlevlerini tahlil etmekteyiz.

Bu açıdan bakarak devam edelim…

ŞEYTAN EVLİYALARI VE ŞİRK

Mevcut tanımlar üzerinden yola çıktığımızda, Şeytan evliyası kavramı; "**düşmana dost olmak**" manasına gelir.

(EN'ÂM suresi 121. ayet) Üzerine Allah'ın adı anılmayanlardan yemeyin. Böyle bir şey tam bir yoldan çıkıştır. Şeytanlar kendi evliyasına/dost ve destekçilerine sizinle mücadele etmeleri için elbette ki vahiy gönderirler. O şeytan evliyasına boyun eğerseniz kesinlikle müşrikler oldunuz demektir.

Düşmana dost olursanız, müşrik olursunuz gibi bir anlatım; bize salt anlamda "dinsel bir içerik sunmaz."

Şeytan insana düşman olduğuna göre, insanlığa düşman olanlara, insani değerlere düşman olanlara, hatta insani değerlere düşman olan fikir ve ideolojilere yakın durur/dost olursanız, şirke batarsınız demektedir.

Peki bu nasıl olur? Ya da dinsel algıda neden bu durum bu kadar anlaşılmaz hal almıştır?

Çünkü din elbisesini tersten giyen "mollalar", Allah'a kulluğu terk etmiştir. Mollanın dini, afyondur. Ve insanı köle, nimetleri özel mülkiyeti, dini de saltanat aracı olarak görmenin kurumsallaşmış yüzüdür.

Bu kurumsal yapının insanlara dayattığı din; Kuran dışıdır. Öyle ki Kuran'ın bütün kavramlarına adeta saldırılmış, kavramların içi boşaltılmış ve anlaşılmaz hale getirilmiştir...

Tekrar hatırlatalım;

(EN'ÂM suresi 121. ayet) Üzerine Allah'ın adı anılmayanlardan yemeyin. Böyle bir şey tam bir yoldan çıkıştır. Şeytanlar kendi evliyasına/dost ve destekçilerine sizinle mücadele etmeleri için elbette ki vahiy gönderirler. O şeytan evliyasına boyun eğerseniz kesinlikle müşrikler oldunuz demektir.

Evliya kelimesi insanımız tarafından, tütsülenmiş bir kelimedir. Evliya, salt anlamda "dost" manasına gelir. Allah Evliyası, Allah'ın dostu, şeytan evliyası ise şeytanın dostu manasındadır.

Evliyacılık, mümin maskeli müşrikliğin ticaret aracıdır. Evliyaya tapınma, Kuran'ın şirk dediği; aracılık olgusunun hayata egemenleşmesi noktasında önemli bir eylemdir.

Allah'ın berisinden evliyalar edinerek Allah'a ulaşma/yaklaşma arzusu Kuran'a göre şirktir. (Bkz. Zümer Suresi 3. Ayet)

Enam Suresi 121. Ayete baktığımızda, şeytan evliyasına boyun eğmenin de, **müşrikleşmeye** yol açacağı söylenir.

Bugünün Müslüman zihnini perişan eden zillet, tevhidin değil, şirkin bilinmemesidir. Şirk'i salt anlamda puta tapınma dini olarak anlamak, büyük bir yanılgıdır. Aksine şirk, insanlık tarihinin en eski dinlerinden biridir. **Şirk, şeytanın telkinlerine dayalı olarak insan-toplum ilişkisini düzenleyen bir kurallar manzumudur.**

Ve kökenindeki çelişki şu ayetler ile izah edilebilir;

(Muminun Suresi 51-62 arası):

İşte sizin bu ümmetiniz bir tek ümmettir. Ve ben de sizin Rabbinizim; o halde benden sakının!

Ama (sizi izlediklerini söyleyen toplumlar) aralarındaki bu birliği bozup parça parça oldular; her hizip (ancak) kendi benimsediği (öğretinin dar ve katı kalıpları) içinde rahat soluk alır oldu.

Artık sen onları bir süreye kadar kendi gafletleri içinde bırak.

Sanıyorlar mı ki, kendilerine verdiğimiz mal ve oğullarla güçlendiriyoruz onları,

Biz onların hayırlarına koşuyoruz (veya yardım ediyoruz)? Hayır, onlar şuurunda değiller.

Onlar ki, Rablerine saygıdan titrerler,

Onlar ki, Rablerinin ayetlerine iman ederler,

Onlar ki, Rablerine ortak koşmazlar,

Onlar ki, verdiklerini, Rablerine dönecekleri için kalpleri ürpererek verirler;

İşte onlar, hayırlarda yarışmaktadırlar ve onlar bundan dolayı öne geçmektedirler.

Muminun Suresi 51-62 arası

İlgili ayetlere göre, mal ve evlatlar; kişiyi güçlendirmek için verilmemiştir. Halkı-Tek toplumu güçlendirmek için bahşedilmiştir.

Rabb kelimesi ise "ekonomi-politik" bir sıfattır. Yani, insanlığın davet edildiği "ideal ortamda", hiçbir rabbin, **yani üstünleşecek bir efendinin/patronun/üstünün olmadığı ifade edilir.** Allah'ın tek rabb olması ise, O'nun öngördüğü biçimde şekillenecek bir paylaşıma işaret eder.

PEKİ, BU PAYLAŞIM NASIL OLACAK?

(NAHL Suresi 71. Ayet) Allah rızıkta kiminizi kiminize fazlalıklı yaratmıştır. Peki neden fazlalıklılar, az olanlara vererek onda eşitlenmiyorlar? Allah'ın nimetini inkâr mı ediyor bunlar?

Yani Allah'ın tek Rabb olduğu toplum, "**eşitlik toplumudur.**" Bu eşitliğin, insanlığı "ırksal ve üstünlüğe dayandırılan çelişkilerden arındıracağı, onları tek bir aile yapacağı gerçeği ile başlayan bu ayet grubu", içine düşülen gafleti ise "bataklık olarak tanımlamaktadır."

Eğer bir toplum Allah'a iman ettiğini, hatta bunun toplumun geneline hakim olduğunu ilan ediyor; dini, muhafazakarlık adı altında, şekil ve ritüellere bağımlı bir kuruma dönüştürüp, eşitliğe karşıt konumlanıyorsa; orada şirk egemen olmuş demektir. Oradaki şirk, "Cüppeli, sarıklı bir şirktir."

Ve tüm meselenin, yani insanlığın iç çelişkilerinin kökeninde yatan olgunun "mülk" olduğu gerçeğinin ifade edildiği: "**mal ve oğullar**" vurgusu, Kuran'da melikleşme/mülk sahibi (**Bkz. Nas Suresi; tek melik Allah'tır.**) olarak tanımlanmaktadır.

Bu çerçeveden bakarak çok geniş bir "şirk tanımı yapabiliriz."

İşte şirk, şirket ile aynı kökten gelen, Allah'ı yönetim kurulu başkanı yapan, ama farklı idareciler tayin etmek sureti ile hayatı ikame eden bir toplum nizam yöntemidir.

Daha açık hali ile, Allah'ın mülkünü sahiplenme, akabinde insanlığı ırksal, etnik, servet tandanslı çelişkilere hapseden bir dünya görüşüdür.

Müşrik, mülk çoğaltan, bunu yaparak "farkında olsun ya da olmasın" fakirleştiren, böylece toplumda sınıf yaratan, sınıflı toplumu öngören ve aynı zamanda Allah'a iman ettiği palavrasına sığınan zorbalığın özetlendiği özel bir kavramdır.

Ve görülüyor ki, Kuran; **müşrikliğin** temelini inşa edenlerin "şeytan evliyası olacağını" belirtmiştir.

Kitabın geri kalan kısmında, şeytan kelimesini "**Türkçe anlamı ile kullanarak devam edelim.**"

Şeytan/Halk Düşmanı Evliyası/İşbirlikçileri, insanlığı müşrikleştiririrler.

Bu ayeti günümüze getirelim;

Bugün "mülkiyet esaslı" ve sınıflara dayanan bir dünya görüşü olarak karşımıza çıkan "kapitalizm ve uzantıları", bugün insanlığı "kan ve gözyaşına mahkûm etmiştir." Ve kapitalizmin uşakları/işbirlikçileri, yani "şeytan evliyaları"; aynı prensipleri kendi bölge-ülkelerine dayatarak, kanın ve gözyaşının geniş kitlelere nüfus etmesine destek olmaktadırlar...

İşte bu gerçek nazarında, Kuran'ın **bugünki** savaşı, doğrudan "**kapitalizm**" iledir. Bunun aksini söylemek, teknik olarak olanaksızdır. Çünkü Kuran'a göre, halkın karşısında olmak, hakkın karşısında olmak demektir.

(İNSAN Suresi 9. Ayet) Biz size sadece Allah'ın yüzü için veriyoruz. Bir karşılık gözetmiyoruz.

Ayette geçen "**lil vechillahi**" ifadesi, Allah'ın yüzü manasına gelmektedir. (**Bkz. *Abdestli Kapitalizm* , Eren Erdem**) Kitaba göre insanlık, Allah'ın yüzüdür. Bu kinayeli bir anlatımdır. Ama yapısal olarak doğrudur. Çünkü Allah ismini tanımlayan isim ve sıfatlar (Esma'ül hüsna) doğrudan insanlık ailesinde açığa çıkan isimlerdir.

Mesela;

(NİSA suresi 170. ayet) Ey insanlar! Resul size Rabbinizden hakkı getirdi; artık inanın ona ki hayrınıza olsun. Nankörlük ederseniz göklerdekiler de yerdekiler de Allah'ındır. Allah Alîm'dir, Hakîm'dir.

Allah alim ve hakimdir. Aynı zamanda bu özellikleri "insanda açığa çıkar." İnsan'da hükmeder **ve ilim sahibidir. Fakat bu özellikler, insana ait değildir. Allah'a aittir. Dolayısı ile insan, yeryüzünde Allah'ın aynası, temsilcisidir.**

İşte tam bu noktada incelenmesi gereken kavram; "**tevhid'i vücud**" kavramıdır.

Bu meseleyi anlayabilmek için bir pasajı inceleyeceğiz;

(KEHF Suresi 33-44 ayetler): ONLARA şu iki adam örneğini ver, ki onlardan birine iki üzüm bağı bahşetmiş, onların çevresini hurmalıklarla çevirmiş ve aralarına da ekili bir alan yerleştirmiştik.

İki bağ da yemişlerini vermiş o adamdan hiçbir şeyi eksik bırakmamıştı. İkisinin ortasından bir de nehir fışkırtmışız.

Böylece (bu bahçenin sahibi) bolluk içinde ürün kaldırıyordu. Ama (bir gün) bu adam komşusuyla tartışırken söz arasında ona: "Benim malım mülküm senden çok; nüfusça da senden daha güçlü, daha ilerdeyim!" dedi.

Ve böylece, öz benliğine zulüm ede ede bağlığına girdi. Şöyle konuştu: "Bunun sonsuza değin yok olacağını sanmıyorum."

ve "Son Saat'in (bir gün) gelip çatacağını da düşünemiyorum» (diye ekledi,) "hem, (o saat gelse ve) ben Rabbimin huzuruna çıkarılacak olsam bile, sonuç olarak, herhalde bundan daha iyisini karşımda bulacağım!"

Kendisiyle konuşan arkadaşı ona dedi ki: "Sen, seni topraktan, sonra meniden yaratıp sonra da bir adam olarak biçimlendiren kudrete nankörlük mü ettin?"

Lâkin, o Allah benim Rabbimdir. Ve ben, Rabbime hiç kimseyi ortak koşmam."

"Bağına girdiğinde, 'Mâşallah, kuvvet yalnız Allah'tandır!' desen olmaz mıydı? Gerçi sen beni, malca ve evlatça senden basit görüyorsun ama,

Rabbim bana senin bağından bahçenden pekala daha hayırlısını verebileceği gibi, (senin) bu (bahçe)ne gökten bir afet gönderir de (bahçen o zaman) yerle bir olabilir;

Yahut suyu dibe çekilir de bir daha onu isteyemezsin bile."

Derken bütün ürününe el kondu. Bağ sahibi, çardakları üzerine çökmüş bulunan bağ için harcadıklarına vahlanarak avuçlarını ovuşturuyor ve şöyle diyordu: "Ne olurdu, Rabbime hiç kimseyi ortak koşmasaydım!"

Allah'tan başka kendisine yardım edecek bir topluluk da bulunmadı; kendi kendini de kurtaramadı.

İşte burada hakimiyet gerçekten Allah'ındır. O sevapça da daha hayırlıdır, sonuçça da daha hayırlıdır.

KEHF Suresi 33-44 ayetler

Ayette "**müşrik**" olarak tanımlanan kişiye dikkatinizi çekmek istiyorum. "Allah'a Rabbim diyen, ama **mal ve mülküyle sınıfsal olarak hakim sınıfı temsil eden bu adam" Kuran'a göre şirk ehlidir.**

Sanıyorum bu ayet, yaklaşımımızın anlaşılması için tek başına yeterlilik arz eden bir ayettir.

Hakim sınıfın hakimiyet iddiası, emek (ki sanayi devrimi öncesidir) ve akabinde sermaye üstünlüğü ile vücud bulur. Bu bağlamda, üreten, yaptığı üretimden ihtiyacından fazlasında hak sahibi değildir...

(BAKARA Suresi 219. Ayet) Sana neyi dağıtacaklarını sorarlar, Deki; kazancınızdan ihtiyacınızı karşılayan kısmından artanın tamamını.

Kuran'ın ekonomi-politik yüzünü kavramış ve Emevi zulmünden nasiplenmiş, Allah elçisine "Dostum Ebu'l Kasım" diye hitap eden büyük sahabe ve devrimci zahit Ebuzer El Gıffari meseleyi şöyle özetlemektedir;

"Malların tamamı halka aittir. Ama Muaviye, bu hakkın tamamını kendi büyüklük ve azametli sarayının koruyucu kollayıcı hizmetçileri için harcıyor. Muaviye, kendisi için iki elbiseden, Allah'ın evini ziyaret masrafından, yemeğinin ve ailesinin harçlığından fazlasının caiz olmadığını unutmuş mu? Tıpkı Kureyş halkı gibi yaşaması gerekmez mi? Ne herkesten daha fakir, ne herkesten daha zengin (eşit). Ömer'in davranışı, tavrı buydu. Acaba neden Muaviye Ömer'in izinden gitmiyor?.. Malların kıymetini herkesin arasında eşit bir şekilde paylaştırması gerekir. Bu şekilde paylaştırma, Peygamber, Ebubekir ve Ömer zamanında da vardı. Salat ve Selam üzerlerine olsun." **(Ali Şeriati, *Ebuzer* , Yeni Zamanlar, Sf. 157)**

Bu arada Ebuzer'in Allah Elçisi'ne neden "dostum Ebu'l Kasım" dediğine değinmek istiyorum.

Hazreti Peygamber'in ilk oğlu olan Kasım, 2 yıl yaşamıştır. Yoksulluk ve bakımsızlıktan ölmüştür. Bu nedenle Ebuzer; yoksulluğun temsili olan "**Kasım'ı**" kullanarak mahlas tertip etmiştir.

Kasım'ın Babası anlamına gelen "Ebu'l Kasım", sosyolojik olarak; yoksulların babası gibi bir mana ihtiva eder…

Şirkin sosyolojik yüzünü suratımıza vuran ayetlere geçmeden önce; bir noktayı tamamlamak gerekiyor.

Adem ilk insan değildir demiştik. Bunun basit bir ispatı daha var…

(BAKARA suresi 36. ayet) Bunun üzerine şeytan onların ayaklarını kaydırdı da onları içinde bulundukları yerden çıkardı. Biz de şöyle buyurduk: Bir kısmınız bir kısmınıza düşman olarak aşağıya inin. Belli bir süreye kadar yeryüzünde sizin için bir bekleme yeri, bir nimet/bir yararlanma imkânı olacaktır.

Arap dilinde çoğul, 3'ten başlar. Yani denklem şu şekilde olmalıdır;

Bir kısmınız; minimum 3 kişi
Diğer kısmınıza; minimum 3 kişi
Kul Nehbitu/inin: Gözden düştünüz.

Yani ilk bölümde ifade ettiğim gibi, cennetten düşme sahnesi; din elbisesini tersten giyenlerin müdahaleleri ile anlaşılmaz hale gelmiştir.

Bu ayette yüksek bir yerden inmek gibi bir mana yoktur. Aşağı inin diye çevrilen kavram "hubut", gözden düşmeye karşılık gelir. Yaptıkları iş onları gözden düşürmüştür, mertebe kaybettirmiştir.

Öte yandan, bu ayetin muhatabı, salt anlamda Adem ve eşi değildir. Yani 2 kişi olması maalesef mümkün değildir. Ayet, minimum 6 kişiyi ele alan, esas olarak da yeryüzündeki topluluğa seslenen bir ayettir.

Bundan ötürüdür ki, Ademoğlu kavramı, özel bir kişinin oğlu, yani tekil şahıs değildir. Bütün insansı ve insanlardır.

Ayrıca Kuran'da evrim konusunu incelemek için, ***Gayya Karanlığından Kuran Aydınlığına*** adlı kitabımı inceleyebilirsiniz.

ŞİRKİN İLK YÜZÜ

(MAİDE Suresi 27-32. Ayetler)

Onlara Adem'in iki oğlu kıssasını anlat. Hani ikisi birer kurban sunmuşlardı da birinden kabul edilmiş, diğerinden kabul edilmemişti. Birisi "Seni kesinlikle öldüreceğim" derken, diğeri "Allah ancak takva sahiplerinden kabul buyurur. Sen öldürmek için bana el uzatsan da ben öldürmek için sana el uzatmayacağım. Çünkü ben Alemlerin Rabbi Allah'tan korkarım. Dilerim, hem benim, hem de kendinin günahını yüklenip cehennemi boylarsın" dedi.

Kardeşini öldürmek, kendini kaptırdığı ihtirasına hiç de zor gelmedi ve böylece kaybedenlerden oldu. Derken Allah kardeşinin cesedini nasıl gömeceğini göstermesi için yeri deşen bir karga gönderdi. Bunun üzerine "Yazıklar olsun, şu karga kadar olup da kardeşimin cesedini gömemedim" diye vicdan azabı çekti..." **(Maide; 27-32).**

Habil ve Kabil kıssası olarak bilinen bu kıssa, esasında bir cinayeti gözler önüne sermektedir.

Ancak yapısal olarak; ilk bölümde de anlattığım gibi; "**yeryüzünde kan döken ve bozgunculuk eden tipolojinin açık bir şekilde ete kemiğe büründürüldüğü bu ayetler, bu yönü ile anlam kazanır.**"

Yani bu ayette geçen Adem'in iki oğlu, esasında; bizleriz. Çünkü sabit bir kişilik söz konusu değil ve Tevrat'ın Yaratılış bölümüne baktığımızda; bu kişilerin, Kalem suresindeki bahçe sahipleri ile özdeşleştiğini görürüz.

Tevrat'ın Yaratılış; 4/1-8 bölümünde, Habil ve Kabil bir tarlaya giderler, Kuran ise bu gidişin neticesini bize anlatır. "Ölüm."

Yani mesele, **mal-mülk-tarla-parsel** meselesidir.

Adem kıssasında "**insanlığın en büyük günahının mülkiyet olduğunu anlatmıştık.**" Bu kıssada da görüyoruz ki temel mesele; **bir bahçeyi sahiplenme; vermeme ve akabinde kan dökülmesi meselesidir.**

Ki akabinde şu ayeti incelediğimizde mesele daha da somutlaşır;

(ARAF Suresi 27. Ayet) Ey ademoğulları! Şeytan, ana-babanızı, çirkin yerlerini onlara göstermek için elbiselerini soyarak cennetten çıkardığı gibi, size de bir fitne musallat etmesin. Çünkü o ve kabilesi sizi, onları göremeyeceğiniz yerden görürler. Biz o şeytanları, inanmayanlara dostlar yaptık.

(ARAF Suresi 30. Ayet) Bir kısmını iyiye ve güzele kılavuzladı, bir kısmının üzerine de sapıklık hak oldu. Onlar, Allah'ı bırakıp şeytanları dost edinmişlerdi. Bir de kendilerinin hidayet üzere olduklarını sanırlar.

Çirkin yerler, **hayâsızlığın, şehvetperestliğin ta kendisi-**

dir. Allah'ın fıtri olarak yarattığı hiçbir organ "çirkin yer değildir."

Çünkü doğal olanın ta kendisidir. Yani çirkin yer olarak "cinsel organı görmek", Allah'ın çirkin bir iş yaptığını söylemeye eşdeğer bir yaklaşımdır.

Bugün insanlığın çirkin yerleri meydanlardadır. Sokaklarda, televizyonlarda; şeytanın telkinleri neticesinde açığa çıkan o çirkin yerler, hayâsızca sergilenmektedir...

İnsanın varoluşu ile birlikte ortaya çıkan şekilsel mekanizmanın suçlanışı, bir kaçıştır. Lakin bu ayetler; **mollanın zırvaları** ile bu hale gelmiştir.

Dinin afyon yüzü; insanı "hakikatten alıkoyarak" **renklerin, uçanın, kaçanın derd'i davasına sürükler...**

Ve bu dinin mensupları, asla iflah olmazlar.

Dikkat edelim, şeytan velileri için söylenen bu sözler çok çarpıcıdır. Ve bu kadar tanım sonunda **meseleyi güncele taşırsak** karşımıza somut olarak şöyle bir tablo çıkacaktır...

HEM LİBERAL HEM MÜSLÜMAN OLUNMAZ

Bugün Türkiye'deki bilgi kirliliği, özgür zihni işlemez hale getirmiştir. Özgürlük adına ortalığa şırınga edilen zırvaların tamamı, birbiri ile çelişen palavralardan ibarettir.

Tarih ve toplum huzurunda şunu yürekten söylemek gerekiyor; "sermaye karşısına konuşlanmayan, ya da sınıfsal çelişkilere savaş açmamış bir özgürlük algısı, köleliğin yaldızlısıdır."

Yani köleliğin, özgürlük elbisesini tersten giymesi sonucu açığa çıkmış bir hayalden ibarettir.

Kendisine dokunulması bile ibadet olarak görülen "iki

ayaklı putların" dayattığı şirk ütopyası, tevhidin kapısına dayanmış, gönülleri fethetmiştir.

Ve din kurumunu bu tip bir köleliğe eklemlemenin güncel adı; ***Abdestli Kapitalizm*'dir.** Bu tip bir kapitalizmin insana ve tabiata verdiği zarar çok daha büyüktür. Çünkü cüppeli şirk, en tehlikeli şirk türüdür.

Ve Kuran'daki karşılığı "Karun"dur.

(Kasas Suresi, 77.ayet) (Ey Karun)Allah'ın sana verdiği mal yüzünden dünyaya saplanma/ahireti unutma, fakat dünya çalışmasından da kopma. Allah sana nasıl mal verdiyse, sen de malını öylece ihtiyaç sahiplerine ver. Yeryüzünde mal biriktirerek bozgunculuk yapma, Allah bozgunculuk yapanları sevmez...

(Kasas Suresi 78. ayet) (Karun) O dedi: "Bu servet bana, bendeki bir ilim sayesinde verildi." Peki, o bilmedi mi ki Allah, önceki nesiller içinden ondan kuvvetçe daha zorlu, sayıca daha çok olanları bile helâk etmiştir. Günahlarının ne olduğu, günahkârlardan sorulmaz.

Muhafazakâr Sağ zihin, Kuran'ı sağa kaydırdıktan sonra; dinin bu yüzünün üzerine "kalın bir örtü örttü." Görüldüğü gibi Karun, Allah'a inandığını söyleyen bir adam, fakat bu gerçekler hiçbir zaman dile getirilmedi...

Bir söz vardır bilirsiniz; "La ilahe illallah diyen herkes cennete girecek" diye. Kasıt, lafza indirgendiğinde; bu sözü dil ile ikrar etmek daha makbul görünür oldu. Dolayısı ile; **dilde "La ilahe illallah" deyip, "La ilahe illa Dolar" merkezli yaşayanlar göze batmaz oldu.**

Ki Karun gibi, **cüppeli şirki** temsil eden bir karakterin yer aldığı **"Kasas Suresi"** henüz başında şöyle bir ifade kullanarak niyetini açık eder;

(KASAS Suresi 5. Ayet) Biz istedik ki, yeryüzünün ezilenlerini önderler yapalım, onlara öncülük ile lütfedelim.

(Nahl Suresi 71. Ayet) Ancak bu istek, ezilenlerin ezen konuma yükselmesi için vücut bulmuş bir istek değildir. Aksine, alttakiler ile üsttekileri eşitleme talebidir

Allah Resulü şirke karşı savaşmıştı. Amcaoğlu ve damadı olan "İmam Ali" de öyle... Ama arada bir fark var. Resul'ü Ekrem (Cömert Elçi), açık ve **belirgin şirk ile savaştı.** Ve Allah'ın yardımı ile başardı...

Ancak İmam Ali için onu söylemek zor; çünkü o "**Cüppeli, Sarıklı Şirk ile savaştı**" ve mağlup edildi... Ve zamanımız, Ali düşmanlarının saltanatına mahkûm olmuş görünüyor. **Ki Muaviye ile Ebu Cehil arasındaki en büyük farklardan biri de budur...**

Biri Kuran'ı reddeder,
Ötekisi ise, elinden Kuran'ı düşürmez!
Ama Kuran'ı "mızrak ucuna takar."
Yani silaha dönüştürür... (Tanıdık gelmiyor mu?)
Ne biçim bir iş ki,
Birileri de ona **eren-evliya** der...
Bu iş böyle süregider!..

Bugünün şirkini "**ateistlerde, dindar olmayanlarda aramak, cehalettir.**"

Bugün şirk, cüppe altında, 500 dolarlık türbanın altında, arka cebinde yüzbinlerce dolarlık banka cüzdanı olan pantolonların içinde gizli...

Bugünün şirki, tıpkı Ali'nin savaştığı şirk gibi... ki ne diyor O büyük insan;

"Onlar da din elbisesi giymiş, ama tersinden!"

Mümin maskeli müşrikliğin yaşattığı felaketleri yaşıyoruz. **Bu akl'ı kıt, dini eksiklerin ardına takılanlar hiç şikayet etmesin.** İnandığınızı düşündüğünüz Resul sizi şikayet ediyor;

(Furkan Suresi 30. Ayet) Ey Rabbim, benim toplumum Kuran'ı terketti!

Dikkat ediniz. Bu şikayetin mahşerde cereyan edeceğini belirten Kuran'da, başka bir şikayet yok…

Yani Hazreti Peygamber şöyle bir şikayette bulunmuyor;

- Ya Rabbi, benim toplumum namazları kaçırdı!
- Benim toplumum, sakalını kesti!
- Benim toplumum, oruçları kaçırdı!
- Benim toplumum, hacca gitmedi!

Peki ne diyor ?

- **Benim toplumum Kuran'ı terketti!**

Ya nereye gitti?
Bu ne anlama gelir dersiniz?

(BAKARA suresi 170. ayet) Onlara, "Allah'ın indirdiğine uyun" dendiğinde: "Hayır! Biz, atalarımızı üzerinde bulduğumuz şeye uyarız." derler. Peki, ataları bir şeye akıl erdiremiyor, doğruya ve güzele ulaşamıyor idiyseler!..

(YÛNUS suresi 31. ayet) Sor: "Sizi gökten ve yerden kim rızıklandırıyor? Ya o işitme gücünün ve gözlerin sahibi kim? Kim çıkarıyor ölüden diriyi ve kim çıkarıyor diriden ölüyü? Kim çekip çeviriyor iş ve oluşu?" Hemen, "Allah!" diyecekler. De ki: "Hâlâ kendinize gelmiyor musunuz?"

Bu soru; **Ebu Cehil'lere, Velid bin Muğilelere ve zamanın MUAVİYELERİNE** soruluyor… Yani, şirkin elebaşlarına! Ve ne diyorlar?

"Allah!"

Hadi çekinmeyin, o yardakçılara sorun bu ayetteki soruyu!

Ne sandınız? Kuran'ın ateistlere savaş açtığını falan mı?

Hayır Hayır!

Kuran, "La ilahe illallah" deyip; altına, gümüşe, mala, paraya, iktidara, güce, koltuğa tapanlara karşı savaşmıştır.

Ve Resulullah'ın savaştığı zümre, yukarıda gördüğünüz gibi; Allah'a inanan, Kuran'a inanmayan bir zümredir.

Neden mi?

İşte nedeni;

(Bakara Suresi 219. Ayet) Sana neyi dağıtacaklarını sorarlar, de ki; ihtiyaçlarınızdan artanın malın tamamını!

(HÛD suresi 87. ayet) Dediler ki: "Ey Şuayb! Namazın mı emrediyor sana, atalarımızın tapar olduğunu terk etmemizi **yahut mallarımızı yoksullara dağıtmamızı**? Esasında sen; gerçekten yumuşak huylu, olgun bir insansın."

Evet, ortada iki ayrı din var.

Tevhid ve Şirk.

Her ikisinde de;

- Namaz kılınıyor.
- Oruç Tutuluyor.
- Hacc yapılıyor.
- Kelime'i Şahadet getiriliyor.
- Kurban kesiliyor

Şimdi bu iki din arasındaki farkı görelim.

DİNE KARŞI DİN

İslam bir din midir? **Yani kendisine has Tanrısı olan, 6. yy.'da doğmuş dinlerden bir din midir?**

Yoksa zulmün, muktedirlerin, servet ve iktidar sahiplerinin suratına inen tarihsel tokadın kendisi midir?

Evet, din ve dindarı anlamak; meseleyi idrak etmek için yeterli olacaktır. Öncelikle dilerseniz, tarihsel olarak bakalım;

İnsan isyancıdır. **İsyansız insan, insansız isyan olmaz...**

İsyan, doğal olanın kendisidir. Bozulana karşı, doğallaştırma eğilimidir. Eğilip bükülen, doğal seyrinin dışına çıkartılanı, esas olması gereken yere konumlandırmaktır...

Kuran iki türlü "**isyandan**" bahseder...

Bu isyanlardan biri "**Musa'nın**", ötekisi "**Firavun'un**" isyanıdır.

Ve bu isyanlar için kullanılan kavram "**asa**"**dır**.

Kuran'da asa ve isyan aynı kelimedir. Yani iki farklı görülen kavram, aynı kelime ile ifade edilir.

Bu da Kuran'ın olağanüstü kelam mucizesidir ki, elçilerin temel misyonunu gözler önüne seren bir gerçektir...

• *Fe kezzebe ve "asa"*

Yalanladı ve isyan **etti... (Naziat suresi 21. ayet)**

• **Fe elkâ mûsâ asâhu fe izâ hiye telkafu mâ ye'fikûn (ye' fikûne).**

Mûsa da asasını **attı. Bir de ne görsünler, o onların hüner olarak ortaya getirdikleri şeyleri yalayıp yutuyor. (Şuara Suresi 45. ayet)**

Bu iki asa arasındaki fark şudur;

Firavun'un asası **aşağı** bakar, Musa'nınki ise **yukarı**...

Sosyo-Psikolojik olarak ele aldığımızda; Firavun asasını "**halkı susturmak için kullanır.**" Yere doğru vurur. **Çünkü o asanın/isyanın hedef**i "alttakilerdir."

Musa ise asasını sürekli göğe kaldırır. Yukarı bakar... **Çünkü o asanın/isyanın hedef**i "**üsttekilerdir.**"

Ve o isyanın mucizevi yönü; hiç beklenmedik bir isyan olmasıdır. Mucize olan isyan değil; toplumdur... Çünkü afyonlanmış, uyutulmuş bir halkın içinden çıkan bir "**elçi**" isyan etmiş, şirkin kulelerini yıkmıştır...

Bu isyan, bugün "firavunlar tarafından pompalanan sözde(!) isyanlar ile mukayese edilmesin." Bugün bu isyan şahlanacak olsa; ilk kaçacaklar, "Obama'lar, Soros'lar, Clinton'lar ve onların yerli uşakları olacaktır."

Onların iştahını kabartan isyan, ancak ve ancak "Firavni bir isyandır." Yani, İncirlik Üssü'nde kırmızı alarm verilmesini sağlamayan bir isyan, boştur, Allah tarafında değildir, Peygamberden uzaktır.

PEKİ PEYGAMBERLER KİME GÖNDERİLDİ?

(TEVBE suresi 86. ayet)"Allah'a inanın, O'nun resulüyle beraber savaşa çıkın" anlamında bir sure indirildiği zaman, **onların imkân ve servet sahibi olanları**, senden izin isteyerek şöyle demişlerdi: "Bırak bizi, oturanlarla beraber olalım."

(SEBE' suresi 34. ayet) Biz, hangi ülkeye bir uyarıcı göndermişsek, **onun servet ve refahla şımaranları** *mutlaka şöyle demişlerdir: "Biz, sizin elçilik yaptığınız şeyi inkâr ediyoruz!"*

(ZUHRUF suresi 23. ayet) *İşte böyle! Senden önce de hangi kente bir uyarıcı* göndermişsek **oranın servetle şımarmış kodamanları** *mutlaka şöyle demişlerdir: "Biz atalarımızı bir ümmet/bir din üzerinde bulduk; onların eserlerine uyarak yol alacağız."*

Kuran, hiçbir peygamberin; "**Tanrıtanımazlara gönderildiğini söylemez.**" Kuran'a göre bütün elçiler, "**servet ve refahla şımaranlara gönderilmiştir.**"

Yani, Küresel Çete'ye, Koç'a, Eczacıbaşı'na, Rotzchild'e, Rockafeller'a, Obama'ya, Soros'a ve bu çetenin yerli maşalarına gönderilmiştir.

NEDEN Mİ?

Kuran'a göre vahiy, doğal sürece sevkeden bilgidir. Bunun delili olarak şu ayeti öngörüyoruz;

(NAHL suresi 68. ayet) Rabbin, balarısına şöyle vahyetti: "Dağlardan evler edin, ağaçlardan ve insanların kurdukları çardaklardan da..."

Bu ayet ile verilmek istenen mesaj çok belirgindir. Ayette

geçen "**evha**" kelimesi, bal arısına vahyediliş ile peygambere vahyedilişin aynı olduğuna işaret eden bir kavramdır... Yani bal arısı örneği üzerinden, vahyin ne olduğu anlatılmaktadır!

Bal arılarının doğuştan itibaren sahip oldukları "**doğal özellik**", yuvalanmaktır. Dolayısı ile, vahyin; doğal sürece sevkeden bilgi olduğunu söylemek temel şarttır...

Bu konuyu biraz daha açalım istiyorum;

Kuran'ın bu ve benzeri ayetlerini gördüğünde, bu işte ne iş var acep diyerek ayetlerin altında keramet arama hatasından ötürü, gerçek anlam anlaşılamamaktadır.

Ayette geçen ifade, belirttiğim gibi "evha" yani "vahy" ifadesidir.

(MÂİDE suresi 111. ayet) Ve iz **evha**ytü ilel havariyyine en aminu bi ve bi rasuli kalu amenna veşhed bi ennena müslimun.

(MÂİDE suresi 111. ayet) Havarilere şunu **vahy**etmiştim: "Bana ve resulüme iman edin." Şöyle demişlerdi: "İman ettik, sen de tanık ol ki biz, müslümanlarız/Allah'a teslim olanlarız!"

Bal arısı örneğinde anlatılmak istenen ise şudur;

Bir bebek doğduğunda ne yapar?

Ağlar, süt ister... İşte bal arısının doğuştan var olan "doğal" özelliklerini açığa vurmasını sağlayan bilgiye "Kuran", vahiy diyor.

Yani vahiy, doğal olana sevkedici bilgidir. O halde; bozulma, çürüme ve yozlaşma karşısındaki doğallaştırıcı itirazların tümü vahiydir dememiz mümkündür. Ve bunu söylememizin, "lehulmülk/Mülk Allah'ındır" kıstasına uygun olduğunu belirtmeliyiz. Bu açıdan, bütün bu "**devrimci çıkışlar bizzat ilahidir, Allahperest tavırlardır.**"

İşte dinin vahiyden kastettiği budur. Peki, bu vahiy kimleri hedef alır?

HEDEFTE SERVET İLE ŞIMARANLAR VAR!

Bütün peygamberler, kavminin "**servet ve refahla şımarmışlarına**" gönderilmiştir. Daha doğrusu; servet ve refahla şımaranların yarattığı süreç "**doğaya uyumlu olmayan bir süreç**"olduğundan, **doğal olana sevkeden yaklaşımlar ortaya çıkmıştır.**

Bu Allah'ın sünneti/davranış biçimi ve diyalektiğin ön koşuludur. Daha doğrusu, **Allah'ın sünneti, diyalektiğin kendisidir.**

Bunun en belirgin delili, Kuran'ın ilk suresinde "azmak" olarak tanımlanan sürecin temel nedeninin, bireysel zenginlik olduğunun vurgulanması, akabinde bir sonraki surede; mülkiyetin tartışmaya açılmasıdır...(Bkz. Alak Suresi ve Kalem Suresi)

(MÜLK suresi 19. ayet) Üstlerinde, kanatlarını açıp kapayarak uçan kuşları hiç görmediler mi? Onları Rahman'dan başkası tutmuyor. Kuşkusuz O, her şeyi görmektedir.

İlginç olan, "**mülk suresi**nde, bu örneğin verilmesidir."

Kuşlar, erzak biriktirmezler. Kâinatta hiçbir varlık biriktirmez. Biriktiren tek varlık insandır. Biriktirdiği için bencilleşir, arttırmak için kan döker, can alır...

(TEKÂSÜR suresi 1. ayet) Aldatıp oyaladı o mal çoğaltma yarışı sizleri.

Bu çerçeveden baktığımızda, Peygamberlerin "Allah'ı" kabul ettirme gibi bir dertle değil, Allah'ın sistemini/tabiatı/doğayı tanıtma gibi bir derdinin olduğunu söylemek gerekir...

Ve bu açıdan baktığımızda; Kuran'ın temel diyalektiği olan "**tevhid ve şirk**", yine bu gerçek üzerinden farklı bir noktaya evrilir.

Tarihsel tevhid, Habil-Kabil diyalektiğinden de yola çıkarak; "**sınıfsız toplum**" olarak özetlenebilir. Şirk ise, tam zıttıdır. **Firavun düzenidir...**

Bu düzende, kategorik ayrımlar, sınıflar, arttırma yarışı vardır. Ve bu ortamın şirk ortamı olabilmesi için; o ortamda "**Allah'a inanıldığının iddia edilmesi gerekir.**"

Bu düzenin Firavunlarına dokunmak bile ibadet sayılır. (Bir şey hatırlatıyor mu?)

Tevhid faslında ise, kutsal olan "**en-nass, yani halktır.**"

Çünkü "halk", halık-huluk-halk denkleminin son parçasıdır.

Halık: Yaratıcı

Huluk: Ahlak

Halk: Toplum/yaratılmış olan sonuç

Bu denkleme göre halk, Allah'ın aynasıdır. Ahlaklanmış toplumdur. Ahlaklanamayan, yani "isyan edemeyen kalabalık ise" raiye, yani eşek sürüsüdür...

İşte temel mesele bu noktada açığa çıkar. Biz şimdi bu dinleri iki ayrı başlığa alacağız;

- İSYAN ETTİREN DİN
- İSYAN ETTİRMEYEN/AFYONLAYAN DİN

1. İsyan Ettiren Din!

Bu din, tarihsel olarak "zulüm ve bölücülüğün" karşısında konuşlanan dinin kendisidir. Nemrut'un, Firavun'un, Karun'un karşısına dikilen, Mekke oligarşisinin uykusunu kaçıran din bu dindir. Bu dinin temelinde yatan ilke; barıştır. Ki bu yüzden bu dine; barış anlamına da gelen "İslam" denmiştir.

İslam kelimesini etimolojik olarak incelediğimizde; **barış, esenlik, refah, güven** gibi anlamlar taşıdığını görürüz. Bu dini anlatan özet surelerden biri olan **Beled Suresi** şu şekilde meseleyi özetlemektedir.

1. Bu beldeye yemin olsun!
2. Sen de bu beldedesin.
3. Ve babalar ile evlatlara,
4. Ki biz insanı zorluk içinde yarattık.
5. O, kimsenin kendisine güç yetiremeyeceğini mi sanıyor?
6. Gösteriş için, yığınlarca mal tükettim diyor.
7. Kimsenin kendisini görmediğini mi zannediyor?
8. Biz ona iki göz vermedik mi?
9. Bir dil ve iki dudak.
10. Ve ona iki yolu göstermedik mi?
11. Fakat o, sarp yokuşa/zorlu yola göğüs geremedi!
12. Sen o zorlu yolun ne olduğunu biliyor musun?
13. **O Fekku Ragabe/ Boyunduruk altına alınmış/ köleleştirilmişleri özgürleştirmektir.**
14. Açlık halinde doyurmaktır.
15. Yakınlarındaki yetimleri/dışlanmışları
16. Ya da ezilmiş, boynu bükük bir yoksulu...

17. Sonra da, bunu yapmak sureti ile iman eden ve sabrı/kararlılığı tavsiyeleşenlerden olmaktır o.

18. İşte bunlar o yolun adamlarıdır!

19. Fakat onlar, ayetlerimizi inkar ettiler! (mallarını vermediler) Meş'emet ashabıdır bunlar.

20. Ve ateş üzerilerine kilitlenmiştir...

Fekku Ragabe, boyunduruk altına alınanlara özgürlük demektir. Bugün bu kavrama karşılık olarak;

- Kredi mağdurları
- Emperyalizmin mağdurları

diye kategori oluşturabiliriz... Bu dinin yeryüzü ideali; Cennet'tir. Savaş açtığı ortam ise "cehennemdir."

Ve **Beled Suresi** dahilinde de gördüğünüz gibi, temel prensibi, "boyunduruğa alınanları kurtarmaktır."

Mekke'de bayraklaştığında "**ilk el attığı mesele; diri diri gömülen kız çocuklarıdır.**"

Bugün de yaşanan bu zulüm, bakirlerin zihnine tecavüz ile eşdeğerdir. Tarihsel olarak olguyu ele aldıktan sonra güncel örnekler ile genişletelim;

Diri diri gömülen kız çocukları hadisesi, üzerinde durulması gereken önemli bir hadisedir.

(TEKVÎR suresi 8. ayet) O diri diri gömülen kız çocuğuna sorulduğunda...

Kuran'da geçen bu ifade de aslında gelecek kipi var gibi görünse de; tamamen "şimdiki zaman" olarak gönüllere çarpan bir kelam mucizesi söz konusudur. Bu kelam mucizesinin özünde yatan ise; diri halde iken gömülen kız çocuğuna yapılan sorgunun, bu sorguya dayalı olarak sorgulanan gömengömdüren güruhlarının sorgusu ve tüm bunların üzerinde olan, bu ortamı üreten sistematiğin sorgusu öne çıkmaktadır.

Olayın özüne biraz daha inelim. Tarih bilimini incelersek ve önceki uygarlıkların yaşam biçimlerini dikkatli biçimde araştırırsak, tarihin hiçbir evresinde böyle bir **geleneğin** var olmadığını görebiliriz.

Bu, Mekke ve çevresindeki şehirlerde cereyan etmiş vahşi bir olaydır. Elbette "çift düzlemli bir ayet" olan Tekvir 8'in birincil manası, o dönem fiili olarak hayata geçirilmiş bu olayı hedef almaktadır.

Bu olayın nedeni nedir? Tarihte eşi görülmemiş bu katliamın temel gerekçeleri nelerdir?

Daha önce de belirttiğimiz gibi, o dönem toplumlarının çoğunluğu Allah'a inanıyor, ancak putları aracılar olarak görüyorlardı. Bu inançları ise "karma bir inanç" olmakla beraber, hem önceki elçilerin beyanlarından, hem de geleneklerde etkiler barındırmakta idi. Dönemin inanç sistematiğini anlama noktasında; **Kuran öncesi "Kâbe duvarlarına asılan Mualakat-ı Seba" şiirlerini okumamız yeterli olacaktır.**

Ancak bu şiirlerde edindiğimiz izlenim, bizlerde bu toplumun hayata geçirdiği bu vahşi tavrın "inanç merkezli" olmadığı gerçeğini açığa çıkartacaktır.

Peki ya neden gömüldü bu kız çocukları?

Dönem koşulları dahilinde toplumda vücut bulmuş iki temel sınıfın varlığından söz etmek gerekir.

Bu sınıflar;

Sahipler ve kölelerdir.

Köle pazarları kurulur, insanlar (bilhassa kadınlar) para karşılığı satılır ve zor coğrafi koşullarda çalıştırılır. Kültürel anlamda da toplumsal bir dayatma (**mahalle baskısı**) sonucuna dönüşen bu vahşi akım, bir manada içinden çıkılmaz bir hal almıştır.

Bir sahip, bir köleyi satın aldığında; kölenin evlatlarını da satın almış demektir. Sahip, kölenin kızı buluğ çağına erdiğinde, kızın kendi cariyesi olması yönünde talepte bulunur. Bu talebe karşılık verilecek tek cevap; emrin olur ya X[1] biçimindedir.

Bu, kölelerin yaşam biçimi ve kültürel yapısı bünyesinde "**alınlara sürülmüş kara bir leke**" olarak gözlere çarpmaktadır.

Her köle, içinde bulunduğu toplumun sınıfsal yapısının aşılamayacağı inancından doğan önkoşul ile birlikte, yeni doğan kız çocuğunun bir başkasına "peşkeş" çekilmemesi adına, henüz bebeklik çağında bu çocuğu "diri diri toprağa gömme" geleneğini üretmiştir.

Aynı zamanda insan pazarlarında "zengin erkeklere pazarlanan!" genç kızların tümü, köle kızıdır! İşte meselenin özü budur!

(TEKVÎR suresi 9. ayet) Hangi günah yüzünden öldürüldü diye!

Bu ayet maalesef yanlış anlaşılmaktadır. Burada bahsi geçen günah; kıza ait olan günah değil, aksine kendisi gömen anlayışa ait olan günahtır. Ayetin orijinal lafzı iyi incelendiğinde bu ortaya çıkacaktır.

◇◇◇◇◇◇◇◇◇◇◇◇◇◇◇◇◇◇◇◇◇◇

Bieyyi zenbin kutilet.

Hangi günah, bu kız çocuğunun gömülüş nedenidir diye sorulduğunda!

---

[1] X: Sahibin ismi

Kuran'da günah kavramı üç farklı biçimde ifade edilir; "İsm" "zenb" ve "**cünah**".

Ve izelmev'udetu suilet.

Diri biçimde toprağa gömülen "bakireye" sorulduğunda!

Hemen önceki ayette geçen "**mevudet**" ifadesi çok önemlidir. Mevudet, bakirlere yapılan zulm karşılığında kullanılan bir ifadedir. Aslı itibari ile "tam manasıyla bir kelam mucizesidir". Çünkü, ayetin semantiği içerisinde "**dişilik**" içerirken, özü itibari "**bakirlerin bütününe**" yönelik bir ifade halini almaktır.

Bu ayetin özüne indiğimizde, karşımıza yukarıda bahsettiğim sonuç ile birlikte bir başka sonuç daha çıkmaktadır. Ayetler "**mistik zenginlikten nasibini almış**" ayetlerdir. *(Gayya Karanlığından Kuran Aydınlığına,* sf. 130)

Bugün de bakirler, kafaları "hurafeler ile doldurulmuş", Kuran dışı saçmalıklar din diye zihnine kazınmış, Küresel kapitalizmin askerleri haline getirilmiş ve "insan vasıfları öldürülmüş" varlıklar olarak karşımıza çıkıyor. Yani tarihsel olarak aynı zulüm devam ediyor...

Bu çerçeveden baktığımızda **bu din, ezilenlerin, kölelerin, yoksulların yanında konuşlanmış bir dindir. Ve bu konuşlanma sürecini inşa ederken; tarihsel gelenekleri dönüştürme yoluna girmiştir...**

İslam Mekke'de tebliğ edilmeden önce yaşanan din, daha evvel de bahsettiğim gibi; Allah'a inanılan, namaz kılınan, ahirete inanılan bir dindir. Putlar Allah'a yaklaştırdığı düşünülen sembolik objelerdir. Temsil ettikleri kişilikler, evliya olarak tanımlanır. Yani Allah dostları.

Bu bağlamda bölgesel inancın Ahiret yüzü çok karmaşıktır. Köleler ahirette de köledir. Efendiler ise ahirette de sefa sürecektir.

Allah elçisi ilk olarak bu tezi çürütmüş ve şu sözler ile onları tehdit etmiştir;

(TEVBE suresi 35. ayet) Gün olur, biriktirdikleri altınlar eritilir cehennem ateşinde onların üzerine lav dökülür de bununla onların alınları, böğürleri, sırtları dağlanır: "İşte egolarınız için yığdıklarınız. Hadi tadın biriktirmiş olduklarınızı!"

(ÂLİ IMRÂN suresi 180. ayet) Allah'ın, lütfundan kendilerine verdiği şeyde cimrilik edenler, bunun kendileri için hayırlı olduğunu sanmasınlar. Tam aksine bu onlar için bir şerdir. O cimrilik konusu yaptıkları şey, kıyamet günü bir tasma gibi boyunlarına dolandırılacaktır. Göklerin ve yerin mirası Allah'ındır. Allah, yapmakta olduklarınızdan haberdardır.

Ve bu dinin ilk eylem planı, Allah elçisine vahyedilen 4. Surede açıklanır;

Müddesir Suresi

2. Ey örtüsüne bürünen
3. Kalk ve Uyar!
4. Ve Rabbini/Efendini yücelt/büyükle
5. Elbiseni/Tavrını temizle
6. Pislikleri def et!
7. erdiğini başa kalkma!
8. Rabbin için kararlı duruş sergile
9. Çünkü Sur'a üflendiğinde
10. Gerçeklerin üzerini örtenler için çok zorlu bir gündür.
11. Bana bırak o tek olarak yarattığım adamı!
12. Ona bolca servet verdim!

13. Hem de alıcı oğullar!

14. Kendisine imkanlar yarattım.

15. Halen daha bunları arttırmamı istiyor!

16. Çünkü o ayetlerimizi/delillerimizi görmüyor ve inatlaşıyor!

Sizce de ilginç değil mi?

Bu sure, henüz 4. Suredir, ve Allah Elçisi'ne ilk sunulan eylem planıdır. Sessizliğin bozuluş adımı, harekete geçişin resmidir. Ve bu resmin ilk adımı şu adımlar ile gerçekleşir;

- Elbiseni temizle, Pislikleri def et; Onların düzeninin sendeki kalıntılarından, sana dayatılan alışkanlıklar ve ezberlerden arın, kurtul temizlen...
- Verdiklerini başa kalkma
- Kararlı ol

Ve bu resmin ilk hedefi kimdir?

- Bolca servet verilmiş, ama bunu daha da arttırmak isteyen kişiler. **Bugünün adıyla, Nurjuvazi, Abdestli Kapitalistler, Abdestsiz Burjuvalar...**

Siz bu surede, namaz kılmayan, oruç tutmayan, hacca gitmeyen, başını örtmeyen bir zümre ile mücadelenin "m" sine rastladınız mı? Ya da elçiye, onlara namaz öğret mi deniyor?

Elbette deniyor, ama başka bir namaz. Ki ona da değineceğim. Ama bu surede anlatılmak istenen esas mesele; arttırdıkça arttıran bir zihnin karşısında konumlanma emri dışında bir şey değildir. Ve zaten yapılan da budur.

İşte bu dinin ilk hamlesi budur. Ve bu dinin insanlığı tehdit ettiği ayetler vardır. Kıyamet ayetleri... Hatta birçok kişi ve grup tarafından "canice" olarak tanımlanan ayetler...

Ancak ilginçtir ki, bu ayetlerin tamamı "Mekke Fethine kadardır."

Çünkü bu dine göre Kıyamet, alttakilerin, **surede tanımlanan üst sınıfı indirmesi**, eşitlenmesi adına vuk'u bulacak isyandır.

Evet, tam olarak böyledir. Ve bu dinde "**ritüeller ve ibadetler vardır.**" Evet, ibadet ve ritüel ayrı iki olgudur. İşte bu farkı inceleyeceğiz.

Bunlara geçmeden belirteyim ki; bu dinde, Allah'a yaklaştırdığı öngörülen putlar yoktur. Dolayısı ile hocaefendiler, gavslar, mürşitler bu dinin kenarından bile geçemez...

Şimdi bu dinin ritüellerine değinelim;

1. NAMAZ ve HACC

Farsça bir kelime olan Namaz kelimesi, Kuran'da "**namaz**" olarak yer almaz. Fakat, tarih metinlerinde anlaşıldığı üzre; 3-4 bin yıllık bir ritüeldir. Namaz kelimesinin "**namaste**"**den** geldiği yönünde söylemler de mevcuttur. Ve bölgesel bir ritüel olarak çıkar karşımıza. Çünkü Mecusilerden bölgesel dinlerin çoğuna varıncaya kadar uygulanmıştır.

Kuran'da namaz, "**eqiymus salate**" biçiminde geçer. Ki çoğu kez bu kalıp bile namaza işaret etmez. Ve bugün bilindiğinin aksine "salat", namaz demek değildir.

Bugün Türkiye'de okunan meallerde, Kuran'ın toplumsal yüzünü katleden hataların başında; "salat kelimesinin görüldüğü yere namazın yapıştırılması sorunu" göze çarpar.

Bunun temel nedeni, namazın bir ticari araca dönüştürülmesidir. Türkiye'de diyanet; insanlara din değil, namaz kılma eğitimi vermektedir. Dini bilmeden, ne dediğini dahi bilmeden namaz kılanların doldurduğu camiler, şatafatın, gösterişin merkezi haline dönüşmüştür. Bu yanlışların failleri de ruhbanlardır.

Hatta öyle ciddi hatalar yapılır ki, geri dönüşü olmaz bir toplumsal zihin inşa edilir. Bir örnekle meseleyi açalım dilerseniz;

(MÜDDESİR Suresi 42 ve 43. Ayetler) "Sizi Sekar'a sürükleyen nedir?"

(Onlar da) Dediler ki: "Biz namaz kılanlardan olmadık."

Bu çeviri, Prof.Dr. Süleyman Ateş'e aittir. Şimdi Sekar'a giriş süreci ile ilgili ayetlere bakalım;

Müddesir Suresi

1. Ey örtüsüne bürünen
2. Kalk ve Uyar!
3. Ve Rabbini/Efendini yücelt/büyükle
4. Elbiseni/Tavrını temizle
5. Pislikleri def et!
6. Verdiğini başa kalkma!
7. Rabbin için kararlı duruş sergile
8. Çünkü Sur'a üflendiğinde
9. Gerçeklerin üzerini örtenler için çok zorlu bir gündür.
10. Bana bırak o tek olarak yarattığım adamı!
11. Ona bolca servet verdim!
12. Hem de alıcı oğullar!
13. Kendisine imkanlar yarattım.
14. Halen daha bunları arttırmamı istiyor!
15. Çünkü o ayetlerimizi/delillerimizi görmüyor ve inatlaşıyor!

16. Hayır... Hayır... Olmaz öyle şey! O bizim Âyetlerimize karşı bir inatçı kesildi.
17. Ben onu sarp bir yokuşa sardıracağım.
18. Düşündü ve ölçü koydu.
19. O mahvoldu. Nasıl bir ölçü koydu!
20. Yine o mahvoldu. Nasıl bir ölçü koydu!
21. Sonra baktı.
22. Sonra yüzünü buruşturdu, kaşlarını çattı.
23. Sonra, arkasını döndü ve böbürlendi.
24. Şöyle dedi: "Bu, rivayet edilerek gelen bir büyüden başka bir şey değil."
25. "Bu, beşer sözünden başka bir şey değil."
26. Onu [Kur'ân beşer sözüdür diyeni] yakında Sekar'a yaslayacağım.
27. Bilir misin nedir Sekar?
28. O, bırakmaz [baki kılmaz] ve de terk etmez. [yok etmez]
29. O, beşer [insan] için fevkalâde levhalar yapandır.
30. Onun [Sekar'ın] üzerinedir on dokuz.
31. Biz cehennem yârânını hep melekler yaptık. Ve sayılarını da küfre sapanlar için bir imtihandan başka şey yapmadık. Ta ki, kendilerine kitap verilenler iyice ve apaçık bilsinler. İman etmiş olanların imanı artsın. Kendilerine kitap verilmiş olanlarla iman sahipleri kuşkuya düşmesin. Kalplerinde hastalık olanlarla küfre sapmış bulunanlar da "Allah bununla neyi örneklendirmek istiyor?" desinler. İşte böyle. Allah dilediğini/dileyeni saptırır, dilediğini/dileyeni de doğruya ve güzele kılavuzlar. Rabbinin ordularını ancak O bilir. Bu, beşer için bir öğüt verici ve düşündürücüden başka şey değildir.

32. Hayır... Hayır... Zannettikleri gibi değil. Andolsun Ay'a,
33. Andolsun geceye, sırtını döndüğünde;
34. Andolsun sabaha, ağarıp ışıdığında,
35. ki o [Sekar] gerçekten en büyük [kanıtlardan] biridir.
36. Beşer [insan] için bir uyarıcı olarak.
37. Sizden, öne geçmek/ilerlemek veya arkaya kalmak/geride kalmak isteyen için.
38. Her benlik kazancının karşılığında bir rehindir.
39. Sağın yâranı hariç.
40. Bahçelerdedirler. Soruşur dururlar,
41. suçlulardan.
42. "Sizi Sekar'a sürükleyen nedir?"

TÜRKİYE'DE Kİ İLAHİYATÇILARA GÖRE "SEKAR'A SÜRÜKLEYEN SEBEP"

Diyanet Çevirisi	Onlar şöyle derler: "Biz namaz kılanlardan değildik."
Diyanet Vakfı	Onlar şöyle cevap verirler: Biz namaz kılanlardan değildik,
Elmalılı Orijinal	Derler: biz namaz kılanlardan değildik
Elmalılı Sade. 1	(Onlar) derler: Biz namaz kılanlardan değildik,
Elmalılı Sade. 2	Suçlular der ki: «Biz namaz kılanlardan değildik.»
Ö. N. Bilmen	(43-44) Dediler ki: «Biz namaz kılanlardan olmadık. Ve yoksullara taam verir de olmadık.»

S. Ateş	(Onlar da) Dediler ki: "Biz namaz kılanlardan olmadık."
A. Bulaç	Onlar: "Biz namaz kılanlardan değildik" dediler.
Muhammed Esed	Berikiler "Biz" diyecekler, "ne namaz kılanlardan idik,
Y.N. Öztürk	Cevap verdiler: "Namaz kılıp dua edenlerden değildik."
S. Yıldırım	Onlar şöyle cevap verirler: Biz namaz kılanlardan değildik.
Tefhimü-l Kuran	Onlar: «Biz namaz kılanlardan değildik» dediler.
Fizilalil Kuran	Cehennemlikler derler ki; «Biz namaz kılanlardan değildik.
A. Gölpınarlı	Derler ki: Namaz kılmazdık.
H. S. Yeter	Onlar şöyle cevap verirler: Biz namaz kılanlardan değildik,
A. Uğur	Onlar şöyle cevap verirler: Biz namaz kılanlardan değildik,
G. Onan	Onlar: "Biz namaz kılanlardan değildik" dediler.
Ş. Piriş	-Namaz kılanlardan değildik dediler.

Yapılan bu çeviri, "**tamamen hatalıdır.**"

İlahiyatçı Hakkı Yılmaz'ın bu konuda ki görüşlerini inceleyelim;

Buradaki مصلّين - *musallîn* sözcüğü «*namaz kılanlar*" anlamında olmayıp sözlük anlamıyla destekçi, sosyal yardım için koşan, çalışan demektir.

Âyette geçen صلّ - *salli* sözcüğünün dil bilgisi kurallarına göre صلى - *saly* kökünden de, صلو– *salv* kökünden de türemiş olması kabildir. Hem صلى - *saly* hem de صلو - *salv* sözcükleri nakıs sözcüklerdir. Nakıs sözcüklerin sonundaki illet harfi, sözcüklerin değişik kalıplardaki çekimlerinin birçoğunda ya ى – *ya* harfine dönüşerek ى - *ya* ile gösterilir, ya da cezm hallerinde düşer. Bu durumda anlamları birbirinden farklı olan bu köklerden türemiş sözcüklerin gerçekte hangi kökten türediğini anlamak zorlaşır. Buna bağlı olarak bu sözcüklerin ne anlama geldiği hakkında da bazı karışıklıklar ortaya çıkar. Bu nedenle sözcüklerin hangi kökten türediği konusunda dikkatli bir tahlil yapmak, Kur'ân'ın mesajını doğru anlamak bakımından çok önemlidir.

Âyetteki صلّ - ***salli*** sözcüğünün hangi kökten geldiği araştırılırken ilk bakılacak şey, köklerin anlamlarıdır. Bu köklerden صلى - ***saly*** sözcüğü; "***ateşe atmak, ateşe girmek***" demektir. Bu anlama göre***salli*** sözcüğünün ***saly*** kökünden türemiş olması, konumuz olan Âyetin peygamberimize "***ateşe gir, kendini ateşe at***" emrini vermesi anlamına gelir ki, bu mantıksızdır, dolayısıyla yanlıştır. Şu hâlde Âyette geçen***salli*** sözcüğünün ***saly*** kökünden türemediği kesindir. Türkçedeki "*sallamak*" ve "*yaslamak*" sözcüklerinin de kendisinden türediği ve "*ateşe atmak, ateşe girmek*" anlamına gelen ***saly*** sözcüğü, bu anlamıyla Kur'ân'da kullanılmıştır:

(Hakka; 31) Sonra o'nu cahîme [cehenneme] sallayın صلّوه = sallûhu.

Ayrıca, bu kökten türemiş ve bu anlamda olan صلّوه - **islavha**, يصلى - ***yeslâ***, وسيصلون - ***ve seyeslavne***, ساصليه - ***seuslîhi, lâ yeslâha*** gibi sözcükler Kur'ân'da birçok yerde geçmektedir.

Bu Âyette geçen صَلِّ - *salli* sözcüğünün صلى - *saly* kökünden türemediği kesin olduğuna göre, sözcük صلو - *salv* kökünden türemiş olmalıdır.

صلو - *salv* sözcüğü, isim olarak "*uyluk*", fiil olarak da "*uylukları hareket ettirmek*" demektir. Bir kimsenin herhangi bir yüke destek vermek istediği zaman, uyluğunu *[bacağın diz ile kalça arasındaki bölümünü]* yatay hâle getirip yükün altına sokarak destek sağlaması da bu sözcük ile ifade edilir. Emir kipi olarak صلو - *salv* kökünden türediği kabul edildiğinde صَلِّ - *salli* sözcüğü, "***uyluklarını hareket ettir, ayağa kalk, yürü, çabala, şirke ve tâğûta karşı çık, çok çalış, çok gayret et, destek ol, sosyal yardım yap***" anlamındadır. صَلِّ - *salli* sözcüğünün "*tef'il*" babından olması, bazen fiile, bazen özneye, bazen de tümlece "*çokluk*» anlamı kazandırmaktadır.

صلو - *salv* sözcüğünün mastarı aslında صلوة - *salvet* olduğu halde sözcük nakıs olduğu için genel dil bilgisi kuralları gereği صلوة - *salât* şekline dönüşmüştür. Ancak sözcüğün illetli olan üçüncü harfi elif ile yazılmayıp *vav* harfiyle صلوة - *salât* şeklinde yazılır. Zaten صلوة - *salât* sözcüğünün çoğulu olan صلوات - *salâvat* sözcüğünde de صلو - *salv* kökünün و - *vav* harfi açıkça ortaya çıkmakta ve okunmaktadır. Bu durumun başka kelimelerde de birçok örneği vardır.

Meselâ غزى - *ğazâ* sözcüğünün mastarının غزوة - *ğazve*, bunun çoğulunun da غزوات – *ğazevât* olmasına rağmen fiil çekimlerinde و - *vav* harfi ya ى - *ya* 'ya dönüşür, ya da düşer, yok olur.

Bütün bunlar bize göstermektedir ki, bu Âyette geçen صَلِّ - *salli* sözcüğü kesinlikle صلو - *salv*kökünden türemiştir. Dil bilgisi kurallarına göre; aslı صلوة - *salvet* olan *salât* mastarının, geçmiş zaman belirten bir fiil olan *salla* sözcüğünün, emir kipi olan صَلِّ - *salli* ve çoğulu صلو - *sallû* sözcüklerinin hepsinin birden صلو - *salv* kökünden türediği açıkça belli olsa da, konunun öneminden ve bugüne kadarki yanlış anlamlandırmalardan dolayı zihinlerde bir "*acaba*" sorusu kalabilmektedir. Ancak Kur'ân bu soruya da cevap vermiş ve Kıyâmet Sûresinin 31 ve 32. Âyetlerinde صلى - *sallâ* sözcüğünü karşıt anlamı ile birlikte kullanmak suretiyle bu konuyu açıklığa kavuşturmuştur:

> **(Kıyâmet; 31-32)** *Felâ saddaqa velâ sallâ velâkin kezzebe ve tevellâ* (O, ne tasdik etti ne de çaba harcadı/destekledi. Ama yalanladı ve geri durdu.)

Âyette geçen dört eylemin ikisi, diğer ikisinin karşıtı ve zıt anlamlısı olarak gösterilmiştir. Yani كذّب - *yalanlama'* nın karşıtı صدّق - ***tasdik etme*** olarak belirtilirken, "*sürekli geri durmak, sürekli yüz dönmek, lâkayt kalmak, ilgisizlik, pasiflik ve yapılmakta olan girişimleri kösteklemek*" anlamlarına gelen تولّى - ***evellâ*** sözcüğünün karşıtı olarak da صلى - ***sallâ*** sözcüğü kullanılmıştır. Bu durumda ***sallâ*** sözcüğü; "*sürekli ileri atılmak, ilgisiz kalmamak, pasif olmamak, hep aktif olmak*" anlamlarına gelmektedir. Asr Sûresinde geçen ve anlamı, "*yanlışları, bozuklukları, çirkinlikleri ortadan kaldırmak için çalışmak*" olan عملوا الصّالحات - ***sâlihatı işlemek*** fiili de ***sallâ*** fiilinin farklı bir ifadesidir.

Namaz anlamına gelen صلوة - ***es-salât*** ile ilgili olarak, gerek ***es-salât*** 'ın ifası, icrası, namaz kıl/kılınız emirleri, gerekse namaz kılmakla ilgili diğer cümleler Kur'ân'da صلِّ ***salli*** şeklinde değil de اقامة- **iqâme** fiili ile birlikte اقم الصلوة - ***eqımi's-salâte,*** اقيموا الصلوة - ***eqîmu's-salâte*** şeklinde kullanılmıştır. Bu ikili kavram ***Kur'ân'da toplam 67*** yerde geçmektedir.

Sözcüklerin asıl anlamları bazen yan anlamlarına doğru kayar; bu durum doğaldır. Ancak bu kayma esnasında نحر - *nahr* ve ابتر - *ebter* sözcüklerinin tahlilinde de göreceğimiz gibi ana eksen kaybolmaz. صلوة - *salât* sözcüğündeki anlam kayması ise biraz daha fazladır. Bunun nedeninin "*İsrâˆliyât*» olduğu kanısındayız. Çünkü *salât* sözcüğü İbranicede de vardır. İbranicedeki *salât* sözcüğü "*selâmlama, selâm durma*" anlamına gelen *saluta* fiilinden gelmektedir. Bu sözcük, İbranilerden Araplara, onlardan da Endülüs yoluyla batı dillerine *[Fransızca, İtalyanca ve İngilizceye]* geçerek *salutation* şeklini almıştır. Görünen o ki, sözcüğün İbranice anlamı Arapça anlamını bastırmış ve Müslümanlar ile Kur'ân arasına yüce dağlar gibi girip oturmuştur. Dikkat çekicidir ki, *saluta* sözcüğünün türevlerinden olan صلوات - *salavât* sözcüğü, Hacc Sûresinin 40. Âyetinde İbranice "*manastırlar*" anlamıyla yer almasına rağmen bu husus İslâm bilginlerce dikkate alınmamıştır. Üstelik hâlâ da alınmamaya devam edilmektedir.

Müfredât'ın müellifi ünlü bilgin Râgıb el-İsfehânî bile eserinin *salât* maddesinde صَلَوٰة – *salât* sözcüğünün anlamı konusunu "*Lügat ehlinin çoğu*' صَلَوٰة *- es-salât dua, tebrik ve temcittir demiştir*" diyerek âdeta geçiştirivermiştir. (Hakkı Yılmaz, *Tebyin'ül Kuran*, İşaret Yayınları)

Yapısal olarak, ilgili ayetin kavramsal tahlilini bu şekilde yapan Yılmaz, bakın nasıl meallendiriyor;

Dediler ki: "Biz musallînden/destekçilerden [sosyal yardım yapanlardan, sosyal destek sağlayanlardan] değildik,

Ki, saly ve salv köklerinin ikisinden birden türediği düşünülen bu kavramın temel anlamı; **ateşten korunmak için uyluklamak, harekete geçmek olarak karşımıza çıkar.** Ve semantik olarak baktığımızda; ayette geçen tehdit, **ateş tehdididir**. Ve salat kavramı tam da meseleye oturur.

Ve bir diğer ilginç ayet ise Bakara Suresinde geçer;

(BAKARA suresi 125. ayet) Hatırla o zamanı ki, biz Beytullah'ı insanlar için sevap kazanmaya yönelik bir toplantı yeri ve güvenli bir sığınak yaptık. Siz de İbrahim'in makamından bir **SALAT** yeri edinin. İbrahim ve İsmail'e şu sözü ulaştırmıştık; "Tavaf edenler, kendini ibadete verenler, rükû-secde edenler için evimi temizleyin!"

Salat kavramı Kuran'da İbrahim Resul ile özdeşleşmiştir. Bunun nedeni açıktır. Ateşe atılan, ancak bundan korunan İbrahim resul, kendisini ateşten koruyan bu fiilleri hasebi ile "salattadır."

O zaman biz salatın sosyolojik yüzünü İbrahim Resul kıssasından öğreneceğiz...

O kıssayı da inceleyip konumuza devam edelim;

İBRAHİM PEYGAMBER'İN ATEŞİ

Evet, Hz. İbrahim ateşe atıldı. Ama öyle alevlendiril**miş bir ateş değil. Ve sadece bir ateşe de atılmadı...**

Bu ateşlerden biri, içine düştüğü "isyan ateşidir."

Diğeri de Nemrut'un ateşi...

Ama Nemrut'un ateşi de alevlendirilmiş bir ateş değildir.

(BAKARA suresi 126. ayet) İbrahim şöyle yakarmıştı: "Rabb'im! Şu kenti güvenli bir kent yap, halkının Allah'a ve âhiret gününe inananlarını çeşitli ürünlerle rızklandır." Rab dedi ki: "Küfre sapanları bile rızklandırırım. Ama az bir nimetle rızklandırır, sonra da ateş azabına itiveririm. Ne kötü bir dönüş yeridir o..."

(BAKARA suresi 130. ayet) Öz benliğini beyinsizliğe itenden başka kim, İbrahim'in milletinden yüz çevirir? Yemin olsun ki biz onu dünyada seçip yüceltmiştik. Ve o, âhirette de barış ve iyilik sevenlerden biri olacaktır elbette...

(BAKARA suresi 260. ayet) Hani İbrahim de şöyle yakarmıştı: "Rabb'im, göster bana, nasıl diriltiyorsun ölüleri?" "İnanmadın mı?" diye sordu. "İnandım, dedi, ancak kalbimin tatmin olması için..." Allah dedi ki: "Kuşlardan dört tane al, onları kendine ısındır, alıştır. Sonra her dağın üstüne onlardan bir tane koy. Sonra da onları çağır. Koşarak sana gelecek-lerdir. Bil ki Allah Azîz'dir, Hakîm'dir.

İbrahim Resul üveysidir. Yani mealen; kendi kendisine tespitler yoluyla bazı gerçekleri algılamıştır. Hiçbir eğitim almamıştır. Ve sorgulamanın tavan yaptığı noktadır...

Aklın ve akıl işletmenin resmi, tablosudur!

Ve servet ve iktidarı aracılığı ile halka zulmeden "feodal Nemrut" düzenine karşı mücadele etmiştir. Bu mücadelesinde akli yöntemler ileri sürmüş ve halkı böyle yanına çekmiştir.

Görülüyor ki, İbrahim Resul şu ayetlerin pratiği haline dönüşmüştür;

Zümer suresi 3. ayet: "Gözünüzü açıp kendinize gelin! Halis din/arı-duru tertemiz din sadece ve sadece Allah'ındır. O'ndan astları Velîler/Yakınlar kabullenmek suretiyle, "Biz onlara yalnız bizi Allah'a yaklaştırmaları için kulluk ediyoruz" diyenlere gelince, hiç kuşkusuz Allah onlar arasında tartışıp durdukları konuyla ilgili hükmü verecektir. Şu bir gerçek ki, Allah yalancı ve nankör kişiyi iyiye ve güzele kılavuzlamaz."

Yunus suresi 18. Ayet: "Allah'ın astından (yaratılmışlardan) kendilerine zarar veremeyen, yarar sağlayamayan şeylere kulluk ediyorlar ve şöyle diyorlar: "Bunlar bizim Allah katındaki şefâatçılarımızdır." De onlara: "Allah'a, göklerde ve yerde bilmediği şeyleri mi haber veriyorsunuz?" Şanı yücedir O'nun, ortak koştuklarından münezzehtir O."

Bu önemli meseleler bize değişik konular içersinde birkaç kez daha bildirilmişti. Dikkatimiz çekilmişti. Bakınız!

Kaf suresi 16. ayet:

"Ve hiç kuşkusuz, insanı biz yarattık ve benliğinin ona telkin ettiği şeyi biz biliriz. Biz, ona şah damarından daha yakınız."

Zümer suresi 44. ayet:

"De ki: "Şefâat tümden Allah'ındır. Göklerin ve yerin mülkü/yönetimi O'nundur. Sonunda O'na döndürüleceksiniz."

Müddessir suresi 11. ayet:

"Benimle, yarattığım kişiyi başbaşa bırak."

Hadid suresi 4. ayet:

"Gökleri ve yeri altı günde yaratan, sonra Arş'a egemenlik kuran, yere gireni ve ondan çıkanı, gökten ineni ve oraya yükseleni bilen O'dur. Nerede olursanız olun, O, sizinle birliktedir. Ve Allah, yaptıklarınızı görendir."

Bunun üzerine Nemrut halka şöyle seslenir;

(ENBİYÂ suresi 68. ayet) *Kalu harrikuhü vensuru aliheteküm in küntüm failin.*

(ENBİYÂ suresi 68. ayet) Yakın bunu, ilahlarınıza böyle yardım edin!

Ayette geçen **"harrikuhu" ifadesi, "taharriqun"** olarak karşımıza çıkan, tahrik ile aynı kökten gelen bir kelimedir.

Bu kelime ile anlatılan, ateşe atmak değildir, "halkı galeyana getirerek, aleyhte iş yaptırma kastı içeren bir kavramdır."

Yani resmi devlet ideolojisi, İbrahim aleyhinde işler yaparak, halkı kışkırtmış, galeyana getirmiştir…

Peki İbrahim Resul ne yapmıştır?

(ENBİYÂ suresi 68. ayet) Biz de şöyle dedik: "Ey ateş, İbrahim'e **bir serinlik ol, bir selam ol!"**

Ve öncesini de inceleyelim;

(ENBİYA suresi 51-70 arası)

51. Ve andolsun ki, Biz daha önce İbrâhîm'e rüşdünü vermiştik. Ve Biz onu bilenler idik.

52. Hani o [İbrâhîm], babasına ve kavmine: "Israrla kendisine tapınıp durduğunuz heykeller nedir?" demişti.

53. Onlar: "Biz atalarımızı bunlara tapanlar olarak bulduk" dediler.

54. O [İbrâhîm]: "Andolsun ki sizler ve atalarınız apaçık bir sapıklık içindesiniz" dedi.

55. Onlar: "Sen bize hakkı mı getirdin, yoksa sen oyun oynayanlardan mısın?" dediler.

56–57. O [İbrâhîm] dedi ki: "Bilakis, Rabbiniz göklerin ve yerin Rabbidir ki, onları O yaratmıştır. Ben de buna şahitlik edenlerdenim. Allah'a yemin ederim ki, siz arkanızı dönüp gittikten sonra, ben putlarınıza kesinlikle bir tuzak kuracağım."

58. Sonra da o [İbrâhîm], ona müracaat etsinler diye kendilerine ait büyükleri dışında bunları parça parça etti.

59. Onlar [Kavmi], "Bizim tanrılarımıza bunu kim yaptı? Şüphesiz o, kesinlikle zalimlerdendir" dediler.

60. Onlar [Bazıları] "Onları anıp duran bir genç duyduk. Onun için "İbrâhîm" deniliyor" dediler.

61. Onlar, "O halde ona tanık olmaları için onu [İbrâhîm'i] insanların gözleri önüne getirin" dediler.

62. Onlar, "Ey İbrâhîm! Bunu tanrılarımıza sen mi yaptın?" dediler

63. O [İbrâhîm]: "Aksine, onu şu büyükleri yaptı. Konuşabiliyorlarsa haydiyin onlara sorun" dedi.

64. Bunun üzerine kendi kafalarına [vicdanlarına] döndüler de: "Şüphesiz siz, zalimlerin ta kendisisiniz" dediler.

65. Sonra onlar yine kendi kafalarına döndüler: "Andolsun ki bunların konuşmayacağını bilirdin" dediler.

66–67. O [İbrâhîm]: "O halde, Allah'ın astlarından size hiçbir şeyce fayda vermeyen ve size zarar vermeyen şeylere mi tapıyorsunuz? Size de, Allah'ın astlarından taptıklarınıza da üff [yazıklar olsun]! Siz hâlâ akıllanmayacak mısınız?" dedi.

68. Onlar [kavmi]: "Eğer yapanlarsanız, şunu tahrik edin [yandırın] ve tanrılarınıza yardım edin" dediler.

69. Biz: "Ey ateş! İbrâhîm'e karşı soğuk ve güvenli ol" dedik.

70. Ve ona bir düzen kurmak istediler de Biz kendilerini daha fazla hüsrana uğramışlar kıldık.

66 ve 67. Ayetlerde geçen "ast" ifadesi, bildiğimiz ast-üst ilişkisine işaret eder. Yani Allah'ın astları, en üstün Allah kabul edilen ve O'na yakınlaştırıcı olduğu iddia edilen unsurlardır.

Dolayısı ile İbrahim Resul'ün savaş açtığı din de bir "şirk dinidir." Ve Şirk dinlerinin ortak özellikleri şöyle sıralanabilir;

- **Faşizmi öngörürler.**
- **Saltanat, Krallık ve Hilafet gibi kurumlar inşa edilmesini sağlar; bu yolla halkı sınıflara bölerler.**
- **Allah'a inanır, zaten bu inançtan beslenerek, O'na yaklaştırıcı olan güçler yaratır ve bunları toplumsal kanaat önderleri haline dönüştürürler.**
- **Zengin sınıfı besler, yoksul sınıfı sömürürler.**

İşte Nemrut düzeninin bizzat kendisi bu idi. O bölgede yontulan putların tamamı, tarihsel kişilikler, ya da yaşadığı sanılan efsanevi kimselerdi. Mesela; tarihte yaşamış ve keramet göstermiş bir Allah dostunun silüeti yontulur, o silüete bakılarak; Bu zat'ın yüzü suyu hürmetine bize ver diye dua edilirdi…

Bu durum Allah elçisinin döneminde de aynıydı.

Hatta vefatı sonrası da aynen diriltilmiştir.

EKMEK ALLAHPERESTLİĞİN TEMELİDİR!

Bir vatandaş şöyle dedi; onun için emek verdim, çabaladım, çamurdan çıkarttım onu, para verdim, destek oldum. O ne yaptı?

Hiçbir şey yapması gerekmiyor esasında. Sen sadece üzerine düşeni yaptın. Bunu yapman şarttı. Çünkü senin kenarda tuttuğun altın ve gümüşün vardı…

Keseye koyulup üzeri bağlanan altın ve gümüş, sahibi için ancak ateştir! Ve yeryüzündeki açlığın tek nedeni, birilerinin stoklaması, yığması, arttırmasıdır… Bu gerçekle ilgilenmeyen **bir din ise, teneke bir dindir. Vurduğunuzda çok ses gelir evet! Ama içi boş bir tenekedir…**

Üstad Ali Şeriati şöyle ifade eder;

İslam "**Tevhid**" esasına göre mücadeleyi başlatmıştır ki, bir safta: Allah ve eşitlik, din ve ekmek, aşk ve güç ve diğer safta: Tağut ve ayrıcalık, küfür ve açlık, zayıflık ve zillete ihtiyaç duyan bir din vardır.

İslam ilk kez, "ya Huda ya hurma" sloganını halkın imanı haline getirerek Tanrı'yı halka, hurmayı kendilerine ayırıp yoksulluğu ilahi kutsallık olarak gösteren yağmacı zalimlerin efsanesine son verdi.

Bu insanlık karşıtı ortamda dosdoğru bir devrim gerçekleştirdi ve şöyle dedi: Yoksulluk küfürdür. **Geçimi olmayanın ahireti yoktur, Allah'ın fazlı yüksek ganimet, iyilik ve hayır, maddi yaşamdır** ve ***"Ekmek Allahperestliğin temelidir."*** Bir toplumda fakirlik, zillet ve zayıflığın tüm bu din, maneviyat, takvayla birlikte olması yalandır!

İslam'ın "sağa kayma" süreci, Allah Resulü'nün vefatından itibaren ilk 100 yıl içinde vuk'u bulur. O vakte kadar İslam, şirke karşı tevhidin; yani bölünmüşlüğe karşı sınıfsızlaşmanın bayrağıdır.

Eleştirilen bir yaklaşımımızdan bahsedeyim;

Evet, Altın ve Gümüş biriktirmek haramdır! Bankada para biriktirmek! İstiflemek...

Bunun nedeni, bu birikimin "**zulmettirmesidir.**"

Yani insan, biriktirdiği için "**başkaları aç kalır.**"

Dr.Ali Şeriati devam ediyor;

Halife Osman;

İlk kez lider ünvanıyla sarayda oturuyor, ilk kez resmi muhafız alayı oluşturuyor, ilk kez özel meclis oluşturuyor, ilk kez kapıcı kullanıyor, ilk kez sıradan halk yığınlarıyla halife ilişkilerinde aracı kullanılıyor, ilk kez Beytül Mal halifenin emrine veriliyor, Beytül Mal (DEVLET MALI)'ın bekçisi mescide gidip Beytül Mal'ın sahibi olan halka, halife karıştığı için kilidi size verip istifa ediyorum, istediğinizi yapın diyor, ilk kez siyasi tutuklu ortaya çıkıyor, ilk kez bir Müslüman halifenin yöntem ve davranışlarına karşı çıktığı için takibata uğruyor, ilk kez siyasi sürgün yaşanıyor, ilk kez bir kişi devlet tarafından işkence görüyor [Abdullah b. Mesut], ilk kez Kur'an siyasi demogoji aracı oluyor, ilk kez hükümdar halkın kaderini ele alıyor, yasal ve İslami sorumluluktan muaf tutuluyor, ilk kez ırk ve akrabalık bağı siyasal ve toplumsal ilerleme aracı oluyor, ilk kez tekelcilik siyasi arenada halifeye bağlanıyor, bir makama gelmek için gereken takva ve İslam yerini yakınlık ve siyasete bırakıyor, ilk kez sınıf sömürüsü, ayrımcılık sermayecilik [hazine], seçkinlik, cahili değerler, kabileci ruh, yaş, servet, ırk, şahsiyetperestlik ve kabilecilik, İslami kardeşlik, manevi değerler ve toplumsal eşitliğin önüne geçiyor, ekonomik ayrıcalık; takva, cihad geçmişi, Peygamber'e yakınlık, Kur'an'a vukufiyet ve kişisel liyakatten önemli oluyor, "Hükümet" [Başkanlık] ruhu "İmamet" [Önderlik] ruhuna tercih ediliyor, "Muhafazakâr sistem" "Devrimci harekete", "Dini, insani ve ekonomik tekelcilik" "Halkçılık, eşitlik ve İslami özgürlüğe" –ki İslam'da sıradan bir insan bile toplumun siyasi kaderinde aynı ölçüde sorumluluk sahibiydi-, halifenin şahsı ve aynı ölçüde büyük ashab ve tam anlamıyla maslahatçılık hakikatperestliğe, siyaset mücadeleye, İslami slogan İslami hakikate, büyük ashab mü'minlere, sınıf ümmete, dar'ul hilafe mescide, kabileci eşrafiyet insani şerafete, eski cahiliye yeni devrime, bidat sünnete ve hülasa Ebu Süfyan'ın ehli beyti Muhammed'in ehli beytine galebe çaldı ve neticede Ali silahsızlandırıldı!

Ve Ebuzer! Ali'nin, Ebubekir'in seçiminde ve Ömer'in tayininde yenilmesine üzüntüyle tahammül etti. Şimdi her şey bambaşka bir mecraya kaymıştır. Zorbalık, altın ve hile Peygamber'in hilafeti kılıfında ve tevhidin güzelliğinin arkasına sığınarak halkın –ki daima bu uğursuz teslisin kurbanı olagelmişlerdir- karşısına dikilmişti. Ebuzer artık sessiz kalamazdı.

Evet, Ebuzer; zühdün gerektirdiği şekilde davrandı.

Tevhid dairesinin temel koşullarının farkındalığı ile söylemek gerekir ki;

İbrahim ne yapmışsa, Ebuzer o**nu yapmıştır.**

Ve bu başkaldırı, bu isyan hareketi; Ebuzer'i Rebeze'ye sürgün ettirmiş, çölde açlık ve susuzluktan can vermiştir.

Ki İbrahim Resul'ün yaşadıkları da bu duruma benzer bir duruma işaret eder...

SINIFSIZLAŞMANIN KALESİ: MEKKE (HALK EVİ)

Mekke, Hz.Muhammed öncesinde de tavaf edilirdi. Etrafında, içerideki "evliyaların yüzü suyu hürmetine Allah'tan şefaat dileyen" kabile reisleri, Kâbe'yi tavaf ederlerdi.

Mekke, hemen hemen her dinin temsil edildiği bir başkent olarak çıkar karşımıza. Kâbe duvarları, altın varaklarla, gümüş sırmalarla süslenmiş, ihtişam ve gösteriş içinde ritüeller uygulanırdı.

İslam ise, haccı korumuştur. Fakat biçimsel bir değişim yoluna gitmiştir. Bu değişim sonucunda; altın-gümüş yasaklanmıştır. Tek tip bir ihram giyerek bir prova yapılmıştır.

Sınıfsız toplum provası!

Yani İslam, mevcut inançları korumuş ancak onların tamamına anlam kazandırmıştır. Ve Kâbe'ye Allah'ın evi denmiştir. Bu kavram maalesef anlaşılmamaktadır. Ancak anlaşılması için gereken kıstasları paylaşacağım;

- Kuran'daki soyut kavramların somut örnekler ile ifadesi, o kavramların altını dolduran anlama işaret eder.

Yani, Allah'ın evi olmaz. Allah bir eve izafe edilemez. Allah'ın evi demek, sosyolojik olarak; "**halkın evi demektir.**"

Yani Kâbe, ilk kurulan "halk evidir."

Orada kölelik, sınıflar, uçurumlar, zulüm yoktur. Olmaması öngörülmüştür.

Ve Müslümanlara o evi ziyaret ederek, bu gerçekler ile yüzleşmesi önerilmiştir. Bugün ise Kâbe; Abdestli Kapitalizmin Din Eğlencesine kurban edilmiştir. Etrafı gösterişin ve süsün merkezine dönüşmüş, kale içeriden fethedilmiştir.

İŞTE NAMAZ!

İnsan günde 5 defa yüzünü "eşitliğe döner." Kıble "hedef" manasına gelmektedir. Benim kıblem Allah'ın evidir demek, benim hedefim "halk evidir" manasına gelir.

O evin etrafında eşitlik vardır. Bu ilanı yapan kişi, dünyevi bir amaç ile yüklenir. Bu amaç; yaşadığı toplumu tıpkı o ev gibi "**eşitlik toplumuna dönüştürmektir.**"

(BAKARA Suresi 144. Ayet) Biz, senin bizden ne beklediğini çok iyi görüyoruz. Artık seni hoşnut olacağın bir kıbleye/hedefe/amaca/stratejiye çevireceğiz. **Haydi, yüzünü Mescid'i Haram'a/dokunulmaz eşitlik merkezine/bilgiye çevir; aklın fikrin hep eşitlikte/bilgide olsun.** Siz de nerede olursanız olun, yüzünüzü onun tarafına çevirin. Kendilerine Kitap verilenler, onun Rablerinden/Efendilerinden/Sosyo-Ekonomik Güçten gelen bir gerçek olduğunu bilirler. Ve Allah onların yapıp durdukları işten bilgisiz değildir.

Aklı fikri banka hesaplarında, lüks malikânesinde, servet ve iktidarında olanlar; bu ayette kastedilen gerçekten uzaktırlar.

Bu hususta mevzuyu idrak etmiş büyük zihinlerden ve son yüzyıla damgasını vuran "devrimci zahitlerden" Muhammed İkbal şu sözleri ile çağımıza sesleniyor;

Mal, zenginlik, maddeye bağlanmak; bunlar bizim vehim ve zanlarımızın yarattığı putlardır. Lakin Allah'tan başka Hüda yoktur. (*Kulluk Kitabı*, sf. 121.)

Bu asır, zamanımızın İbrahim'ini aramaktadır. Cihan, baştanbaşa bir puthanedir. Fakat Allah'tan başka bir hüda yoktur. (Aynı kaynak, 121. Sf.)

İşte bu hakikatler çerçevesinden "**Namaz Ritüeline**" **dokunacağız.**

Namaza duran kişi, evvela yüzünü kıbleye döner. Yani bu dönüş, şekilsel olarak yönelmek ile birlikte; dünyevi kıblenin/amacın/stratejinin ilanıdır.

Daha doğrusu, kıbleye dönen adam şunu söylemiş olur;

1. Benim hedefim "eşitliktir."

Bu bölüm, tek başına bir manifestodur. Namaz vaktinde "kabeye dönüp", Beyaz Saray kanunları ile amel edenler, Kuran dahilinde; Maun tokadına tabi olurlar.

Maun suresinin çığlığı, bu gafletten kaynaklı bir haykırıştır:

Dini yalanlayanı gördün mü? / O da kendisine dindarım diyor.

İşte yetimi itip kakan odur.

Afyonlanan/Sakinleştirilen/Yoksul adamın yanında olmaya teşvik etmez.

Lanet olsun onların kıldığı namaza ki!

Onlar namazlarından habersizdir/ Yaptıkları işin anlam ve manasından gafildirler.

Onlar gösteriş için ibadet ederler.

En ufak bir yardımı bile esirgerler.

(MAUN Suresi)

Bu sure vahyedildiğinde, henüz 6. senedir. Peygamber henüz Mekke'dedir. Şu manaya gelmektedir; henüz bir cemaat yoktur. Yani ortada lanetlenecek bir namaz yoktur. Dolayısı ile Mekke'deki müşriklerin kıldığı namaz eleştirilmekte ve "yeni namazın ruhu deşifre edilmektedir."

Görüldüğü gibi, ayetteki iki ana kıstas namazın pozisyonunu belirleyen unsur haline getirilir.

Bunlardan ilki yetim, diğeri miskindir.

Yetim, anasız çocuklar için kullanılan bir tabir olarak bilinir. Ama Kuran'daki kullanımı böyle değildir. Kuran insanlığa "**Ademoğlu**" diye seslenir. **Adem, toplumdur**. Dolayısı ile toplum, her bireyin anası ve babasıdır. Bugün kapitalist dünyada **toplum katledilmiş; bireycilik hortlatılmıştır**.

Toplum, işlevlerini yerine getirmediğinde ortaya çıkan **"bencil-çıkarcı-egoist birey tipi" Kuran'a göre yetimdir**. Bu yetimler, toplumun ödevlerini yerine getirmeyişi nedeni ile mağdur olan zümredir.

Miskin ise, sakinleştirilmiş, afyonlanmış manasındadır. Yoksul olduğu halde, kendisini yoksullaştıran iktidarın yalakalığını ve şakşakçılığını yapan "**beyni alınmış kitleler**" için kullanılır.

Yetimi itmek, yetimi yetimliğe terk etmektir. Yani tam karşılığı, yetimleştiren ideolojilerin bayraktarlığını yapmaktır. Bugün için bu durumu; küresel kapitalizme uşaklık ederek, liboş teranelerde hidayet aramak olarak görebiliriz.

Miskini doyurmaya teşvik etmek ise, halkı aydınlanmaya çağırmak, afyonlanan ve prangalarla zincirlenenleri özgürleştirmek manasında kullanılır.

Bu çerçeveden baktığımızda; bu sure, "**Abdestli Kapitalizmin din eğlencesini**" alabora etmektedir...

Bu sure, henüz ilk eylemin; yani kıbleye dönüşün sosyolojik tavrını izale eder. Bu çerçevede şunu söylemek makbul ve Kuran'i olacaktır;

Yoksulların yanında, sınıfların karşısında konuşlanmayan bir namaz, boştur, afyondur, eğlencedir!

Namazda sağa sola bakmaya, şeytanın namazdan hırsızlanması denilir. Yani; o namazı tamamen çalamıyor da ondan bir kısmı hırsızlıyor. Erkanı çalamıyor. Son kozunu nazarları çalma ile kullanıyor. "Sağa baktırabilir miyim, sola baktırabilir miyim?" diye çabalıyor. (Fethullah Gülen, *Kırık Testi*, sf. 53)

Fethullah Gülen'in bu sözü; anlattığımız meseleyi özetliyor. **Ruhbanların Şahı Fethullah Efendi**, ilgili metinde; namazın ana rüknü olan etrafı kollama, insanlarla bir olma noktasını, nazari bir ibadete dönüştürmek sureti ile, eleştirdiğimiz ritüelistik din algısını inşa etmektedir.

Namazı, toplumsal bir silah olmaktan alıkoyup, ferdi bir ritüele dönüştüren bu şahıs, ne ilginçtir ki; **bugün küresel kapitalizmin imamlığını yapmaktadır!**

Namaza devam edelim;

Ve namaz, **hedefe; eşitliğe giden yolun pratik tarifidir**... Bu yol şu şekilde gözler önüne serilir;

1. Kıyam
2. Rüku
3. Secde

Namaz, "Kıyam/Ayakta duruş" ile başlar.

Kişi, önce namaza niyet eder. Bu yola çıkma öncesindeki kararlılığa işaret eder. Sonra, Yüzünü eşitliğe dönerek; "Allahu Ekber" diyerek şunu söylemiş olur;

- Allah tektir! Allah dışında, hiçbir otorite hayatıma yön veremez.

Ve "kıyam", isyan etmek, baş kaldırmak manalarına gelir. İşte bu prensip eşliğinde kişi; eşitliğe giden yolda; servet ve iktidar sahiplerinin madrabaz düzenine isyan edeceğini, sınıflı toplumun kalelerine baş kaldırarak direneceğini ilan eder.

Ve Kıyam esnasında Fatiha Suresi okunur. Fatiha suresi Allah Elçisinin "ilk tebliğ ettiği suredir." Ve çok özel manalar ihtiva etmektedir:

Esirgeyici ve Bağışlayıcı olan Allah'ın adıyla!

Hamd, sadece alemlerin Efendisi içindir.

O Esirger ve Bağışlar.

Din gününün/Hesaplaşma gününün tek sahibidir!

Yalnız sana kulluk ederiz. Sadece senden dileriz!

Bizi doğru yola ilet.

O nimetlenip azmış sapıkların, kendisine gazap olunanlarınkine değil...
(FATİHA Suresi)

Bu sureyi dikkatli okuyun. Bu bir manifestodur...

Allah elçisi Safa tepesine çıkmış. Gözünüzün önünde canlandırın...

Ve "tefsiren" şunu söylüyor;

Ey insanlar. Tek esirgeyici, kollayıcı Allah'tır. Sizi esirgeyip kolladığını iddia eden o kodamanlar değildir. Ve sadece ona hamd edilir! O göbeği şişiklere değil!

Din gününün, yani kodamanlar ile ezilenlerin hesaplaşacağı günün tek sahibi Allah'tır.

Ya Rabbi, biz sadece sana kulluk ederiz. Bu soytarılara, madrabazlara, uşaklara değil!

Bizleri doğru yola ilet!

Mal ve servetle azıp Rableşmiş sapıkların, gazaba uğrayanların yoluna değil...

Evet, bu manifesto ile başlayan namaz, "rüku" ile devam eder.

Rüku; Lisan'ül Arab'a göre, zenginin fakirleşmesi manasına gelir. Üsttekinin alta geçmesi. Karşıya bakanın aşağı bakması, manalarındadır.

Bu anlam çerçevesinde, kıyam anlam kazanır. Yani isyanın yüzü belirginleşir. Evet, namazın kıyamı/isyanı aşağıya bakan bir isyandır. Alttakilerin isyanıdır...

Pratik olarak, eşitlik hedefi için isyan ederken, eşitlenmek babında pratize edilen bir eylemdir rüku. Bir diğer manası da; "yüz dönülen kabe ve temsil ettiği mana derinliği dışında", hiçbir gücün önünde eğilmemeyi temsil eder.

O temsili eylem, bir ilandır. Bu eylemi uygulayan herkes; gerçek hayatta bunu yaşama adapte edeceğine and içmiş olur.

Ve secde…

O ilkelere bağlılık, pratik olarak; o eşitlik toplumunu inşa eden prensiplere itaat noktasında ifşa edilen bir eylemdir.

Ve öyle bir eğiliştir ki, kula kulluğu, paraya kulluğu, altın ve gümüşe kulluğu "Zırrü zeber eden bir eğiliştir."

Ve sonunda selam verilir;

(VÂKIA suresi 26. ayet) Orada sadece "selam ve selam" denilir.

Cennet tasvirleri ile anılan, sürekli cenneti anlatan Vakıa suresinin ilgili ayetinde, cennetin temel karakterini anlatan bu ayet ile bir benzetme yapılır. Bu, namazın sonunda pratik olarak uygulanır.

Namazdaki selamlama, meleklere selam verme falan değildir. Bu tip söylemler, namazın gerçek ruhunu yok etmeye yönelik uydurmalardır, ki gayet başarılı olmuşlardır.

Eşitliğe, yani halk düşmanlığına, daha doğrusu "şeytana ve şeytan evliyalarına karşı" isyan/kıyam edilmiş, pratik hayatta alttakiler ile **eşitlenilmiş** ve ilkelere bağlılık sergilenmiş, bu şekilde toplum cennete dönüşmüştür.

İşte orada artık selam/barış vardır.

İşte namaz…

Şimdi düşünün, Allah elçisinin namaz kılarken "huşuya dalarak mestane olmasının temel nedenlerini."

Ve bundan ötürüdür ki, Allah resulü namaz kılarken namazı bozup koşarak eve gider ve evdeki altınların dağıtılmasını emreder…

Namazmatiklerin, zikirmatiklerin gölgesinde; bir borç haline dönüştürülen; ne söylediğini, ne yaptığını bilmez

bireylere dönüştürülmüş kitlelerin "oyuncağına dönüştürülen" namaz, işte bu derinlikte bir ritüeldir.

İşte mescidler, bu güçlü eylemin karargahlarıdırlar. Her mescid bir halk evidir. Hazreti Peygamberin evi bir mesciddi. O evde; savaş stratejileri yapılır, devlet planlaması yapılır, bölgedeki yoksullar tespit edilir, mahkeme kurulur, eğitim-öğretim verilir, ilerici bilgiler paylaşılırdı.

Kendi yaşadığı toplumun çok ilerisinde bilgiler paylaşılan, hatta kurmayların içinde yaşadığı bir "**halk eviydi mescid.**"

Bu mescidin içinde yaşayan yoksul kurmaylara "**ashab'ı suffa**" denirdi. **Ebuzer, Ammar, Selman** gibi köle kökenliler, bu topluluktandı.

Meseleler tartışılmadan namaz kılınmazdı. Yani toplanma amaçları namazı kılıp sevap almak değildi. Evet, namaz kılınırdı; ama görünmeyen defterlere yazılan sevaplardan çok; gözle görülür karşılıklar yaratan bir namaz kılınırdı. Ve hatta kodamanlar, elitler bu namazdan çok korkarlardı.

(HÛD suresi 87. ayet) Dediler ki: "Ey Şuayb! **Namazın mı emrediyor sana, atalarımızın tapar olduğunu terk etmemizi yahut mallarımızı yoksullara dağıtmamızı?** Esasında sen; gerçekten yumuşak huylu, olgun bir insansın."

Evet, Allah elçisi de; namazıyla "**kodamanları ürkütmüştü.**" Ki bugün için şunu söylemek gerekir;

Kapitalizmi, Emperyalizmi ürkütmeyen bir namaz, Allah Elçisinin kıldığı namaz değildir. Ve o namazın bekçiliği ile, Hubelin[2] önünde eğilmek arasında hiçbir fark yoktur.

Dolayısı ile namaz, hakka yani halka yaklaştırır. Bu, uzak olanın; yani şeytan ve evliyalarının zoruna gittiğinden, nama-

---

[2] Hubel, Mekke'deki meşhur bir putun ismidir.

zın yaklaştırıcı bütün fonksiyonları baltalanır ve namaz safi bir ritüele dönüşür.

Hem de öyle bir ritüel ki, karşıt olduğu bütün pisliklerin kulu olmuş softaların "övünç ve tahakküm aracı olan bir ritüel."

Şimdi de bir diğer ritüele değinelim;

2. ORUÇ ve KURBAN

Kuran'da savm olarak geçen, oruç olarak bilinen uygulama, Ramazan ayına özel olarak emredilmiş bir uygulamadır.

Savm, **el çekmek, uzaklaşmak manalarına gelir**. Ve Kuran'a göre savm/oruç; nefsi ve şehvi tüm olgulardan arınmaktır.

Bu arınmanın temel nedeni, bu eylemlerin sosyolojik olarak belirli bir karşılığının olmasından ileri gelir.

Üstad Muhammed İkbal der ki;

"Ey Kâbe Mollası! Senin Allah'a erişmen mümkün değildir! Zira, henüz beşer makamı dahi senin için örtülüdür..." (*Kulluk Kitabı*, sf. 125.)

Millet'in manası nedir; bir milletin başına geçip onu idare etmek nasıl olur. Bu sualler, iki rekât namazdan başka bilmeyen ahondların idrakinin çok üstündedir.

"Biz, kiliseye yardakçılık eden şeyhe soruyoruz. Savaş şark için kötüdür, peki garp için neden kötü değildir?" (Aynı kaynak, sf.128)

(BAKARA suresi 183. ayet) Ey iman sahipleri! Oruç sizden öncekiler üzerine yazıldığı gibi sizin üzerinize de yazılmıştır. Bu sayede korunmanız umulmaktadır

(BAKARA suresi 185. ayet) Ramazan o aydır ki; insanlara

kılavuz olan, iyi-kötü ayrımıyla hidayetten kanıtlar getiren Kur'an, onda indirilmiştir. O halde bu aya ulaşanınız onu oruçlu geçirsin. Hasta olan veya yolculuk halinde bulunan, tutamadığı gün sayısınca başka günlerde tutsun. Allah sizin için kolaylık ister; O sizin için zorluk istemez. Tutulmamış olan günleri tamamlamanızı, sizi doğru yola kılavuzladığı için Allah'ı yüceltmenizi ister. Ve sizin şükretmeniz umulmaktadır.

İlmihal dinciliği, dinin şekline tabidir. Ruhundan beridir. Din ise onlardan münezzehtir. Haşa ve Kella! İslam; o güruhtan beridir, uzaktır.

Bu ayetleri dikkatli incelersek orucun iki yüzü ile yüzleşiriz;

1. Oruç, koruyucudur.
2. Ramazan ayında, yani Kuran indirilen ayda tutulur.

Peki bu ne manaya gelir?

Kuran'ın indirildiği aya atfen, böyle bir ritüelin emredilmesi enteresandır. Oruç, yoksulların ve açların sürekli yaşadığı hali yaşamak ve bu hali deneyimlemek sureti ile onlara yaklaşmak adına hayata geçirilen bir ritüeldir. Ve onlar ile bir olduğunun ilanıdır.

Yani Ramazan ayında, Kuran, ilk meselesini bu şekilde dile getirmiştir.

Orucu tutan kişi, yoksulları ve açları hatırlamak; onların rutini halini alan açlığı deneyimleyerek, o his ile hislenmek ve bu zorluğun karşısına konumlanmak adına önerilmiş bir ritüeldir.

İbadeti, yani pratiği ise; yoksulların, açların yanında konuşlanmaktır.

Bugün ise, Abdestli Kapitalizmin eğlencesi haline dönüştürülmüştür. Gösterişli otellerin lobilerinde açılan iftarlarda, kuş sütü eksik sofraların etrafına çöreklenen "dinidarların, top sesiyle yemeğe hücum etmesine" eş tutulan bir ritüele dönüştürülmüştür. Halktan uzak bir ritüel yığını halini almıştır.

Ve aynı şekilde "kurban";

Kurban, "**kurb**" kökünden, yani "**Allah'a yakınlaşma**" anlamının doğrudan uzantısı olarak, **Allah'a yakın olma** fiili biçiminde anlamlandırılmalıdır. Mastar olarak "**yaklaşmak**" anlamının yüklediği sorumlulukların farkındalığına erişmeksizin geliştirilen eylemlerin "**kurb**" kökü ile hiçbir ilişkisi olmadığını idrak etmek durumundayız.

Kuran'da kurbanın özünü anlamak için şu ayeti ele almamız gerekir;

Hac Suresi 37. Ayet: Onların etleri de kanları da Allah'a asla ulaşmaz; fakat sizin takvanız O'na ulaşır. Onları size bu şekilde boyun eğdir ki, sizi hidayete erdirdiği için Allah'ı yücelterek anasınız. Güzel düşünüp güzel davrananlara müjde ver.

Genel hatları ile, Allah'tan kopuk bir yaşamın içerisinde, bir ibadet olarak algılanmak sureti ile kesilen hayvanlar, "kurban" değildir. Ancak bir cinayet olarak ele alınabilir.

Kuran'ın semantiğini ve dilini çok güzel biçimde analiz eden büyük değer **Ragıp el İsfehani**'ye göre; "**kurb**" kelimesinin ihtiva ettiği yakınlık, "**doluya yakın olmak**", "**yakini arttırmak**" ve "**dolmak**" biçiminde bir yakınlıktır.

Yani, genel hatları itibari ile, kişinin "Allah'tan kopuk" yaşamını gözden geçirmesi, yaklaşma adına eylem üretmesi, çaba sarf etmesi halidir.

Bakara Suresi 83. ayette bu hususta önemli bir tavır vurgulanır:

Ve iz ehazna misaka beni israile la ta'büdune illellahe ve bil valideyni ihsanev ve izl **kurba** vel yetam vel mesakini ve kulu lin nasi husnev ve ekiymus salate ve atüz zekah, sümme tevelleytüm ila kalilem minküm ve entüm mu'ridun

Biz İsrailoğullarından, "**Allah'ın dışında kimseye kulluk etmeyecek/O'na yakın** olacak[3], ana babaya, yetim ve yoksullara yardım edecek, herkese iyilik yapıp, salat-ı uygulayacak, mal biriktirmeyip topluma dağıtacaksınız diye söz almıştık. Ancak pek azı müstesna, sözlerinden döndüler, hâlâ dönmekteler..."

Değerli okurlar, "Kuran'ı Kerim'i" açıp, Arapça orijinalini incelediğinizde, "**kurba** vel yetam vel mesakini" ifadesini her zaman yan yana göreceksiniz. ***Yetam ve Mesakin*, yetim ve miskin/fakir demektir. Kurba ise, Allah'a yaklaşma olarak göze çarpar. Yani Allah'a yaklaşmanın yolu, yetim ve miskinlerden geçmektedir.**

Bu, dilin yapısı, Kuran'ın anlam bütünlüğü içerisinden çıkacak yegane neticedir. Dileyen bunu kendi üslubunca araştırabilir. Aynı sonuca çıkacağından hiçbir şüphem yoktur.

Maide suresi 27. ayet konuyu ayrıca zenginleştirmektedir.

Onlara Âdem'in iki oğlunun haberini de gerçek olarak oku. Hani, ikisi birer kurban sunmuşlardı da birinden kabul edilmişti, ötekinden kabul edilmemişti. "Seni mutlaka öldürece-

[3] Yukarıdaki çevirideki bu kısım, "kurba"nın anlam bütünlüğünü akseden bölümdür. Kuran'ı yapısı gereği, ayetin devamı da, "kurba" eyleminin uygulanış biçimini tarif etmektedir. Yani, **halka yardım etme, sermaye yığmaktan kaçınma, sevdiğiniz şeyleri Allah yolunda harcama gibi bir bütünlük göze çarpmaktadır.**

ğim" dedi. Öteki: "Allah sadece takva sahiplerinden kabul eder" dedi.

Habil ile Kabil olarak bilinen bu iki kişi arasındaki diyalog, görüldüğü gibidir. Bilindiği üzre, "hayvan kesme geleneği, İbrahim Resul ile ilişkilendirilmektedir". Yani, Kuran'ın kurban getirdiler ifadesi, İbrahim Resul öncesinde olmuş bir olay ile ilişkilendirildiğinde, hayvan kestikleri manasına gelmez! Bu, Allah'a yakınlaşma adına bir fiil, eylem ürettikleri manasına gelir...

Yukarıdaki ayette gördüğümüz gibi, bu iki kişiden biri, doğru bir eylem üretmiş, yani Allah'a yaklaşmıştır. Diğeri ise, yaklaşamamıştır. Yine yaklaşamama nedeni ayetin devamında belirtilir; "**Seni muhakkak öldüreceğim**". Bu, kibrin ve egonun dışavurumudur. **Kibir ve ego**, toplumsal paylaşımı engelleyen, tarihsel süreçte Kuran'ın temel düşmanı olan şirk dininin, yani mal ve servet yığmak sureti ile bireyci tutum sergileme dininin temel kıstasıdır. Kuran, bütün olarak infak ayetlerinde, mal ve servet yığıcıların dinini "şirk" dini olarak tanımlarken, bu genel izahat çerçevesinde, yukarıdaki söylem; bu dine mensubiyet manası taşımaktadır.

Bildiğiniz gibi, infak ve münafık kelimeleri "n-f-k" kökünden gelmektedir. Nifak, iki yüzlülük demektir. **Münafık, iki yüzlü kişi manasına gelir. İnfak ise, kişinin elde ettiği mal-servetin ihtiyaçtan artanını dağıtma manasındadır. Dolayısı ile, münafık demek, malını dağıtmayan demektir.** Bu din dilinde bu şekilde ilişkilendirilmek durumundadır. Çünkü aynı kökten gelen iki ayrı ifadenin arasındaki büyük ilişki asla göz ardı edilemez.

Kurban kelimesinin direk geçtiği bir diğer ayet ise "**Ahkaf suresi 28. ayettir**";

*Fe lev la nesarahümlezinettehazu min dunillahi **kurbanen** aliheh bel dallu anhüm ve zalike ifkühüm ve ma kanu yefterun*

*Allah'ın yanında **yakınlık** sağlamak için edindikleri ilahlar, onlara yardım etseydi ya! Tam aksine, onlardan uzaklaşıp kayboldular. Bu, onların yalanları, uydurup durduklarıydı.*

Bu ayetin genel anlamı da, Allah'a yaklaşmak için edinilen "yedek" ilahların/tabi olunan hocaefendilerin sorgulanışı biçiminde karşımıza çıkmaktadır. Allah'a yaklaşma/kurban eyleminin bu biçimde oluşamayacağı gözler önüne serilmektedir.

En önemli örnek ise, İbrahim Resul'ün oğlunu kurban etme girişimidir. Bunun üzerine bir hayvan keserek affı ifade edilirken, maalesef günümüz toplumları bu ayetlerin anlamını düşünmekten uzaklaşmış, çarpık bir yozlaşmanın esareti altında, o kadar geniş kapsamlı bir ifadenin içinden, hayvan ifadesini cımbızlayarak, "Kurban eylemini, hayvan kesme ritüeli" kılıfına sokmuşlardır.

(SÂFFÂT suresi 102. ayet) Çocuk onunla birlikte koşacak yaşa gelince, "İbrahim" dedi «Yavrucuğum, uykuda/düşte görüyorum ki ben seni boğazlıyorum. Bak bakalım sen ne görürsün/sen ne dersin?» «Babacığım, dedi, emrolduğun şeyi yap! Allah dilerse beni sabredenlerden bulacaksın."

Yukarıdaki ayette, ne kurb, ne hedye ifadeleri geçmez! Dolayısı ile rüyamda seni kurban ediyorum gibi bir anlam yoktur. Bu, senden vazgeçiyorum- seni öldürüyorum, biçiminde çevrilir. Bunun bu anlamda ifade edilişi, bir önceki ayetteki anlam ile ilişkilidir. Bilindiği gibi, İbrahim Resul, Allah'a yalvarmış, bana bir evlat nasip et diye içlenmiştir. Bunun üzerine **Saffat suresi 101. ayette** şu ifade kullanılmıştır:

Bunun üzerine biz, İbrahim'e yumuşak huylu bir oğlan müjdeledik.

Evet görüldüğü gibi, İbrahim Resul'ün çok istediği şey, yani evlat kendisine verilmiştir. Sonrasında ise, Allah'a yakınlığı test edilmek sureti ile "en çok sevdiğini feda edip edemeyeceği sorgulanmıştır"...

(Saffat suresi 106) "Bu, hiç kuşkusuz apaçık imtihanın ta kendisiydi."

İmtihanın amacı, kişinin sevdiklerinden Allah yolunda vazgeçip geçememesi noktasındadır. Yani kurbanın temel amacı budur. Aksi bir mana, hayvan satın alıp kesme gibi bir ritüel uygulaması bu noktada gözlemlenememektedir. Hali hazırda, yukarıdaki imtihanın başarısı neticesinde, **Allah'ın lütfu olarak oğlu yerine bir kurbanlık verildiği ifadesinin kullanıldığı görülmektedir.**

(Saffat suresi 107) Ve ona fidye olarak büyük bir kurbanlık verdik.

Ayette ne "koyun", ne de "hayvan" ifadeleri geçmez! Dolayısı ile Kuran'da "İbrahim kıssası içinde bir hayvan kesilme hadisesi yoktur"...

Genel hatları ile, yukarıdaki biçimde izah ettiğimiz kurbanın temel tarifi günümüz koşullarında nasıl olmalıdır?

Allah'a yaklaşma adına mücadele etmek, yani; ego, bencillik gibi duygular üretenlerden, ruhbanlardan, şirk dininin müntesiplerinden kopmak, dini sadece Allah'a özgülemek.

En sevdiklerini, yetimlere, yoksullara dağıtmak, mal yığmamak, birikim yapmamak, sermaye biriktirmemek ve ihtiyaçtan fazlasını "yetim ve miskinlere" dağıtmak.

İşte kurbanın genel hatları budur.

Bir hayvanı kurban etme eylemi, sadece Hacc uygulaması içerisinde yapılmaktadır. Bunun dışında kalan bölgelerde, toplumsal refahın üst seviyeye ulaşması, sermaye ve talan sistemleriyle mücadele etme gibi pratiklerin Kuran'daki Kurban kavramının içini doldurduğunu görmekteyiz. Yaşamı boyunca infak etmemiş, sermayenin yanında olmuş halk ve toplum düşmanlarının öldürdüğü hayvanlar, Kuran'da asla kurban olarak gösterilmez.

Kurban, sevdiği şeyleri dağıtma, vakfetme olarak karşımıza çıkar. Ve her daim bu şekilde uygulanmış, Emevi yozlaşması sürecinde, hayvan kesmeye indirgenmiştir. Bu geçişin temelindeki olgu ise, uydurma hadislerdir.

Güç ve kudreti Allah dışındaki unsurlara atfederek, onları egemen kılmak (kapitalizm) ve bu egemenliğe karşı çıkmayarak, toplumların sömürülüşüne göz yummak, salat (bağımsızlık mücadelesi, mal paylaşımı, itaat) dairesinden çıkmak, münafık olmak (malını fakirlere dağıtmamak) gibi eylemler, "şeytan" kelimesi kapsamında incelenir.

Kurban, yaklaşmak, şeytan kelimesinin kökü olan "ş-t-n" **ise uzaklaşmak demektir.**

Şeytanların hiçbir pratiği, ilahi çerçevede incelenemez.

Allah yolunda malı harcamak demek, halka yatırım yapmak, malı halk için harcamak, parayı-altını tedavülden çekmeyip piyasayı güçlü tutmak demektir. Bunun böyle kullanıldığını görmek için, Kuran'da infak ve sadaka ifadeleriyle birlikte, **kenz ve mütref ifadelerini inceleyiniz.**

Kuran'ın kulluk programları(uygulamalar) bir bütündür. Salat, Kurban, Hacc, İnfak gibi pratik eylemler, asla birbirinden kopartılamaz. Daha önce de ifade ettiğimiz gibi, "Hacc, sınıfsız toplum pratiğidir". Salat, bu toplumu üretme adına yapılan mücadele; İnfak, bu toplumun iç düzeni; Kurban ise bu pratiklere geçişi sağlayacak adımı atma eylemidir... Yani vazgeçebilme, Allah yolunda adım atma, Allah'a yaklaşma eylemi...

Bu yazımız, Emevi dincileri tarafından muhakkak eleştirilecektir. Ancak verdiğimiz referansları inceleyen okurlarım, muhakkak gerçekleri görecektir.

Kuran'ın dini, mistik hikâyelerin, uydurma masalların, hint öykülerinin dini değil, **doğrudan yaşam ve insan dinidir.**

Sömürülen toplumlarda, pratik üretemeyen bir din, yani; sömürü karşısında dünyevi bir hamle üretemeyen bir inanç, ancak uydurma olabilir. Kuran ise, bundan münezzehtir. Allah'ın vahyindeki anlaşılmayan ve günümüzde uygulanmayan din, sömürü, zulüm ve eşitsizliğin karşısında cereyan etmiş güçlü bir yükseliştir.

Dolayısı ile, kan revan dolu sokaklardaki katliamı kavramak için, Türkiye'deki gelir düzeyine, sınıfsal ayrılıklara, medyaya, siyasi gündeme, ekonomik yıkıma, memur maaşlarına, işsizlik oranına bakmak yeterlidir. Kuran'ın reddettiği bu toplum anlayışının hiçbir uygulaması, gerçek dini elbette yansıtmayacaktır.

Umarım birileri bu gerçekleri kavrayıp, doğru adımlar atar ve en azından çocuklarımızın geleceği için ideal bir ortam üretiriz.

"İsyan Ettiren Din" başlığı altında ritüelleri inceledik. "İsyan Ettirmeyen Din" diye bir başlık açıp izahat vermem çok gerekli görünmüyor, lakin bu bölümü sonuna kadar okuyanlar, neyin ne olduğunu anlamıştır.

Bu açıdan, dine karşı dinin yüzünü, duruşunu anladıktan sonra yeni bölüme geçelim...

ŞEYTAN'IN ARACI GÜÇLERİ:

RUHBAN SINIFI

(TEVBE Suresi 34-35. Ayetler) Ey iman edenler, ahbar ve ruhbanların ekserisi/çoğu, halkın mallarını gasp etmek sureti ile kenz ederler ve bunu yaparak insanları Allah yolundan alıkoyarlar. Altın ve gümüşü kenz edip/biriktirip Allah/halk için harcamayanlara elim bir azap müjdele.

Ve o gün kenz ettikleri/biriktirdikleri altınlar eritilip onunla yanları, sırtları, böğürleri ve alınları dağlanacak ve onlara; tadın işte egonuz için kenz ettikleriniz/biriktirdikleriniz, denilecek.

Kuran'da kenz kavramının geçtiği tek bölüm burasıdır. Ve ne ilginçtir ki, Ebuzer El Gıffari'nin vefatına kadar sürekli andığı bu ayette, kenz/mal yığma ile ruhbanlık aynı düzlemde ele alınır.

Kenz kavramı, istiflemek manasına gelir. Hazineleştirmek, mal biriktirmek. Bugün için bu kavramın modern karşılığı; "kapitalizmdir."

Kuran, 1400 yıl öncesinden **"Marks'ın tahlilini yapıyor."**

Ruhban kavramının geçtiği ayette, kapitalizm geçiyor. Yani afyon din, kapitalizmin vazgeçilmezidir...

Demek ki sömürü her dönem aynı, sürekli yapısal ve karakteristik olarak benzer işlevler ile sürüyor...

(MÂİDE suresi 63. ayet) Ruhbanları ve hahamları onları, günah oluşturan sözlerinden, haram yemekten alıkoysalardı olmaz mıydı? Ne kötüdür onların sınaat/teknoloji olarak üretmekte oldukları.

(HADÎD suresi 27. ayet) Sonra onların eserleri üzere, resullerimizi art arda gönderdik. Meryem'in oğlu İsa'yı da onların ardınca gönderdik. Ona İncil'i verdik; ona uyanların gönüllerine şefkat ve merhamet koyduk. Bir bid'at olarak ortaya çıkardıkları ruhbaniyeti, onlar üzerine biz yazmamıştık. Allah'ın rızasını kazanmak için ortaya çıkardılar. Ama ona gerektiği şekilde saygılı olmadılar. Onların, iman edenlerine ödüllerini verdik. Onlardan çoğu yoldan çıkmış olanlardır.

Arap diline göre ahbar ve ruhban kavramları ne manaya gelir?

Ahbar, hbr kökünden türemiştir. Türkçemizdeki "haber" kelimesi bu kökten gelir. Haber vermek manasındadır. Yani ahbar, halkın bilgisi dahilinde olmadığına inandırılan bir bilgiyi, kendisinde var olması hasebi ile "bir üstünlük aracı haline dönüştüren" kişi ve kurumlardır.

Ruhban ise, "rehb" kökünden gelir, korkutmak manasındadır.

Bu bilgi ile korkutan, halktan ayrılan; kendisinde, kendisini üstün bir noktaya konumlandıracak bir bilginin varlığını dayatan kişi ve kurumlardır.

Yapısal olarak "**sadece din adamı değildir.**"

Kendisindeki bilgiyi paylaşmayan ve bu bilgi üzerinden zengin olan doktor, mühendis, politikacı vs. herkes "bu kavramın dairesine girer."

Zaten bu durum çok mantıklıdır. Ayette ruhbanların "**kenz yaptığı söyleniyor.**"[4]

Bilgiyi paylaşmama nedeni "**kenz yapma arzusudur.**" Dolayısı ile bu noktanın altı çizilmelidir.

Yeni tanıştığım bir üniversite hocasına; neden pratik bilgi vermediğini sormuştum. Kendisi de bana; sermayemiz belli, eritirsek aç kalırız diye karşılık vermişti.

Evet, bu yaklaşım hasebi ile bu zihin, ahbar ve ruhbandır.

Ama ben bu bölümde ruhbanları iki kategoriye ayıracağım;

1. Zaruri Ruhbanizm
2. İdeolojik Ruhbanizm

Zaruri Ruhbanizm, o hocanın durumudur. O durum dahilinde, işine devam edebilme adına ruhbanlaşma temayülü gösteriliyor olabilir. Bunu daha farklı kitaplarda işleyebiliriz.

Bizim esas derdimiz "İdeolojik Ruhbanizm iledir."

İdeolojik Ruhbanizm, Allah ve Peygambere yalan söyletmek sureti ile biçimlenen emperyalist ve yıkıcı bir ideolojidir.

Bu ideolojinin öncüleri toplumda muteber ve saygın kimselerdir. Çoğu kez, bediüzzaman, hocaefendi gibi sıfatlarla anılırlar...

Bu ideolojinin öncüleri, Allah Allah deyip malı götüren kenz çetesinin ta kendisidir. Güncel olarak baktığımızda; küresel şirk çetesinin işbirlikçisi konumunda konumlanan, dini

---

[4] Kenz; mal biriktirmek, kapitalizm, yığmak.

salt bir pusu kurma aracı olarak yapılandıran organizasyon ya da kişiler, bu sınıfın öncüleridirler.

Bu sınıfın dinsel öncüleri kadar siyasi öncüleri de vardır. Bunlar; "dindar cumhurbaşkanı isteriz deyip" **malikanelerde havyar tüketen şahsiyeti kırık "dinidar" kimselerdir ki, bunlara biz "kenzo" diyoruz.**

Esas mesele ise; "**kenz**" meselesidir.

Kenz, yani biriktirme; bir özgürlük değildir. Birçok kişi, grup, odak bunun bir özgürlük olduğunu ifade ederken, biriktirenin özgürlüğü, diğerinin köleliği noktasında bir durum oluştuğundan, kenz saf bir sömürü biçimidir.

Bu noktaya işaret eden bazı hadisleri aktaralım;

"Her ümmetin bir fitnesi vardır, benim ümmetimin fitnesi ise maldır." (İbn Mâce, Fiten: 18)

"Ademoğlunun iki vadi dolu altını olsa üçüncü vadinin de kendisinin olmasını ister. Ne var ki insanoğlunun ağzını ancak toprak doldurur. Yine de Allah tevbe edenin tevbesini kabul eder." (Müslim, Zekat:s 39; Dârimî, Rıkak: 62)

"Ademoğlunun şunlardan başka şeylerde hakkı yoktur: Oturacağı bir ev, vücudunu örtecek bir elbise, ekmek ve su." (Dârimî, Rıkak: 10)

"Mal biriktirip çoğaltma işi sizi oyalıyor, ademoğlu malım malım der oysa senin malından senin olan, sadaka vererek ahirete gönderdiğin, yiyip tükettiğin ve giyip eskittiğin şeydir." (Müslim, Zühd: 1)

"Ey Ademoğlu sen ihtiyaçtan fazlasını infak edip dağıtırsan senin için bu hayırlıdır. Eğer biriktirir ve elinde tutarsan senin için bu zararlıdır. Geçinecek kadarını biriktirmenden dolayı kınanmazsın, sen harcamaya önce geçimini üzerine aldığın kimselerden başla, veren el alan elden daima üstündür..." (Müslim, Zekat: 32)

"Siz, Allah'a gerçek biçimde tevekkül edip güvenip dayansaydınız kuşların rızıklandıkları gibi siz de rızıklandırılırdınız. Çünkü o kuşlar sabahleyin aç olarak çıkarlar akşam kursakları dolu olarak dönerler." (İbn Mâce, Zühd: 14)

"Sizden her kim ruhen ve bedenen sağlıklı olup günlük yiyeceği de yanında olursa tüm dünya nimetleri ona toplanmış gibidir." (İbn Mâce, Zühd; 9)

2350- Abdullah b. Muğaffel (r.a.)'den rivâyete göre, şöyle demiştir: "Bir adam Rasûlullah (s.a.v.)'e; Ey Allah'ın Rasûlü! ben seni gerçekten seviyorum dedi. Rasûlullah (s.a.v.), o söylediğin söze dikkat et buyurdu. Adam tekrar seni ben gerçekten seviyorum deyince; Rasûlullah (s.a.v.), söylediğin söze iyi dikkat et ciddi misin? buyurdu. Adam da: Vallahi seni gerçekten seviyorum diyerek üçüncü sefer aynı sözü tekrar etti. Bunun üzerine Rasûlullah (s.a.v.) şöyle buyurdu: "Eğer beni seviyorsan fakirliğe karşı bir kalkan hazırla çünkü fakirliğin beni seven kimseye gelmesi; selin, durak yerine akması gibi hızlıdır." (Tirmizî rivâyet etmiştir.)

"Fakirler Cennete zenginlerden beşyüz yıl yani yarım gün önce gireceklerdir." (İbn Mâce, Zühd: 6)

"Rasûlullah (s.a.v.), vefat edinceye kadar iki gün arka arkaya arpa ekmeğinden doymamıştır." (İbn Mâce, Etıme: 49)

"Rasûlullah (s.a.v.), dünyadan ayrılıncaya kadar ne kendisi ne de aile halkı üç gün peşpeşe buğday ekmeğinden doymadılar." (İbn Mâce, Etıme: 48)

"Rasûlullah (s.a.v.)'in ev halkından çok olmadığı için arpa ekmeği bile artmazdı." (İbn Mâce, Etıme: 48)

"Rasûlullah (s.a.v.) peşpeşe birkaç geceyi aç olarak geçirir, ailesi de akşam yemeği bile bulamadıkları olurdu. Ekmekleri ise çoğunlukla arpa ekmeği idi." (İbn Mâce, Etıme: 48)

Rasûlullah (s.a.v.) şöyle dua ederdi: "Allah'ım Muhammed ailesinin rızkını yetecek kadar kıl." (Müslim, Zühd: 1)

"Ebû Hüreyre'nin yanındaydık üzerinde iki keten elbise vardı; birine burnunu sildi ve şöyle dedi: Vay vay Ebû Hüreyre keten elbiseye burnunu siliyor. Oysa bir zamanlar Rasûlullah (s.a.v.)'in minberiyle Âişe'nin odası arasında açlıktan sendeleyip bayıldığımı görmüştüm. Bu arada gelip giden bende delilik var zannederek ayağını boynuma basardı. Halbuki ben deli değildim. Sadece aç idim." (Buhârî, İtisam: 9)

"Gerçek zenginlik mal çokluğunda değil, gerçek zenginlik gönül zenginliğidir." (İbn Mâce, Zühd: 9)

"Dinar'a ve dirheme kulluk yapanlara lanet edilmiştir." (İbn Mâce, Zühd: 8)

"Bir koyun sürüsü üzerine salıverilen iki aç kurdun o sürüye zararı, kişinin mal ve makam hırsının dinine verdiği zarardan daha fazla değildir." (Dârimî, Rıkak: 21)

Benim dünya rahatlığı ile işim yok. Dünyada ben bir ağacın altında gölgelenip sonra oradan ayrılıp giden bir yolcu gibiyim." (İbn Mâce, Zühd: 3)

"Kişi dostunun dini üzeredir. Bu yüzden kişi kimi dost edineceğine iyi baksın." (Ebû Dâvûd, Edeb: 16)

"Ademoğlu midesinden daha kötü bir kap doldurmamıştır. Ademoğluna kendisini ayakta tutacak kadar yemesi içmesi yeterlidir. Şayet bu miktardan fazla yiyecek ise midesini üç kısma ayırsın; bir kısmı yemek bir kısmı meşrubat bir kısmı da nefes için ayrılmalıdır." (İbn Mâce, Etıme: 50)

"Kim gösteriş için iş yaparsa Allah o kimsenin gösteriş için yaptığı ibadeti insanlara işittir. Kim de başkaları işitsin diye ibadet ve kulluk yaparsa Allah o kimsenin bu işini insanlara işitsin diye Rasûlullah (s.a.v.) şöyle devam etti. İnsanlara merhamet etmeyene Allah ta merhamet etmez." (İbn Mâce, Zühd: 21)

"Kişi sevdiğiyle beraberdir." (Ebû Dâvûd, Edeb: 113; Müslim, Birr: 50)

"Tüm lezzetleri kesip koparanı çok hatırlayın yani ölümü." (İbn Mâce, Zühd: 31)

"Benim bildiklerimi bilmiş olsanız şüphesiz ki az güler çok ağlardınız." (İbn Mâce, Zühd: 19; Buhârî, Rikak: 27)

"Ahiret nimeti karşısında dünya nimeti; sizden birinizin parmağını denize batırması gibidir. O parmak denizden ne kadar su ile döner ona bir baksın." (İbn Mâce, Zühd: 2)

"Çiftlik ve benzeri gibi gelir getirecek şeyler edinmeyin, böylece dünyaya meyledersiniz." (Müsned: 3398)

"Dünyada bir garib gibi yabancı gibi hatta bir yolcu gibi ol! Kendini kabir halkından biri gibi kabul et." İbn Ömer şöyle derdi: "Sabaha çıktığında akşama çıkacağından söz etme, hastalığından önce sağlığından, ölümünden önce hayatından istifade ederek hazırlık yap. Ey Abdullah yarın isminin mutlu mu? bedbaht mı? olacağını bilemezsin." (Buhârî, Rıkak: 37; İbn Mâce, Zühd: 14)

Bu rivayetler, sufi zihnin algıladığı çerçevede dünyadan el çekmek noktasında açığa çıkmış hadisler değildir. Muhammedi zühd, softalıkla sınırlı bir el çekme falan değildir. Bu durum, dünyayı değiştirme durumudur. Ve tüm bu tedbirler, bir geçiş süreci tedbiridir.

Daha doğrusu "**arttırma, çoğaltma, büyütme, sahip olma**" güdüsünü terbiye etme adına vurgulanmış yaklaşımlardır.

Ve işte Ruhbanizm, bu hastalığın tetikçisidir.

Ve bu kültür-geleneğin inşa edildiği yerler; mescidlerdir. Bugün ise tam aksi, mescidler "**kenz kültürünün yeşertildiği birer 'paratestan' tapınağına dönüşmüştür.**"

PEYGAMBERİN YIKTIRDIĞI CAMİLER!

İbni İshâk'in *El – Megazî*'de beyân ettiğine göre Resûlüllah Mâlik b. Duhşun ile Ma'n b Duhşun ile Ma'n b. Adiy'yi 'Dırar' mescidini yakmağa göndermiş, onlar da bu vazifeyi görmüşlerdir.

(TEVBE suresi 107. ayet) Bir de şunlar var: Tutup bir mescit yapmışlardır: Zarar vermek için, nankörlük için, inananları fırkalara bölmek için, daha önceden Allah ve resulüyle savaşmış kişiye gözetleme yeri kurmak için. "İyilik ve güzellikten başka bir şey istemiş değiliz!" diye gerile gerile yemin de edecekler. Allah şahittir ki, onlar kesinlikle yalancıdırlar.

Bu mescitlere Kuran, "**dırar**" mescidi der. **Dırar** mescidinin temel özellikleri şunlardır;

- Dinin sosyolojik yüzünü örter, mal paylaşımına mani olur, malı götürenleri cennetlik ilan eder.
- İnsanları fırkalara böler. Ayrılığı mübah kılar, birleştirmez, parçalar.
- Allah ve Resulüne karşı savaşmış zihniyeti (Ebu Cehil, Muaviye vs.) kollar, o zihniyeti ihya eder.
- Ve tüm bunları, iyilik ve güzellik adı altında yaparak; zihinleri afyonlar, uyutur, aldatır...

Dırar mescidleri ile ilgili verileri yorumlayanlar, bu mescidleri "**bölgeselleştirirler.**" Daha doğrusu, bu mescidlerin o dönemki münafıklar tarafından yapılıp yıkılmış mescidler olduğunu ileri sürerler...

Salt anlamda, o döneme ait veriler olduğu söylenen bu bilgi; tamamen evrenseldir. Yukarıdaki maddeleri ihlal eden her organizasyon "**dırar**" kapsamına girer. Böyle ucuz ve cehalet kokan "**kaçak yorumlar ile** dırar mescidlerini görünmez kılmaya çalışanlar" boşa yorulmasınlar...

Dırar mescidleri "**münafıklarca**" kurulur.

Münafık, n-f-k kökünden gelen bir kelimedir. İnfak kelimesi ile paraleldir. Daha doğrusu zıt anlamlısıdır.

İnfak; kişinin ihtiyacından artan malı dağıtması[5] manasına gelir. Münafık ise, malını dağıtmadığı halde, cüppenin altına gizlenip "müslümanlık cakası satanlar" için kullanılır...

Dırar mescidlerinde kılınan namaz için Kur'an şunu söyler;

(Maun Suresi) Yazıklar olsun o namaz kılanlara ki, onlar kıldıkları namazdan bihaberdir. Yoksulu doyurmaz, miskini doyurmaya teşvik etmez.

Yoksulun, yetimin, fakirin, garip gurebanın derdini derdi haline getirmeyenlerin namazı için söylenen bu söz; bu içi boş namazı kullanarak insanlığı aldatanlar için; ruhban demektedir.

Ruhban kavramının geçtiği "**Tevbe suresi 34 ve 35. Ayetlerde**" kenz kavramı geçer. Kenz'in ne olduğunu biliyorsunuz...

Mal istiflemek, zenginleşmek, servet arttırmak...

Bu tipolojiyi Kuran iki kilit kavram ile çözümler;

Mel'e ve Mütref...

---

[5] bkz.Bakara 219

Mel'e; kesesini dolduran, doldurmak için her yolu yapan, domuz gibi şişen manasındadır.

Mütref; zenginlikle şımarmış, havaya girmiş, bolluğa boğulmuş manasına gelir.

Yani ruhban sınıfı; mutlak domuz üretir.

Ve Ruhban sınıfının egemenleşmesi için "**dırar mescidine**" ihtiyaç vardır. İçi boş, anlamsız, şekillere boğulmuş bir din algısının egemenleşmesi, zihinleri kuşatması ve **ahiret güzin ablalarının** dudaklarına hapsolmuş bir toplumsal zihnin yaratılması gerekir.

Malı götürenlere, 'olsun, hiç olmazsa Müslüman adam,' diyebilen bir dangalaklığın açığa çıkması için, "**dırar mescidleri**" kurulmalıdır.

Müslüman olmanın amentüsünün; 'kamu malına tecavüze son' olduğu gerçeğinden bihaber bir algının biçimlenmesi şarttır...

Bu hususta Allah elçisinin en yakın dostu **Ebuzer'e** bakmak, O'nu anlamak gerekebilir;

Ebu Bekr ve el-Münkedir'den rivayet edildiğine göre, o vakit Şam emiri olan Habib b. Ebu Seleme, Ebuzer'e 300 dinar göndermiş ve "ihtiyaçlarını görsün" demiştir. Ebuzer ise parayı geri çevirip; "Allah için bizden daha muhtaç kimse bulamamış mı?" Bizim başımızı sokacağımız bir yer, istifade edeceğimiz bir davar, yardımımıza koşan bir eşimiz var. Ben daha fazlasından korkarım" demiştir. (İbni Hanbel, *Kitabu'z Zühd*, sf.176)

Abdullah b. Es Samit'ten şöyle dediği rivayet edilmiştir: "Ben Ebuzer ile birlikteydim. Kendisine verilen şeyler çıkartılmıştı. Yanında eşi vardı. Ebuzer ihtiyaçlarını almaya başladı, bir miktar arttı. Eşine; artan kısmı dağıtmasını emretti. Ben de dedim ki; Ey Ebuzer muhtemel bir ihtiyacın ve misafirlerin için o kısmı elinde tutsan? Bunun üzerine "Dostum Peygamber bana, keseye konulup üzeri örtülen altın ve gümüş, Allah yolunda harcanmadıkça, sahibi için ateştir dedi." (*Kitabu'z zühd* sf.177)

İşte züht budur. Zühd/Az ile yetinme; aç kalmak demek değildir. İhtiyaçlarının, senin efendin olmasını engellemek demektir.

Tıpkı şu misale benzer;

İnsan neden giyinir? İhtiyaç olduğu için...

Dolayısı ile insanın hiçbir ihtiyacı, en doğal ihtiyacı olan "tuvaletini giderme" ihtiyacından fazla zevk vermemelidir. Veriyorsa, o olgu ihtiyaç olmaktan çıkmıştır. Yönetici bir olguya önüşmüştür.

Ebuzer'in bu yaklaşımı- ki kenz kavramına lügat anlamını veren şahsiyettir- çoğaltmanın temel nedeninin "**ego**" olduğu hakikatine ve çoğaltma sonucunda "azalmanın başgöstereceği noktasında" çıkarımlar ile doludur.

Evet, insanlık ailesinin genel problemi budur. Bugün yeryüzünde 1 milyar insan aç. Buna nazaran 500 milyon insan, olağanüstü büyük bir servete hükmediyor.

Dünya'da dolaşan paranın %78'i, sadece %1 i tarafından yönetiliyor... Şöyle düşününüz;

Bir çuval un etrafında 10 kişi var. Herkese eşit taksim edildiğinde herkes doyabiliyor.

Aralarından bir kişi çıkıp, bozgunculuk ederek, çuvalın yarısına el koyuyor. Dolayısı ile kalan yarısını 9 kişi paylaşıyor. Ve hiçbiri doyamıyor.

Ama o 1 kişi, sadece doyabileceği kadarını yediğinden, kalanı kenarda tutuyor. Sonraki günlere saklıyor.

Bu paylaşımda sorun yaşadığı için, kalan 9 kişi; böyle bir taksimata boyun eğmiyor. Hepsi kendi çıkarlarını kollamaya başlıyor.

Ve işte kaos, kan, savaş...

Buna modern literatürde "**kapitalizm**" denir...

Ve şu noktaya da işaret etmek gerekir;

Hatırlayın, Ebuzer'e; evine misafir gelebilir, bu altını tut demişlerdi. O ise, buna karşı çıkmıştı.

Ama yaptığı şey mantıksız görünüyor. Çünkü gerçekten de misafir gelebilir, hasta olabilir, iyi-kötü gün için tutması gerekmez miydi ?

Cevabımız hayır olacaktır. Çünkü, eğer kötü gününde "**yalnız kalmışsa**" zaten İslam başarısız olmuş demektir.

İslam'ın ideal toplumu, cennet toplumudur. Bu toplumda; üreten, kendisi için üretmez.[6] Yani teorik olarak, üretim araçlarında hak, o üretim konusunda bilgili olana aittir. Ve bu bilgi "Allah'tan" olduğu için, bu bilginin "kişisel servet yığma aracına dönüşmesi" ruhbanlıktır.

Dolayısı ile üreticinin mantığı şu şekilde biçimlenir;

Ben domatesi iyi ekiyorum. İhtiyacım kadarını alıp kalanını vermeliyim. Ve daha iyisini yapmaya gayret etmeliyim ki bu olanak sürekli bende bulunsun. Ve aynı şekilde diğer ihtiyaçlarımı gidermem için, bu düzeni korumam gerekir...

Çünkü aynı zamanda salatalık üreticisi de bu mantık ile hareket etmektedir.

---

[6] Bkz. Bahçe Sahipleri kıssası/Kalem Suresi

Bunu tarihte uygulanmış bir paylaşım düzenine benzetebiliriz: Trampa düzeni.

Mal takasına dayanan özel bir düzen. Tabi mübadele aracı olan paranın da dahil olduğu bir düzen olarak biçimlenebilir, ancak İslam toplumunda temel esas; paranın salt bir araç olacağı bir toplumdur. Amaçlaşması, orada dinin olmadığı manasına gelir…

Bugün birçok kimse aynı şeyi söylüyor;

Eren hocam, iyi hoş diyorsun ama, **it var kopuk var, ben güvencem için para biriktiriyorum**…

Evet, ben sizi suçlamıyorum. İt-Kopuk korkusundan para biriktirdiğiniz için, ya da biriktirmediğinizde zelil ve perişan hale düştüğünüz için, bu beldede İslam yoktur diyorum.

Evet, Ebuzer'in söylemek istediği de budur!

Eğer hastalanırsam, "sen varsın." Ben artanı dağıtıyorum, yarın başıma iş geldiğinde, bana dönecektir. Çünkü başkaları da aynı işi yapacaktır…

İşte İslam'ın yaşandığı ideal ortam budur…

Dolayısı ile **bugünün Türkiye'si için "müslüman ülke" benzetmesi yapmak, Kur'an dışıdır**. Türkiye, Müslüman bir ülke değildir. Türkiye, İslam adı altında dayatılan **Emevi maymunluğunun din sanılıp, Müslümancılık oyununa dönüştürüldüğü bir ülkedir.**

Türkiye, Kuran'ı mızrak ucuna takan Muaviye zihniyetinin hortladığı, dinin salt bir pusu kurma aracı haline getirildiği bir ülkedir. Tıpkı diğer "müslüman olduğunu iddia eden ülkeler gibi."

Ayette diyor ki; *"lehulmulku's fis semavati'l vel ard."*

Mealen; Yerlerin ve göklerin mülkü yalnız Allah'a aittir.

Mücahitlikten Müteahhitliğe transfer olanların yaptırdığı binaların girişinde bu yazar;

"**Mülk Allah'ındır.**"

Peki tapusu kimde?

Okunmuş sakalının ihtişamı ile, kaçırmadığı vakit namazlarında "**huşu edalı suratı ile**", her söze başlarken çektiği besmele ile insanları **aldatan o yalancı şeytan evliyasına** dikkat edin!

(FATIR Suresi 5. Ayet) O Şeytan sizi Allah ile aldatmasın!

HOCALIKTAN KOCALIĞA... MİLLETİ CARİYE SANANLAR!

Cariye kelimesi bilindiğinin aksine bir anlam ihtiva eder. Cariye, “car” kökünden türemiş bir kelimedir. Elden ele dolaşan kadın manasına gelir. Aynı kökten türeyen “ticaret” kelimesi de, malın elden ele dolaşması manasındadır.

Esasen cariye, alt sınıfı işaret eder. Yani, iradi olarak; kendi irade ve idare kabiliyeti olmayan bir varlık resmidir.

Ruhbanizm, halkı cariyeleştirmiş ve kocalığına tabi olmuştur. Burada koca deyimi, “yöneten” babında ele alınmalıdır.

Bu namussuzluğun en işlek sokağı, bizim mahalledodir. Yani Türkiye'de...

- **Acarkent'te 2 milyon dolarlık villada oturan Cüppeli Ahmetler,**
- İstiklal Marşını dahi bilmeyen cühela imamların M.Vekili olması,

- **ABD'yi müttefik ilan edenlerin, dindar ilan edilmesi,**
- **Açlık sınırının altında yaşayan 13 milyon yurttaşın varlığına rağmen, her yerin camiler ile süslenmesi.**
- Şişik "**van minitler.**"
- Şirk İmamları, kadrolaşma hareketleri. .
- Türkiyemiz, güzel ülkemiz..!

Sabah Gazetesi'nin 24.12.2004 tarihli bir haberi çok ilginçtir;

Evyap; Vicdanen Rahatım!

Yarımca Porselen'i 52 milyon dolarlık fahiş kârla Erdemir'e sattığı iddiası ile eleştirilen Mehmet Evyap, arsanın maliyetinin 79,4 milyon dolar olduğunu belirterek "Vicdanen Rahatım" dedi.

Yarımca Porselen Fabrikası'nı 30.5 milyon dolara Özelleştirme idaresi'nden alıp, Ereğli Demir-Çelik'e 82 milyon dolara satan Evyap, bu satıştan iddia edildiği gibi 52 milyon dolar değil, sadece 2 milyon dolarlık kârları olduğunu açıkladı. Evyap'ın sahibi Mehmet Evyap bu alışverişten dolayı hiçbir pişmanlığı olmadığını söyledi. Yarımca Porselen'i 1998 yılında 15 firmanın da katıldığı ihaleyle 30.5 milyon dolara (vadeli) aldıklarını belirtti. (Sabah Gazetesi, 24.12.2004)

Evyap, Fetullah Gülen'e yakın bir şirkettir. Devletten 30 milyon'a vadeli aldıkları kurumu, 82 milyon dolara peşin satan bu şirket, bu büyük kârı sağlayan iktidar kurumu ile paralel hareket etmektedir.

Peki bu 52 milyon dolar nereye gitmiştir?

Şirketin kasasına…

Özelleştirilen kurumlar kime aittir?

Halka…

Ve bu soygunun başını çekenler, dün kemalizm adı altında yaratılan cumhuriyet elitleri, bugün ise hubelist-dinci muktedirler, çeteciler, iktidar organlarıdır.

(BAKARA suresi 220. ayet) Dünya ve âhıret hakkında... Sana yetimlerden de soruyorlar. De ki: "Onları, işe yarar hale getirmek kendileri için daha hayırlıdır. Eğer onlarla bir arada yaşarsanız, onlar sizin kardeşlerinizdir." Allah, bozguncuyu barışseverden ayırmasını bilir. Eğer Allah dileseydi, sizi zora sürerdi. Allah, tüm onurların sahibi, tüm hikmetlerin sahibidir.

(NİSA suresi 2. ayet) Yetimlere mallarını verin. Temizi pise değişmeyin. Yetimlerin mallarını kendi mallarınıza katarak yemeyin. Bunu yapmak gerçekten büyük bir vebaldir.

Kitabımızda yetimlerden bahsetmiştik. O bahsimizi hatırlarsanız; toplum ana-babadır, işlevlerini yerine getirmediğinde ortaya çıkan tipe yetim denir demiştik.

Bakara Suresi 220. ayete dikkat edin. Aynen söylediğimiz şeyi söylüyor.

Yetimleri işe yarar hale getirin. Çünkü onların faili sizsiniz...

Yetimlerin mallarını yemeyin/Halkın malını çalmayın!

Ve bunu yapmak büyük vebaldir. Bu vebali yüklenen zorbalar, bu madrabazlığı "**dindarlık diye pazarlıyor.**"

ABD Ulusal Güvenlik Danışmanı Siyonist Yahudi Zbignew Brzezinsky, CIA tarafından örgütlenen İslamcı "**Mücahitlere**" 3 Şubat günü, silah yardımlarını kendi elleri ile teslim etmiştir. Görüşmede yer alan Ladin, silahları doğrudan Brzezinsky'den almıştır. **(Bettman / CORBIS, ya da İblis'in Kıblesi/Cengiz Özakıncı/Kapak Resmi)**

Bugün Türkiye Cumhuriyeti Başbakanı olan Tayyip Erdoğan'ın 1980 yılında Afgan Lider Hikmet-yar ile çektirdiği o resim bilinir.

Ve Hikmet-yar, **ABD destekli bir kahramandır!**

Bu hakikat nazarınca baktığımızda, ABD'nin somut desteği ile muktedirleşenler, aynı gelenek ile ihya olanlara yakınlık hissetmek ile doğal bir sürece dahil oluyorlar.

(KEHF Suresi 103-104. Ayetler) De ki; Amelleri bakımından hüsrana en çok batanları size haber vereyim mi? Bunlar güzel işler yaptıklarını sandıkları halde, dünya hayatının peşinde tüm çaba ve koşturmaları eğri ve çarpık olan kimselerdir.

Bu güruhun bugün dayattığı din, muharef dindir. Bunun bazı alametleri şu şekilde sıralanabilir;

1. Dini, belirli bir zümrenin inisiyatifine ait kılmak.
2. Dinin şeklini, ruhuna tercih etmek.
3. Yoksula yardımı, yoksulluğu meşrulaştıran bir olgu olarak görmek…
4. Dinde hizipleşme/mezhepleşme yoluyla, dini parçalara bölmek.

3. madde çok önemli bir maddedir. Basit bir önerme ile şunu öne sürebilirsiniz; İslam yoksulluğa yardımı öngördüğüne göre, yoksulluğu meşru görüyor. Hatta bunun bir imtihan olduğunu söylüyor…

Bu, bugünün ve Muhammed (a.s.)'ın savaştığı zihnin önermesidir.

Hayır! İslam'a göre; yoksullara yardım verme yoktur. Hakkını verme vardır. Kenz edilen mallar, "gasptır, hırsızlık malıdır." Malı vererek, iade etme vardır, yoksulluğu meşrulaştırma değil, gayrımeşru yolla biçimlendirilen "üst sınıfı lağv etme vardır."

(EN'ÂM suresi 141. ayet) Çardaklı ve çardaksız bahçeleri, ürünleri çeşit çeşit hurmaları, sebzeleri, zeytinleri, narları, birbirine benzer ve benzemez biçimde oluşturan O'dur. Her birinin meyvesinden, olgunlaştığı zaman yiyin ve hasat gününde onun **hakkını da verin.** İsraf etmeyin, Allah israf edenleri sevmez.

(İSRÂ suresi 26. ayet)Akrabaya hakkını ver. Çaresize, yolda kalana da. Fakat saçıp savurma.

(RÛM suresi 38. ayet) O halde, **akrabaya hakkını ver. Yoksula**, yolda kalmışa da. Allah'ın yüzünü isteyenler için bu daha hayırlıdır. İşte böyleleridir, kurtuluşa erenler.

Bu gerçeğin oluşturduğu rahatsızlık, İslam tarihi boyunca örtülmüş, sadaka kurumu; hak verme kurumu olmaktan uzaklaşıp, yoksulluğu kader olarak gören ve bu kadere "merhamet duyguları kabararak katkı sunanların eğlencesine" dönüştürülmüştür.

Siyasal İslam'ın başarısı, bu algının "dinleşmesinden ileri gelir."

Sokaktaki garibana, servet ve iktidar sahiplerindeki kenz, senin hakkındır dediğinizde; hemen size karşı çıkar! Tepki duyar...

Hatta, ABD'deki Şirk İmamı ve benzeri odaklarca, bu hak arayışı "gommünistlik" olarak tanımlanmış, Müslüman anarşiden uzak olmalı diyerek, o defterler yakılmıştır.

Biz de diyoruz ki; **kenz**, hırsızlıktır. Aksini söyleyen bir din; içine farklı tohumlar sokulmuş bir aşureye benzer. **Aşure**

ağza güzel tat verebilir, ancak; halis değildir. Halis olan ise baldır, çünkü ne olduğu bellidir.

(TEVBE suresi 29. ayet) Kendilerine kitap verilenlerden Allah'a ve âhiret gününe inanmayan, Allah'ın ve resulünün yasakladığını haram saymayan ve hak dini din edinmeyenlerle, boyun eğerek kendi elleriyle cizye verecekleri zamana kadar savaşın.

Şimdi soru;

- Bizim toplumumuz nezdinde, kendisine kitap verilenler kimlerdir?

Müslümanlar, Yahudiler, Hıristiyanlar...

Evet, bunu biraz daha açalım. Bu ayeti Türkiye'de okuyan kişi için muhatap, Yahudi ve Hıristiyanlar değildir.

Tek muhatap, "**Mümin Maskeli Müşriklerdir.**"

Çünkü;

Kendisine kitap verilmiş (Kuran).

- Allah'a inandığını söyleyip, Paraya tapan.
- Hiç ölmeyecekmiş gibi yaşayan, işbirlikçi.
- Allah ve Resulü kenz'i haram etmesine rağmen, kenz eden, zalim, madrabaz, bozguncu.
- Ve Kuran'daki İslam'ı terkedip, Emevi Şirkperestliğini din edindiği halde Müslümanlık iddiası güdenlere yönelik bir ayettir...

Ve ne diyor?

"Cizye verene kadar savaşın."

Müslüman olana kadar savaşın, dine döndürün demiyor!

Namaz kıldırın, oruç tutturun da demiyor!

Cizye verene kadar savaşın…

Peki bu cizye ne demektir?

Ünlü dilbilimci Ragıp el İsfehani'ye göre cizye; czy kökünden türemiş olup, yetinmek manasına gelir. Yeterli olan anlamı da ihtiva eden bu kavram, zimmet ehlinden alınan vergi olarak kullanılmıştır.

Ama kavramın temelinde; karşı tarafa yetecek kadarını bırakıp, gerisini almak gibi bir mana vardır.

Yani, insanı; bu fiillere sevk eden yegane ihtiras olan "**arttırma-çoğaltma**" ihtirasını yok etmek için ve diğer insanların hakkını korumak için, ilgili özellikleri taşıyanlardan zorla alınan vergidir.

Bu vergi, halka dağıtılır. Yoksul ve fakirlerin hakkıdır.

Peki kim tahsil eder?

Allah elçisi bu ayeti mescidde okumuştur. Orduya ya da bir devlet kurumuna yönelik değildir. Doğrudan halka yöneliktir. Ve işiten herkese yüklenen bir ödevdir.

Dolayısı ile, miskinlik zincirini kıran, afyonu yok eden, ayıltıcı ve farkına vardırıcı bir ayettir…

İşte "**hocalıktan kocalığa göz dikenler**" halkı sessizleştirirler. Halk ise, son bahiste ele aldığımız çerçevede davranarak, tepkisini ortaya koymak ile mükelleftir.

Peki halk neden bu gerçeklerin farkına varamaz. Ya da meseleyi anlaması nasıl engellenmiştir?

Şimdi meseleye biraz daha farklı bir açıdan bakalım;

DİLİN DİNLEŞMESİ

Üstad Mehmet Akif, Kurtuluş şairidir. Ama sadece bir şair değildir. O zamane bir derviştir.

Mehmet Akif, aynı ruhtan beslenen Muhammed İkbal ve Ali Şeriati ile birlikte; zamana bir soluk kazandırmış, bid'at ve uydurmalardan arınmış bir din algısına atıflar yaparak; onları, emperyalizm karşısında somut bir mücadele safına davet etmişlerdir.

Üstad şu dizeleri ile çok mühim bir mesaj vermektedir;

Ne mezarlıkta okunmak, ne de fal bakmak için!

Bu havalidekiler pek yaya kalmış dince;

Öyle Kuran okuyorlarki: Sanırsın Çince!

Bütün adetleri ayin'i mecusiye karib;

Bir şahadet getirirler, o da oldukça garip.

(Mehmet Akif Ersoy – *Safahat*)

Üstad bu şiirinde, dinin bu yönüne özel atıflar yapmıştır. Dini anlamadan, bir tapınak dinine dönüştürmenin yarattığı sonuçlara dem vurmuştur.

Size ilişmedikçe siz de Türkler'e ilişmeyiniz. Çünkü severlerse sizi soyarlar. Sevmezlerse sizi gebertirler. (**Suyuti, *Lealil Masnua*, 1/440**)

Bu uydurma hadis ve benzeri hadisler bize önemli bir veri sunuyor. Arapçılığın, belirli bir dönemin resmi ideolojisi olduğu gerçeğini. Bu çerçevede din ile Arapçılık eşleştirilmiş, bugün Arap olmayanlar dahi bu propagandanın kendisini din sanar hale gelmiştir.

Hatta bu öyle bir noktaya varmıştır ki, Yecüc ve Mecüc kavminin "Türkler olduğuna dair" rivayetler türetilmiştir. İslam tarihinde "bozguncu kavimler olarak bilinen" bu toplulukların Türkler ile eş tutulması, salt ırkçılığın; dinsel bir elbiseye bürünmesi noktasında belirmiş bir alamettir.

DİNCİ SAPIKLIĞIN DELİLLERİ

Ebu Yusuf, Hanefi mezhebinin 3 kurucusundan biridir. Velev ki, İmam'ı Azam'ın yanından bile geçemeyecek kadar basiretsiz ve alim sıfatından beridir.

Bir gün bir sohbette "**Peygamberimiz kabak severdi**" der. Bu lafı işitip aynı ortamda bulunan bir şahıs, "ben kabak sevmem" diye söylenir. Bunun üzerine Ebu Yusuf, "peygamberin sevdiği bir şeye karşı gelen, sünnete karşı gelmiştir" diyerek, adamı kafirlikle itham eder ve kellesinin vurulmasını ön görür. Hemen kılıç ve muşamba ister. Adam ise, tevbe edip, kabak sevdiğini söyleyerek kelleyi kurtarır.[7]

Kabak tadı veren bu itikadi sapıklık, din maskesi giymiş "**zorbalığın**" İslam diye dayatılışının resmidir.

Bu topraklarda, dinsel kitaplar satan kitapçılara giren her-

---

[7] Bkz. Ahmed Ziyaeddin Gümüşhanevi, *Ehli sünnet İtikadı*, sf.80.

kes, bu tip sapkınlıkları pazarlayan yüzlerce kitap tespit edebilirler.

HADİS UYDURMA YOLUYLA SÖMÜRME

Hadisler iman ve itikadda delil teşkil etmezler. Bizim paylaştığımız hadisler, sened'i müphem, üzerinde şüphe duymadığımız hadislerdir. Kaldı ki onlar dahi delil niteliği taşımaz.

Hadis ravilerinin başında gelen "**Ebu Hureyre**" ile ilgili tarihsel bir anekdot paylaşacağım;

Bahreyn valisi Ebu Hureyre'nin mal varlığını hesaplayan Hz.Ömer;

- Seni Bahreyn'e bıraktığım zaman, bir ayakkabın bile yoktu, fakat bana gelen haberlere göre; aldığın atların her birine yüz dinar vermişsin. Doğru mu? diye sorar.

  Ebu Hureyre'den şöyle bir yanıt gelir;

- Birkaç tane atım vardı, doğurdular. Hem de bu sırada bazı hediyeler aldım.

Bunun üzerine Halife Ömer, "Ben senin maaşını hesapladım, ona göre bunlar fazla oluyor, onları geri ver" diye tepki gösterdi.

Hureyre, "vermem" deyince, Halife Ömer, "Allah'a yemin ederim ki belini kıracağım" der ve kırbaçla sırtına öyle bir vurur ki, Hureyre'den kan fışkırır! Sonra da "git ve onları getir" der.

Ebu Hureyre; "Allah'tan yardım dilerim" der. Ömer; " Eğer helal yoldan gelseydi veya kendin vermiş olsaydın söylediğin doğru olurdu. Fakat sen Bahreyn'in son noktasından gelen vergileri bile halk için değil, kendin için harcıyorsun. **Anan sana aptal çoban olmaktan başka bir şey öğretmedi mi?"** diye çıkışır… (İbn'i Sad, *Tabakat*, 4. Cilt, sf.59)

Bugün var olan hadis külliyatlarının çoğu, o dönem valilik etmiş, yönetici olmuş eller tarafından yazılmıştır. Ebuzer, Ammar, Selman, Ali gibi isimlerin sözleri azınlıktadır.

Kaldı ki Ebu Hureyre'nin Müslüman olmazdan evvel büyük açlıklar çektiği, Müslüman olduktan sonra fakirliği nedeni ile "ashab'ı suffa"dan olduğu bilinir.

Ancak Müslim'in *Fezailüs Sahabe* adlı eserinin 159. Bölümünde, "Hureyre Peygamberle sırf karın tokluğu için birlikte olmuştur" vurgusu yapılır.

Hatta Halife Ömer'den çok çekindiği için şu sözü söylediği nakledilir;

Size naklettiğim şu hadisleri, Ömer zamanında da anlatsaydım; değneği ile beni döverdi. **(Ez Zehebi, tezkıret'ul- Huffaz)**

Hatta öylesine terbiye fakiri bir ifade kullanmıştır ki; kendisini yalancılıkla suçlayan müminlerin annesi Aişe; "**Sen peygamberden duymadığın hadisler yazıyorsun**" dediğinde şöyle terbiyesizce cevap verir;

- Ayna ve sürme, seni peygamber ile ilgilenmekten uzak tuttu. **(Zehebi, Siyeru Alemin Nubela, 2. Cilt, sayfa 435)**

Hz. Ali şöyle demiştir; "Yaşayanlar arasında Allah Resulü'ne en fazla yalan isnad eden Ebu Hureyre'dir." **(Nehc'ul Belağa, 1. Cilt, sf.360)**

Allah elçisinin vefatı sonrası ortalık karışmıştır. Ortalığı; Yahudi dönmesi alimler sarmıştır. Bunlardan bazıları;

- Ahmed ibn. Selam
- Vehb İbn. Münebbih
- Kab'ül Ahbar

gibi isimlerdir.

Artık Halife Osman, Ali ve Ebuzer'in tefsirlerine bakmaz. Daha çok bu isimlere fakih olarak danışırdı (Bkz. *Ebuzer* – Dr.Ali Şeriati)

Bu ortamda gelişen "Emevicilik, hızla Arapçılığa dönüşmüştür."

Kuran'ın lafzı, önünün önüne geçmiştir. Hele ki kendisini şu şekilde tanımlayan bir kitap olmasına rağmen;

Furkan: Doğru ile yanlışı ayıran kitap

Nur: Yolu aydınlatan ışık

Huda: Doğruya ileten rehber

İlim: İhtilafta kalanlara çözüm

Ayet: Delil-Kanıt-Belge

Şifa: Manevi ilaç

Zikir: Öğüt ve Hatırlatma

Büşra: Sıkıntıda olanın derdine çare

Mufassal: Teferruatlandırılmış kaynak

Hikmet: Bilgelik kaynağı

Tıbyan: Her şeyi ihtiva eden kitap

Beyyine: Apaçık, net, belirgin

Rahmet: Müminlere bir bağış-yardım-destek

Zikra: İlerlemek için yapılan uyarı

Mübin: Apaçık, herkesin anlayabileceği kaynak

İmam: Önder

Hablullah: İnsanları parçalanmaktan alıkoyan ip

Resul: Peygamberin davasını sürdüren elçi

Hüküm: Adalet arayanlar için evrensel bir yasa

Bütün bu sıfatlara rağmen Kuran, kutsanmış bir tılsım kitabı olarak muamele görür. Bu duruma neden olan "**kutte'i tarık**" yani sapık zihin; dini belirli tekellere ait kılma düşüncesidir.

Ve sürekli yaygara kopartılan, daimi olarak birileri tarafından istismar aracı yapılan bir olgudan bahsedeceğim. Bu olgudan bahsetmeden dil bahsini kapatmamız mümkün değildir.

EZAN RUHU!

Öncelikle şunu belirtmek gerekir ki, Ezan uygulaması "İslam'ın temel farzlarından biri değil, Hazreti Peygamber'in tercihen oluşturduğu bir sünnettir." (Bkz. Nul'ul İzah Tercemesi, Ezan mad.)

Fıkıhta, Allah tarafından sabitlenen her türlü kural "ictihada" kapalıdır. Fakat, Peygamber uygulamaları ictihadidir. Yani dönemsel olarak ele alınabilir. Yani dinsel olarak, ezan tartışılabilir. Hatta, İslam Fıkhına göre; ezanın yapısı dahi tartışmaya açıktır. Dolayısı ile meselenin dinsel yüzünü bilerek hareket etmeli ve ezberleştirmeksizin konuşmalıyız.

Farz olan husus namazdır. Ezan değildir. Ama Ezan hususunda önemli tespit ve vurgular yapılmaktadır. İşte onlardan bazıları;

Fetâvâ-yi Hindiyye - El-Kafi - Fetâvâ-yi Kaadıhan eserinde mesele şöyle izah edilir;

Ezan, cemaatle edâ edilen farz namazların sünnetidir. Vâcib olduğunu söyleyenler varsa da sahih olan, müekked sünnet anlamındaki içtihaddır. Fukahanın meşayihi de bu görüştedirler.

Yani ezan, ortak görüş çerçevesinde, içtihada açıktır.

Ancak fakihler ezan'ın dili ile ilgili olarak görüş bildirmişlerdir. Ve ashaptan 20 kişinin ortak rüyası olduğu öne sürülmek sureti ile, ezanın dili sabitlenmiştir.(*Fetvâ-yi Kaadıhan, El-Ceveheretü'n-Neyyire - Fetvâ-yi Hindiyye.* Celal Yıldırım, Kaynaklarıyla İslam Fıkhı, Uysal Kitabevi: 1/160.)

Ancak bu sabitleme kabul edilemez. Çünkü fıkhi olarak çelişkilidir. Çünkü rüya ile amel edilemez. Ki bu da fıkhın bir diğer tespitidir.

İbnu Abbas (radıyallahu anhümâ) anlatıyor: "Resûlullah (aleyhissalâtu vesselâm) buyurdular ki:

"Bu gece Rabbimden bir (melek, elçi olarak) geldi. -Bir rivayette ise şöyle demiştir: "Rabbim bana en güzel bir surette geldi"- ve: "Ey Muhammed!" dedi.

"Buyur Rabbim, emrindeyim!" dedim.

"Mele-i A'la(da bulunanların) nelerde yarıştıklarını biliyor musun?" dedi.

"Hayır!" dedim. Bunun üzerine elini omuzlarımın arasına koydu. Hatta onun serinliğini göğüslerimde hissettim. Derken semavat ve arzda olanları öğrendim. Sonra: "Ey Muhammed! Mele-i A'la (efradı) nelerde yarışır biliyor musun?" dedi.

"Evet! Dereceler(i artıran ameller)de, keffaretlerde. [Keffaretler ise] yaya olarak cemaatlere gitmek, şiddetli soğuklarda abdesti tam almak, namazdan sonra namaz beklemektedir. Kim bunlara devam ederse hayır üzere yaşar, hayır üzere ölür, günah mevzûunda da annesinden doğduğu gündeki gibi olur" dedim. Sonra tekrar: Ey Muhammed!" dedi.

"Buyurun emrinizdeyim!" dedim.

"Namaz kıldığın vakit," dedi, şunu oku: "Allahım, senden hayırları yapmamı, kötü şeyleri de terketmemi ve fakirleri sevmemi talep ediyorum! Kullarına bir fitne arzu edersen, beni fitneye düşmeden, yanına al!"

(Gece bana gelen elçi -veya Rabbim- son olarak) dedi ki: "Dereceler ise, selamı yaymak, yemek yedirmek, insanlar uyurken gece namaz kılmaktır!" [**Tirmizî, Tefsir, Sad, (3231, 3232).**]

Bu hadis, uydurma bir hadistir. Çünkü, Hazreti Peygamber; Allah'ın bir elçi formunda kendisine geldiğini (rüyasında) ve ellerini omzuna koyduğunu söylemiş olur.

Lakin bu uydurma dahi olsa, ezan hususunda fakihleri zora sokar. Çünkü bu hadis, fakihlerin kabul ettiği, uydurma olarak tanımlamadığı bir hadistir.

Ve bu hadise göre, Hazreti Peygamber bile "**saçma**" diye tabir edebileceğimiz, mantıksız rüyalar görebilir. Bundan ötürüdür ki; **rüya ile amel edilmez.**

O halde ezan, ucu açık bir uygulamadır. Ancak Peygamberce sünnettir. Çünkü; Peygamber'in uygulattığı bir çağrı biçimidir. İlk olarak Medine'de uygulanmıştır. Ve Allah elçisi ilk ezanı **Bilal Habeşi'ye** okutmuştur. Ancak bu hususta da büyük palavralar hakimdir. Bilal Habeşi'nin sesi güzel olduğu için ezan okutulduğu noktasındaki söylem, bir yalandır.

Bilal Habeşi, "kölelikten" geldiği, hatta Mekke'nin sembol isyancılarından olduğu için Ezan okutulmuştur. Çünkü ezan ile kölelik arasında organik bir bağ vardır!

Dünkü efendiler, bir kölenin sesi ile mescide (eşitlenmeye) çağrılırlar. Ve bir köle; düzenli olarak şu gerçeği haykırır!

Allahü Ekber (4)

Eşhedü ellâ ilâhe illâllah (2)

Eşhedü enne Muhammed-er-rasûlüllah (2)

Hayye'alessalâh (2)
Hayye'alelfelâh (2)
Allahü Ekber (2)
Lâilâhe İllâllah (1)

Türkçe Manası

- Allah Tektir. (Tek Efendi Allah'tır.)
- Ve Tanıklık ederim ki, O'nun dışında ilah/kudret/güç/ yönetici yoktur.
- Ve Tanıklık ederim ki, Muhammed O'nun elçisidir.
- Haydi "Mücadeleye!"
- Haydi "Ferah bulmaya!"
- Allah Tektir!
- Ve başka bir ilah yoktur.

Ezan, bu yapısı itibari ile bir manifestodur. Ve yukarıda yaptığımız çeviri de "**salah**" kavramını neden mücadele olarak çevirdiğimizi anlamak için, kitabın evvelki bölümlerine dönüp, İŞTE NAMAZ bölümüne tekrar bakmanız gerekir.

(ANKEBÛT suresi 45. ayet) Kitap'tan sana vahyedileni oku! Namazı da kıl! Çünkü namaz, çirkinliklerden ve kötülüklerden alıkoyar. Elbette ki Allah'ın zikri/Kur'an'ı daha büyüktür! Allah, neler yaptığınızı biliyor.

Namaz ve ibadeti (yaşamdaki pratiği) olan Salat, Ezan ile başlar. Ve belli bir şuur ile gelişir, biçimlenir.

Fonksiyonlarını yitiren namaz, Allah'ı yalancı çıkartma çabasına girişmiş "**densizlerin**" imalatıdır. Çünkü Ankebut Suresi 45. Ayete göre namaz; kötülüklerden ve pisliklerden alıkoymak durumundadır.

Yani bir kimse, hem namaz kılıp, hem kötülük yapıyorsa;

namazında arıza vardır. **Namaz'da arıza yoktur. Kılanın namazında arıza vardır.** İşte bu içerikler açısından baktığımızda, dinin dolu tarafı "boşaltılmıştır."

Namaz, ezan, hacc, isyan, devrim, bağımsızlık gibi olguların, saltanatı tehdit etmesi, Kuran'ı okutmama çabaları üretmiştir. Bu okumama, ya da okuduğunu anlamama sorunu; Kuran'ın nitelikli analizlerinin anlaşılamaması, dolayısı ile de, teorik çözülme sürecini yaratmıştır.

Kuran'ın nitelikli teorik yüzünü göstermek için bir örnek ile konuya devam edeceğim;

YUSUF'U KAYBEDENLER

Kuran'ın en çarpıcı bölümlerinden biri de, Hz. Yusuf kıssasıdır. Ramazan ayında dizi formatında izletilen bir filmi de vardır. Ve eminim, muhafazakârların %99'u bu filmi izlemiştir.

Ancak Hz.Yusuf anlatıldığı gibi biri değildir. O'nun bazı özellikleri çarpıtılmaktadır.

Yusuf Peygamberimizin kıssasını kapsayan Yusuf Suresi ilginç bir ifade ile başlar;

(YUSUF Suresi 2. Ayet) Anlayasınız diye biz onu Arapça bir Kuran olarak indirdik.

Bunun ne anlama geldiğini anlamak için, Allah elçisinin bildiği dilleri ve bölgesel din dilini bilmek gerekir.

Bugün Türkiye'de sokaktaki vatandaşa "din" dediğinizde, aklına ilk gelen şey; Arapça manzumeler olacaktır. O dönem de sokaktaki adama din dediğinizde; **"aynı şey İbranice yazıtlar olarak"** akıllarda belirirdi.

Hatta o toplumun içine düştüğü boşluğun temel nedeni buydu. Tütsüler, kutsal metinler, duvara 40 bohçaya sarılarak yazılan beyitler…

İş öyle vahimdi ki, "**Kâbe duvarına şiir asan şairlerin metinleri bile kutsanırdı.**"

Putları öven, onların kahramanlık öykülerini anlatan "**yabancı şairlerin şiirleri**" kutsal bir muameleye tabi tutulurdu. Bunun böyle olmasını isteyen Mekke oligarşisi durumdan gayet memnundu. Çünkü işlerine gelmeyen bir şey üretemeyecek bir zihin yapısı inşa edilmişti.

(YUSUF Suresi 3. Ayet) Biz bu Kur'an'ı sana vahyederek, hikâyelerin en güzelini anlatıyoruz. Oysaki sen, bundan önce bunlardan gafildin.

Bu ayet yine hatalı çevirilerin kurbanı olmuştur. Ayette söylenen şudur;

Bu hikayeleri sen zaten biliyordun (Musa, İbrahim, Yusuf kıssaları), ki bu biliş; o kıssaların Mekke'de dilden dile dolaşan efsaneler olmasından ileri geliyordu. **Ama sen bunların gerçek manalarından/öz anlamlarından gafildin.** Evet, toplumla birlikte düşünüyordun. İşte biz Kuran'ı sana **Arapça indirerek, öz bilgiyi anlamanı sağladık**!

Ve şimdi sıkı durun. Kuran'ı neden kendi dilimizde okumamışız diye hayıflanacağınız bir bölüm geliyor…

Mekke'deki halk gibi, Türkiye'de de Hz. Yusuf'un rüyalar gördüğü, hatta rüya yorumladığı düşünülür. Allah elçisine, rüya tabircisi gibi muamele edilir.

Halbuki bu surede, rüya ile ilgili hiçbir şey yoktur!

Şimdi ilgili metnin **Türkçesini** aktaralım;

4- Bir vakit Yûsuf babasına şöyle demişti: "Babacığım, ben on bir yıldızla, Güneş'i ve Ay'ı gördüm; onları bana secde ediyorlar gördüm."

5- "Yavrucuğum, dedi, gördüklerini kardeşlerine anlatma; sonra sana bir oyun oynarlar. Hiç kuşkusuz şeytan, insan için açık bir düşmandır."

Ayetlerde geçen "raeytu" kavramı, görmek anlamındadır. Kuran'da rüyada, uykuda bir görüntü görmek; "fi'l menami=uykuda" takısı almak sureti ile vurgulanır.

İlgili metine baktığımızda şöyle bir anlam elde ederiz;

"Babacığım, ben yıldızların ve güneşin bana secde ettiğini gördüm."

Yani ben/insan bu kadar yüce bir varlıkken, nasıl köle pazarlarında satılır. Ben insanın hak etmediği bir makamda tutulduğunu anladım babacığım…

6-İşte böyle! Rabbin seni seçip yüceltecek, olayların ve sözlerin tevilinden, sana bir şeyler öğretecek, hem senin hem Yakub soyunun üzerinde nimetini tamamlayacaktır. Tıpkı bundan önce ataların İbrahim ve İshak üzerine o nimeti tamamladığı gibi. Şu kesin ki, senin Rabbin Alîm'dir, Hakîm'dir.

7-Yemin olsun ki, Yûsuf ve kardeşlerinde istek ve arayış içinde olanlar için ibretler/işaretler vardır.

8-O vakit onlar şöyle demişlerdi: "Yûsuf ve kardeşi, babamıza bizden daha sevimli, bu bir gerçek. Ama biz de birbirini her hal ve şartta destekleyen bir ekibiz. Şu da kuşkusuz ki, bizim babamız, inkâr edilemez bir şaşkınlık içindedir."

9-"Yûsuf'u öldürün yahut bir yere götürüp atın ki, babanızın ilgisi yalnız size yönelsin ve bunun ardından barışçıl ve hayırsever bir topluluk haline gelesiniz."

Kardeşleri Yusuf'u kuyuya terk eder. Daha sonra gelişen olaylar şöyledir;

19-Bir yolcu kafilesi gelmişti. Sucularını gönderdiler. O da kovasını sarkıttı. "Müjde! Bu bir oğlan!" diye haykırdı. Ticaret maksadıyla onu sakladılar. Allah ne yaptıklarını çok iyi biliyordu.

20-Onu basit bir karşılıkla, birkaç paraya sattılar. Ona fazla rağbet gösterenler değillerdi.

Bölümün başında söylemiştim. Orada insanlar alınıp satılmaktadır. Bu ayetler söylediğimiz gerçeğin delilleridir. [8]

36-Onunla birlikte zındana iki genç daha girmişti. Bir tanesi dedi ki: "Rüyada gördüm, şarap sıkıyordum." Öteki de şöyle dedi: "Ben de gördüm ki, başımın üstünde ekmek taşıyorum, kuşlar ondan yiyor. Bunun yorumunu bize bildir. Biz senin, güzel düşünüp güzel davrananlardan olduğun kanısındayız."

Bu ve benzeri ayetleri anlamak için, bazı bilgilere sahip olmak gerekir. Bu bilgi, özel bir dil bilgisi değildir. Şu kilit bilgidir:

Aydınlanma öncesi, bu coğrafya da kullanılan dil, "**din dilidir.**" Kinayeler, betimlemeler ile dolu bir dil.

Bundan 100 sene sonra, "ekmek aslanın ağzında" dediğinizde, çocuklarınız nasıl buna anlam veremeyecekse, bugün de ayette kullanılan kinayelere anlam verilememektedir. Ve top rüya yorumculuğuna atılmaktadır.

39-"Ey benim zından arkadaşlarım! Parçalara bölünüp fırkalaşmış rabler mi daha hayırlıdır, Vâhid ve Kahhâr olan Allah mı?"

---

[8] *Kıssanın bir bölümünü özetleyelim (detay için bkz. Yusuf suresi...): Yusuf a.s.'ı köle pazarında satın alan ailenin eşi/kadın, Yusuf ile birlikte olmak ister. Ama Yusuf bunu reddeder. Böylece kadın O'nu hapse attırır (iftira düzerek).*

40-"O'nun yanında nelere kulluk ediyorsunuz? Sadece bir takım isimlere ki, adlarını siz ve atalarınız koymuştur. Onlar hakkında Allah, hiçbir kanıt indirmemiştir. Hüküm yalnız Allah'ındır. O, yalnız ve yalnız kendisine kulluk etmenizi emretti. Eskimez ve pörsümez din işte budur. Ama insanların çokları bilmiyorlar."

41-"Ey zindan arkadaşlarım, ikinizden biri efendisine şarap içirecek, diğeri ise asılacak, kuş onun başından yiyecek. İşte hakkında fetva istemekte olduğunuz iş (artık) olup bitmiştir."

42-Yûsuf o iki kişiden, kurtulacağını düşündüğüne şöyle dedi: "Rab edindiğin kişi yanında beni an." Ama şeytan o adama, rab edindiği kişiye hatırlatmayı unutturdu. Böylece Yûsuf yıllarca zındanda kaldı.

Öncelikle, zindanda bulunanlar anlaşıldığı üzre; siyasi suçlulardır. Ve benzetme icabı, yaptıkları işleri anlatmışlar, Bilge Yusuf'a akıl danışmışlardır.

Ve bu iki tip, **tam zıt iki kişiliktir.**

Biri "**ekmeği başının üstünde taşımıştır.**" Bu ifadeden anlaşıldığı üzre; sistem karşıtıdır. Ve idam edilecektir.

Öteki adam, şarap sıkıyor. Şarap sıkmak, "uşaklığın işaretidir." Ve Yusuf; içinde bulundukları düzeni iyi bildiği için, bu adamın kurtulacağını söylüyor.

Ama "**ekmeği başının üzerinde taşıyan adam**" için, öldürüleceği imasında bulunuyor...

Bu ayet bölümlerinden anlaşılan odur ki;

Hz. Yusuf, bilge biridir. Firavun kıssasında da değinmiştim[9], despot rejimler; halkı "neden-sonuç ilişkisi kurmaktan

[9] Bkz. *Nurjuvazi*

alıkoymaktadır." Dolayısı ile bu ilişkiden haberdar zihinler, bilgeliği ile sivrilirler. İşte Yusuf da böylece sivrilmiş, öne çıkanlardan olmuştu.

Özellikle de "**eşitlik fikri ile dikkat çekmişti.**"

43- Kral dedi ki: "Düşümde yedi semiz inek görüyorum. Bunları yedi cılız inek yiyor. Ayrıca yedi yeşil başak, yedi de kuru başak görüyorum. Ey bendelerim! Eğer rüya tabir ediyorsanız, bu rüyam hakkında bana bir fetva verin."

44-Dediler ki: "Bunlar, demet demet hayallerden ibarettir. Biz, hayal ve kuruntuların yorumunu bilenler değiliz."

45-Zındandaki iki adamdan kurtulanı, uzun bir zamandan sonra eskiyi hatırladı da şöyle dedi: "Onun yorumunu size ben haber veririm. Siz beni zındana gönderin."

46-"Yûsuf, ey özü-sözü doğru insan! Şu düşümü yorumla bize. Yedi semiz inek var, yedi cılız inek bunları yiyor; yedi yeşil başak, bir yedi tane de kuru başak. Umarım buradan insanların yanına giderim, onlar da öğrenirler."

47-Yûsuf dedi: "Alışılageldiği şekliyle yedi yıl ekin ekeceksiniz. Biçtiklerinizden yiyecek kadar az bir miktar alır, gerisini başağında bırakırsınız."

48-"Bunun ardından yedi kurak yıl gelecek. Bu yıllar, saklayabileceğiniz bir miktar ekin hariç, önceden biriktirdiklerinizi yiyip tüketecek."

49-"Bunun arkasından bir yıl gelecek ki, halk onda bol yağmura kavuşup rahat edecek; meyva suyu sıkıp süt sağacaklar."

50-Kral: "Bu yorumu yapanı bana getirin" dedi. Elçi kendisine gelince, Yûsuf dedi ki: "Kralına dön de sor bakalım, o ellerini kesen kadınların derdi neydi? Rabbim, o kadınların hilelerini çok iyi bilmektedir."

51-Kral dedi: "Yûsuf'un nefsinden murat almak istediğinizde, derdiniz ne idi?" Dediler ki: "Allah şahit, biz onun hiçbir kötülüğünü bilmiyoruz." Aziz'in karısı dedi ki: "İşte şimdi gerçek ortaya çıktı. Ben onunla gönül eğlendirmek istemiştim. O, özü-sözü doğru insanlardandı."

52-"Gerçeği söylüyorum ki, Yûsuf, gıyabında ona hainlik etmediğimi, Allah'ın, hainlerin tuzağını başarıya ulaştırmayacağını bilsin."

53-"Nefsimi ak-pak gösteremem. Çünkü nefs, Rabbimin merhamet ettiği durumlar hariç, olanca gücüyle kötülüğü emreder. Ama Rabbim çok affedici, çok esirgeyicidir."

54-Kral dedi ki: "Onu bana getirin, kendime özel dost edineyim." Yusuf'la konuşunca da şöyle dedi: "Artık bugün yanımızda mevkii olan, güvenilir bir dostsun."

55-Yûsuf dedi ki: "Beni ülke hazinelerine bakan yap. Ben iyi bir koruyucuyum; bilgiliyim."

56-İşte böylece biz Yûsuf'a yeryüzünde imkân ve mevki verdik. Ülkede, istediği yerde konaklayabiliyordu. Biz dilediğimiz kimseye rahmetimizi ulaştırırız; güzel düşünüp güzel davrananların ödülünü yitirmeyiz.

Ve...

100-Ana-babasını tahtın üstüne çıkardı. Hepsi, Yûsuf'un önünde secde eder gibi eğildiler. Yûsuf dedi: "Babacığım, işte bu, benim önceden gördüğüm rüyanın yorumudur. Rabbim onu gerçekleştirdi. O, bana çok güzel lütuflarda bulundu, şeytan, benimle kardeşlerim arasına yakumluk soktuktan sora, O beni zındandan çıkardı. Sizi de çölden getirdi. Rabbim, dilediği şeyde çok ince lütuflar sergiliyor. Alîm olan O'dur, Hakîm olan O'dur."

101-"Rabbim, sen bana mülk ve saltanattan bir nasip verdin. Olayların ve düşlerin yorumundan bana bir ilim öğrettin. Ey gökleri ve yeri yaratan! Benim dünyada da âhirette de Velî'm sensin. Beni müslüman/sana teslim olmuş olarak öldür ve beni barışsever hayırlı kullar arasına kat."

Ayetlere baktığımızda, Kral'ın bir düşünü/amacını ve Yusuf'un bu amacın nasıl gerçekleşeceği noktasındaki düşüncesini görürüz.

Eğer Yusuf, bir rüya yorumcusu ise; nasıl olur da Kral onu hazineden sorumlu lider yapar?

Tarihsel metinlerden anlaşıldığı üzere Yusuf (a.s.);

- Yabancı dil bilen(farklı dillere hakim) (Tarih'i Taberi, c.1, sf,279)
- Güçlü bir ekonomist (Aynı kaynak, sf. 280)
- Bilge bir kişiliktir.

Öngörüler yaparak, halkı ve Kral'ı aydınlatmıştır. Kral, yumuşak huylu ve barışsever bir kraldır. Bölgede ruhban hegemonyasında gelişen alttakiler ve üsttekiler arasındaki uçurumu yok etmek isteyen bir Kral'dır.

İnandığı toplum ile ilgili hayallerini anlattığında; Yusuf O'na; 7 yıl Stokçuların mallarını erittireceksin, demiştir. Yani, stok mallar eritilmiş, atıl mal ve mülkiyet sınırlamasına gidilmiştir. Zaten bu öngörüden etkilendiği için O'nu hazineden sorumlu bakan yapmıştır. Yoksa, hiçbir Kral, hiçbir kahini "**hazinedar yapmazdı.**"

Yusuf a.s. pazarlarda gezerken; Alttakiler yukarı çıkacak, üsttekiler aşağı inecek diyerek; temel niyeti açığa vurmuştur.

Bu kıssa, salt anlamda; bir geçiş dönemi sürecini anlatır. Ve enteresan olan ise, surenin 4. Ayetinden itibaren son ayetine kadar; **Mekke Fethi'nden sonra indirilmiş olmasıdır.**

Bu zamanlama çok önemlidir. Çünkü Medine'den Mekke'ye geçişin, daha doğrusu Büyük Mekke Devrimi'nin hemen akabinde indirilen bu sure; ortamın havasına uygun bir şekilde, yeni kurulacak devletin ekonomi politik yüzünü tanımlamıştır.

Bu yüzüne göre; önderlik, stokçulukla savaşacak, spekülatif yollarla da olsa; servet ve iktidar sahiplerinin mallarına el konacak ve sınıflar arası uçurum yok edilecektir.

Nasıl, Kuran'daki kıyamet sahneleri Mekke Fethi'ne kadar ise, bu tip surelerin fonksiyonu da fetih sonrası kurulacak devletin yapısı ile ilgilidir. Bu çerçeveden baktığımızda, Kuran'ın ekonomi-politik yüzünü deşifre eden bu ve benzeri sureler; dinciliğin elinde oyuncağa dönüştürülmüştür.

Bu surede devlete, stokçulukla mücadele görevi verilmiştir. **Yani kenz ile savaşım**, dinin emridir. Ama bizim devletimizde "**dindar cumhurbaşkanları**" bu sureyi "anlamayarak okuduğundan", Yusuf'u rüya tabircisi, devleti de "**stokçunun maşası**" haline getirmişlerdir...

KAHROLSUN LEHEBLERİN İKTİDARI!

(Leheb suresi)

1. Kahrolsun, kurusun Ebu Leheb'in iktidarı! Ki kahroldu da
2. Ne malı ne de kesb ettiği/biriktirdiği kurtarabildi onu
3. O, alevli bir ateşe girecek!
4. Çenesi düşük karısı da odun hamalı olacak
5. Boynunda da fitilli bir ip…

Kuran'ın Leheb suresinde geçen "**yed**" kavramı, el anlamına gelir, ki nitelik olarak, hem uzuvsal anlamda el, hem de gücü ve kudreti temsil eden el manasındadır. "**Benim elim kolum ol**" dediğimizde ortaya çıkan anlama benzeyen bu anlatım, büyük bir hararet ve öfke ile çıkıyor karşımıza…

Kuran'da 4 yerde geçen "tebb" kavramı, "kahrolsun, kurusun" manasına gelir. İlginç olan ise; kullanıldığı yerlerde, güçlü bir tarihsellik ihtiva etmesidir. "tebb" kavramının kullanıldığı ayetler şu biçimdedir;

(A'RAF suresi 139. ayet) "Şu gördüklerinizin, içinde bulundukları din çökmüştür(mutebberum). Yapmakta oldukları da boşa çıkacaktır."

(FURKÂN suresi 39. ayet) Bunların her birine türlü türlü örnekler verdik. Ve bunların hepsini perişan edip batırdık(tebberna).

(İSRÂ suresi 7. ayet) Eğer güzel davranırsanız, kendi benlikleriniz için güzellik sergilemiş olursunuz. Ve eğer kötülük yaparsanız o da benlikleriniz aleyhine olur. Bu sırada, yüzlerinizi çirkinleştirsinler, ilk kez girdikleri gibi mabede girsinler ve egemenlik altına aldıklarını yerle bir etsinler diye ikinci vaat geldi(liyutebbiru).

(Leheb Suresi 1. ayet) Kahrolsun, kurusun Ebu Leheb'in iktidarı! Ki kahroldu da (Tebbet ve tebb).

Furkan Suresi ve İsra Suresinin "tebb" kullanımındaki ortak özellik, sırasıyla; Musa, Harun, Nuh, Ad, Semud ve Ress kavimlerini örnek gösteren bir "girişe" sahip olmasıdır. Yani her iki ayette de tarihsel bir süreç analiz edilir. Bu süreçte, zikredilen toplumların "ortak sorununa" kahır okunur. Yani, Kuran'da "tebbet" olarak geçen bu kahır, insanlık vicdanına tecavüz eden ortak bir probleme yöneliktir...

Araf Suresinin 139. ayeti öncesinde; Musa ve kavminin, putatapan bir topluma rastladığı, Musa kavminin de Musa'dan bize de bir İLAH yap gibi bir talepte bulunduğu, akabinde ayette Musa'nın verdiği cevap göze çarpmaktadır.

Aslında Kuran, bu ayet ile; önceki kullanımlarda kurguladığı tarihselliği deşifre eder. Yani, tarihin ve insanlığın "temel sorunu/ortak sorununa" işaret eder.

NEDİR BU SORUN?

(ZÂRİYÂT suresi 51. ayet) Allah'ın yanına başka bir ilah koymayın! Ben size O'ndan gelmiş açıklayıcı bir uyarıcıyım.

Tüm Resullerin ortak kelimesi budur. Halklarına bu şekilde seslenmişlerdir. Ki kelime olarak; Araf 139. ayette geçen "ilahen" kelimesi aynen bu ayette de zikredilir. Dolayısı ile bu ayetleri birbirine yapışmış iki ayet olarak görebiliriz.

Ayette zikredilen ilahın ne olduğunu anlamak için, bakalım "**Resuller**" halkını hangi "**ilahtan**" uzaklaştırmaya çalışmış...

(BAKARA suresi 258. ayet) Allah kendisine mülk verdiği için,Rabb'i hakkında İbrahim'le çekişeni görmedin mi? İbrahim şöyle demişti: "Benim Rabb'im odur ki, hayat verir ve öldürür." O da şöyle demişti: "Ben de hayat veririm, hem de öldürürüm." İbrahim, "Allah, güneşi doğudan getiriyor, hadi sen onu batıdan getir" deyince, küfre sapan o adam apışıp kalmıştı. Allah, zalimler toplumunu doğruya ve güzele kılavuzlamaz.

(MÜ'MİN suresi 29. ayet) (Musa)Ey kavmim! Bugün mülk sizin; (ve) yeryüzünün en güçlüsü sizlersiniz: fakat, Allah'ın cezası başımıza gelirse, bizi ondan kim kurtaracak/o zaman ne olacak ? Firavun 'Ben dedi, 'size yalnız kendi gördüğümü gösteriyorum; ve sizi yalnız doğruluk yoluna çağırıyorum!"

(ZÜMER suresi 44. ayet) De ki: "Şefaat, tümden ve sadece Allah'ındır. **Göklerin ve yerin mülkü/yönetimiO'nundur.** Sonunda O'na döndürüleceksiniz."

(A'RAF suresi 73. ayet) Semud'a da kardeşleri Salih'i gönderdik. Dedi ki: "Ey toplumum! Allah'a kulluk edin. Sizin O'ndan başka ilahınız yok. Size Rabbinizden bir beyyine/açık bir kanıt gelmiştir.İşte şu, Allah'ın devesi. Sizin için bir mucize.Rahat bırakın onu, Allah'ın toprağında otlasın. Kötü bir niyetle dokunmayın ona. Yoksa korkunç bir azap yakalar sizi.»

(NÛH suresi 21. ayet) Nûh dedi ki: "Rabbim! Onlar bana isyan ettiler de **malı ve çocuğu** kendisine hüsrandan başka bir artış getirmeyen kişiye uydular."

Demek ki bu kitap, servet ve iktidar sahiplerine "kahır" okuyor. Ki aslında bu kitap; insanlık vicdanından haykıran, hatta insanlığın "kahrına" tercüman olan bir kitap olarak çıkıyor karşımıza...

İçerdeki Leheblere seslenmeli...

Kuramsal olarak insan, iletişim kurulabilen hayvandır. Nitekim, kendisini hayvanlar aleminin bir parçası haline getiren yegane unsur; geliştirdiği davranış biçimi ve tabiatla kurduğu ilişkidir...

Küresel paradigma tıkanmıştır. Brecht'in balta salladığı putlardan biri olan mülkiyet şu basit cümle ile sallanır hale gelmiştir;

Banka soymak, banka açmaktan daha büyük bir suç değildir...

Her zaman söylerim; kalabalık karanlıktır. Çünkü kalabalığın bir arada yaşaması için üretilen değerler silsilesi; bireyleri içi boş fıçılara dönüştürmüştür. Ve **boş fıçı çok ses çıkartır.**

Ve Victor Hugo bu durumu şöyle izah eder; "**Kalp boşaldıkça, kese dolar...**"

Dediler ki, Allah elçisi Muhammed sık sık Hıra mağarasına gider ve düşünür; "**bu gökleri kim yarattı?**"

Bu elçi tasavvuru; paradigmanın göbeğinden kopmuş kordonla prangalanmış bir tasavvurdur. Nitekim bizim Muhammed algımız böyle değildir;

Allah elçisine ilk vahyedilen surenin henüz 6. ayetinde ne düşündüğü apaçık biçimde gözler önüne serilir;

"Kella,innel'insane leyatğa"(6)

"En reahüsağn"(7)

"Hayır, düşündüğün gibi değil; insan azar"

"Mal edinerek ihtiyaçsız hale geleceğini düşünerek."

Ve devam eder;

Hayır! Sakın öyle düşünme! Ona uyma, itaat et ve Rabbine yaklaş... (19)

İnsan **"Hakkın kerim sıfatıyla sıfatlanmaksızın"** üretemez. Ancak zann denizine gark olur. Bu, dinsel metnin içsel kurgusu üzerinde yapılan tahrif edici yorum ve beyanlarda da göze çarpar...

Mesela; mistisize edilen, sürekli başka noktalara çekilen bir **mesele "Sidre'tül Münteha"dır**. Üzerine sayısız hurafe bina edilmiştir. Esasında yapılanın tam karşılığı şudur;

(FUSSİLET suresi 26. ayet) O inkarcılar: -Bu Kur'an'ı dinlemeyin, okunurken gürültü yapın, belki bastırırsınız, demişlerdi.

Buradaki gürültü, ses kirliliği dairesi içine girecek bir gürültü olmayıp, vahyin asli meselelerini örten ve öteleyen üretimleri kasteden bir gürültüdür... Açlığın, yoksulluğun, fakirliğin, sınıfsal uçurumların, miskinliğin yaygınlaştığı günümüzde, dinin ana meselesi; bu hususlardır.

Hele ki, Sidre'tül Münteha kavramı da tamamen bu meseleye işaret etmektedir. Sidre'tül Münteha; son sınır, son sınırdaki ağaç manalarına gelmektedir. Kullanımı itibari ile; düşüncenin sınırlarına dayanmak, yoğun biçimde tefekkür etmek biçiminde ele alınır.

Bu düşünce nedir ?

Allah elçisinin aklının uç noktalarını tırmalayan bu düşünce nedir? İlgili surenin (Necm Suresi) devamında bu açıklanır;

(14-15) Sidretü'lMüntehâ'nın yanında. Onun yanında ise Cennetü'lMe'vâ bulunmaktadır.

Son sınırın yanında "**Cennet**" vardır. Yani; Allah elçisi insanlığa sunacağı mesajı içselleştirirken, "**cehennemi gözlemlemiş**", yeryüzündeki çelişkilerin cehenneme işaret ettiğini algılamış, akabinde kesri sınırın ötesinde, paradigmanın çöküşü ile mümkün bir cennet idealinin olduğunu fark etmiştir.

Resullerin ahiret inancı, yarınlara duydukları umuttur. Bu umut; ideolojik düzlemde, inandıkları idealin gerçekliğine dayanır. Bu, nitelikli bir gözlemin ürünü, düşünsel yoğunlaşmanın neticesidir. Yani, Mekke'nin Rableri(kenzolar/para babaları) karşısındaki duruş, Cennet idealine, yani sınıfsız, kölesiz, ortaklaşacı ve çelişkisiz toplum idealine sırt dayanarak geliştirilecektir...

Sidre ağaç demektir. Ağaç; kökleri toprağa tutunmuş bir canlıdır. Toprak; emeği, tevazuyu ve sıfır egoyu temsil eder. Dolayısı ile, toprak, emek, tevazu gibi değerleri yücelten bir toplumun; vahiy dilinde cennet olduğu gerçeğince; işaret edilenin de bu ideal olduğunu söylemek gerekir...

Özetle, Allah peygamberi, yaptığı analiz ile; düşünce dünyasının sınırlarına (sidre) ulaşmış ve toplumsal paradigmayı aştığı an, cennetle (sınıfsız toplumla) karşılaşmıştır. İşte apaçık gördüğü şey budur.

Leheblerin iktidarı, Şeytan evliyacılığının en ileri aşamasıdır. Ve lehebler, tarihsel kişilikler değil, evrensel gerçekliklerdir.

Bu gerçeklere karşı kıyam etmek, her inananın boynunun borcudur.

İkinci Bölüm

ŞEYTAN EVLİYACILIĞININ DİN TEORİSİ

Hazinelerinizi Gökte biriktiriniz.
Çünkü kişinin kalbi hazinelerinin yanındadır.

(Hz. İsa)

İŞTE EBU CEHİL'İN DUASI!

Bedir Savaşı İslam tarihinin en önemli mihenk taşıdır. Çünkü İslam, ilk defa küfre karşı örgütlü bir mücadeleye girişmiştir. Bu savaşta Müslümanlar belirgin bir zafer elde etmişlerdir. Ancak, bu savaşın diğer tarafında yer alan müşrikler hakkında, olağanüstü büyük yanlış bilgiler mevcuttur.

Mesela, o müşriklerin puta taptığı falan sanılır. Bu tam bir palavradır; ki kitabımızda bunu ifade ettik. Bu müşrikler Allah'a inanan kimselerdir. Hatta öyle fanatik bir inançları vardır ki, Allah'a bağıra bağıra dualar eder, bizzat Allah ismini anarlar...

Bunun en net delili;

Müşrik Ebu Cehil'in Bedir Savaşında ellerini havaya kaldırıp; "Yüce Allah'ım bu mal mülk düşmanlarıyla aramızda; hangimiz daha çok günahkar, hangimiz akrabaya yardımı esirger ise ona karşı fetih ver" dediğini biliyor muydunuz? Hatta müşrikler savaşa giderken, Kabe örtüsüne sarılıp Allah'a dualar ederler ve öyle savaşa giderler... (Esbab'ı Nüzul, Enfal Suresi 19. Ayet, İbn-i Hişam)

Kuran kiminle savaştı? Hâlâ görmeyecek misiniz?

Kuran bizzat, Allah'a inandığını söyleyen bir zihinle savaşmıştır. Hatta ilginç olan bir diğer bilgi de şu yöndedir;

İbnu Abbâs anlatıyor: "Müşrikler (haccederken şu şekilde telbiyede bulunurlardı): "Lebbeyke lâ şerî-ke leke: Resûlullah da: "Yazık size, yeter, yeter" buyururdu. Müşrikler (telbiyelerinin devamında): "Yalnız bir şerik müstesna, o senin şerikindir, sen ona da, onun mâlik olduğu şeylere de mâliksin" derlerdi. Onlar, bunu, Kâbe'yi tavaf ederken söylerlerdi. (Müslim, Hacc 22-1185)

Müşriklerin hacc yaptığı, telbiye olarak bugün okunan;

"Lebbeyk Allah'umme lebbeyk

Lebbeyke la şerike leke lebbeyk" dediği görülmektedir?

Kuran kimlerle savaştı? Hâlâ anlamayacak mısınız?

Şimdi görelim bakalım kimlerle savaş(ıyor)tı…

KAPİTALİZME TOKAT, BİR KISSA BİR AKIBET!

Kitabın kıyısından köşesinden dolananlar çoğaldı. Gerçeğin etrafını turlayanlar, yakinini arttırmadığından; ışık ile kardeş olmak mümkün olmuyor...

Kitabı kulebaşına koymuşlar. Kuleden aşağı bakıyor alimler, ulemalar... Ne verdikleri fetva kitaptan, ne de kendileri İslam'dan... Allah ve Peygamberden habersizce doldurulmuş kelimeler, din diye yutturulmuş palavralar...

Şimdi size "kitabın ortasından" bazı veriler sunacağım. **Ve bu veriler ışığında, bir yolculuğa çıkacağız...**

Aşağıdaki bölümü dikkatle okuyunuz;

(A'RAF suresi 85. ayet) Medyen'e de kardeşleri Şuayb'ı gönderdik. Şöyle dedi: "Ey toplumum! Allah'a kulluk edin. Size O'ndan başka ilah yok! Size Rabbinizden açık bir kanıt gelmiştir. Ölçü ve tartı da dürüst davranın. İnsanların eşyasına el koymaya tenezzül etmeyin. Yeryüzünde, orası barışa kavuştuktan sonra bozgun çıkarmayın. Eğer inanan insanlarsanız bu sizin için daha hayırlıdır."

(HÛD suresi 84. ayet) Medyen'e, kardeşleri Şuayb'ı göndermiştik. Dedi ki: "Ey toplumum! Allah'a kulluk edin. O'ndan başka tanrınız yok sizin. Eksik ölçüp yanlış tartmayın. Sizi nimet içinde görüyorum, ama sizin için sarıp kuşatan bir günün azabından da korkuyorum."

(A'RAF suresi 86. ayet) "Her yol üstünde oturup da tehdit savurarak Allah yolundan O'na inananları çevirmeyin. Yolun çarpığını isteyip durmayın. Hatırlayın ki, siz az idiniz, O sizi çoğalttı. Bir bakın, nasılmış bozguncuların sonu!

(HÛD suresi 85. ayet) "Ey toplumum! Ölçüyü ve tartıyı tam bir dürüstlükle yapın. İnsanların eşyalarını tırtıklamayın. Yeryüzünde bozgunculuk yaparak dolaşmayın."

(HÛD suresi 86. ayet) "Eğer inananlar iseniz, Allah'ın bıraktığı kazanç sizin için daha hayırlıdır. Ben sizin üzerinizde bir bekçi değilim."

(HÛD suresi 87. ayet) Dediler ki: "Ey Şuayb! Namazın mı emrediyor sana, atalarımızın tapar olduğunu terk etmemizi yahut mallarımızda dilediğimiz gibi davranmaktan vazgeçmemizi? Esasında sen; gerçekten yumuşak huylu, olgun bir insansın."

(HÛD suresi 88. ayet) Dedi: "Ey toplumum! Ya ben Rabbimden bir beyyine üzerindeysem, bana lütfundan güzel bir rızık vermişse!.. Size yasakladığım şeylerde, size söylediğimin aksine davranmak istemiyorum. Gücüm ölçüsünde barış ve iyilikten başka bir şey de istemiyorum. Başarım ancak Allah'ın desteğiyledir. Yalnız O'na güvendim ben, yalnız O'na yöneliyorum."

(HÛD suresi 89. ayet) Dediler ki: "Ey Şuayb! Söylediklerinin birçoğunu anlamıyoruz. Ve biz seni aramızda zayıf bir adam olarak görüyoruz. Hani kabilen olmasa, kafanı taşla ezivereceğiz. Senin bize karşı hiçbir üstünlüğün yok."

(HÛD suresi 90. ayet) Dedi: "Ey toplumum! Sizce kabilem Allah'tan daha mı güçlü ve onurlu! Allah'ı arkanıza atıp dışlanmış hale getirdiniz. Rabbim, yapıp ettiklerinizi çepeçevre kuşatmıştır."

Peygamberlerin kimlere gönderildiği hususunu daha evvelce işlemiştim. Bu meseleyi çok daha geniş boyutlarıyla ele alacağım kitabım "*Kuran'da Önderler*" kitabında inceleyeceğim...

Ancak bu kıssanın "**zamanımızı yansıtan kıssalardan biri olduğu gerçeği hasebi ile**" bu kıssayı bu bölüme taşıdık.

Kıssanın giriş bölümünde, Şuayb Peygamberin kavmine çağrısı gözler önüne serilir;

- Allah'a kulluk edin/Kula kulluk etmeyin
- Ölçüde aşırıcılık yapmayın/Hak yemeyin
- Barışı koruyun/İslam olun
- Yeryüzünde bozgunculuk çıkartmayın...
- Sondan başlayarak devam edelim;

(BAKARA suresi 11. ayet) Onlara, "**Yeryüzünde bozgun çıkartmayın**" dendiğinde, "Tam tersine, bizler barış ve esenlik getirenleriz" demişlerdir.

Ayete göre;

Bozgunculuk, barıştan uzak durmak, ölçüde hırsızlık gibi olguların tamamı, ilk cümledeki ifadeden kaynaklanmaktadır.

"Allah'a kulluk etmemek" ya da "Kula kulluk etmek."

Sosyolojik olarak, Allah'a kulluğun zıttı, kula kulluktur. **Yani topluma karşı bireyciliktir.**

Şuayb Peygamber diyor ki; "sizleri nimetler içinde görüyorum." Seslendiği servet ve iktidar sahiplerinin içinde bulunduğu duruma işaret ediyor.

İyi de, **nimet içinde olmanın nesi kötüdür?**

(HAŞR Suresi 7. Ayet) Allah'ın, kentler halkından resulüne zahmetsizce aktardığı mal ve nimetler şunlar içindir: **Allah, Peygamber, yakınlar, yetimler, yoksullar, yolda kalmışlar.** Bu böyle düzenlenmiştir ki, **o mal ve nimetler sizden yalnız zengin olanlar arasında dönüp duran bir kudret aracı olmasın.** Resul size ne verdiyse onu alın; sizi neden yasakladıysa ona son verin ve Allah'tan korkun. Hiç kuşkusuz, Allah'ın azabı çok şiddetlidir.

Haşr Suresinin 7. Ayetinde geçen bu ifade, enteresan biçimde sonlanır. Ama maalesef o kısım hiçbir zaman görülmez!

Resul size ne verdiyse onu alın; sizi neden yasakladıysa ona son verin ve Allah'tan korkun.

İlgili dağıtım önerildikten sonra, bu ifadenin geçişi; aksi bir dağılımın "yasaklandığını" yani "haram kılındığını" gösterir. Çünkü dağıtım bölümünün başında şu ibare yer almaktadır;

"Bu böyle düzenlenmiştir ki."

Evet...

Allah ve Peygamberi de pay sahibi yapması, esasen diğerlerine 3 hisse ayırması manasına gelir. Çünkü Allah'ın payı da, Peygamberin payı da **yakınlar, yetimler, yoksullar, yolda kalmışlar** için harcanır.

"*Akradtümüllahe kardan hasenel* **(Maide Suresi 12)**" Ayeti ile insana yüklenen misyon bu çerçeveden analiz edilebilir.

Çünkü o ayette, Allah'a verilecek borçtan bahseder. Ve Allah'a borç vermek demek, Allah'ın insana karşılıksız olarak verdiği mülkü; cennet karşılığında "yakınlar, yetimler, yoksullar, yolda kalmışlar" için harcamak demektir.

Ve enteresan bölüm ise pasajın ilerleyen kısmındadır;

(HÛD suresi 85. ayet) "Ey toplumum! Ölçüyü ve tartıyı tam bir dürüstlükle yapın. İnsanların eşyalarını tırtıklamayın. Yeryüzünde bozgunculuk yaparak dolaşmayın."

(HÛD suresi 86. ayet) "Eğer inananlar iseniz, Allah'ın bıraktığı kazanç sizin için daha hayırlıdır. Ben sizin üzerinizde bir bekçi değilim."

Ayette geçen, ölçü ve tartının doğru yapılması, terazideki pirinci çalanlara yönelik bir ayet değildir.

Ayetteki ölçü, mevcut bölüşüm ya da dolanım düzeninin yanlışlığına ithafen kullanılır. Yani güncel manası şu şekildedir;

Servet ve zenginliğin dolaştığı elleri doğru düzenleyin. Lakin bunu düzenlemedikçe, bireysel dürüstlük sergilemek sureti ile avunmak imkansızdır.

Çünkü;

(HÛD suresi 87. ayet) Dediler ki: "Ey Şuayb! Namazın mı emrediyor sana, atalarımızın tapar olduğunu terk etmemizi yahut mallarımızda dilediğimiz gibi davranmaktan vazgeçmemizi? Esasında sen; gerçekten yumuşak huylu, olgun bir insansın."

Ayet'i keriminde de işin o yönü adeta gözlere sokulur. Bireysel bir "değişimin" toplumsal dönüşüme evrilmesi noktasındaki zaruret, kenzcileri, daha doğrusu müfsid/fesadcı odakları rahatsız eden namaz örneğinde anlatılır.

Yani, **dolaşım ölçülerinde bir problem vardır. Mal ve ser-**

vetler sadece zenginler arasında dolaşmaktadır. Bu nedenle toplumda katmanlar ortaya çıkmıştır. İşte bu katmanların oluşması ile birlikte, sömürü daha da güç kazanmıştır. Ve enteresan nokta ise;

Şuayb'ın namaz kılınmasına tepki gösterilmemektedir. Sadece namazın içeriğine tepki gösterilmektedir.

Yani;

Namaz kıl, ama malımıza, mülkümüze karışma denmektedir... Bilmem bu size bir şey çağrıştırdı mı?

İşte, bu ortamda; bireysel dürüstlüğü, toplumsallaşması noktasında adımlar atılması gerekliliği vurgulanır...

(HÛD suresi 88. ayet) Dedi: "Ey toplumum! Ya ben Rabbimden bir beyyine üzerindeysem, bana lütfundan güzel bir rızık vermişse!.. Size yasakladığım şeylerde, size söylediğimin aksine davranmak istemiyorum. Gücüm ölçüsünde barış ve iyilikten başka bir şey de istemiyorum. Başarım ancak Allah'ın desteğiyledir. Yalnız O'na güvendim ben, yalnız O'na yöneliyorum.»

(HÛD suresi 89. ayet) Dediler ki: "Ey Şuayb! Söylediklerinin birçoğunu anlamıyoruz. Ve biz seni aramızda zayıf bir adam olarak görüyoruz. Hani kabilen olmasa, kafanı taşla ezivereceğiz. Senin bize karşı hiçbir üstünlüğün yok."

(HÛD suresi 90. ayet) Dedi: "Ey toplumum! Sizce kabilem Allah'tan daha mı güçlü ve onurlu! Allah'ı arkanıza atıp dışlanmış hale getirdiniz. Rabbim, yapıp ettiklerinizi çepeçevre kuşatmıştır."

Ayetlerden, toplumun kabileci bir toplum olduğunu görürüz. Kabileler arası farklılıklar ve ırksal üstünlüklere dayanan bu çelişki ve başkalaşmalar, neticede sınıflı ve bölünmüş bir toplum yaratmıştır, ki 89. Ayette "senin bize üstünlüğün yok" vurgusu bunun delilidir.

Ancak enteresan tespit, Şuayb Peygamber tarafından yapılır. Evet, Kuran'ın ruhunu adeta kıyam ettiren bu ifade şu hakikat üzerine bina edilmiştir…

Kuran; ismi azam, yani Allah ile başlar ve "nass suresi" daha doğrusu "**insanlık suresi ile biter.**" **Kitabın ilk bölümlerinde de ifade ettiğim gibi, Allah isminin sosyolojik karşılığı "halktır.**" Ki Allah'ı arkaya atıp dışlama vurgusu, bu açıdan "sosyolojik bir tavrı ihtiva eder."

Halkı öteleme, halk olma bilincini yok etme, insanlık ailesini katletme gibi manalar taşır… Ve pasajın sonunda, "**helak olma**" vurgusu yapılır. Birçok çevrenin mevzu edindiği bu öykülemeler tamamen yanlış anlaşılmaktadır.

Zannedilir ki, Allah doğaüstü bir müdahalede bulunarak, mücrim/suçlu toplumlara gazap etmiştir. Bu tamamen hatalıdır, yanlıştır.

(ÂLİ IMRÂN suresi 165. ayet) Size, başkalarına iki katını dokundurduğumuz bir musibet dokununca: "Bu da nereden!" mi dediniz? De ki: "O, sizin öz benliklerinizdendir." Allah, her şeye Kadîr'dir.

(NİSA suresi 62. ayet) Peki, nasıl oluyor da ellerinin hazırladıkları yüzünden başlarına bir musibet çöktüğünde, sana gelip, "Biz sadece iyilik yapmak, barıştırmak istedik!" diye Allah'a yeminler ediyorlar!

Kuran'a göre bütün musibetler, kişinin kendi yapıp ettiklerinden ileri gelir. Ve kendi elleriyle yarattığı sonuçlardan ibarettir.

Bahçe sahipleri kıssası da dahil, tüm helak ediliş kıssaları;

bizzat bu gerçekle iç içe geçmiştir. Öyledir ki, bugün bu işin sırrı anlaşıldığında, dinin direği yeniden ayağa kaldırılacaktır. Bu meselenin özü şuna dayanır;

Bir yere bomba atıldığını bildiğiniz halde, oraya giriyorsanız ölürsünüz!

Bu tümcede ölüm neticedir. **Musibetlenmedir**. Musibetin sebebi, atılan bomba değildir; kişinin oraya girmesidir. Oraya giren ölür…

Ve mülk ayetlerinde kötü sonla biten bölümlerin çokluğunu göz önüne alırsak şu sonuca varabiliriz;

Arttırma, çoğaltma, çit çekme, bölme; doğal olarak halkların katliamıdır. Arttırdıkça, sevgi ve merhameti azaltırsınız.

Bu hususta, Araştırmacı-Yazar Yılmaz Yunak'ın değerli bir tespitini paylaşalım;

"Servet ve merhamet bir tahterevallinin iki ucundadır. Biri yükseldiğinde diğeri alçalır…"

Ve bu süreçte yapılan davet; doğallaşmadır…

Nasıl mı ?

Kitabın önceki bölümlerinde ifade ettiğim bir vurguyu yineleyip hatırlatayım…

(NAHL suresi 68. ayet) Rabbin, balarısına şöyle vahyetti: "Dağlardan evler edin, ağaçlardan ve insanların kurdukları çardaklardan da..."

Birçok kişi bu ayeti okuduğunda, bunda bir hikmet var diyebilir. Hatta, bu ayet üzerine "mucize hikayeleri de kurgulanıp, bal arısının hikmet ve kerametleri bahis konusu edilebilir."

Ancak bu ayetin tek bir amacı vardır. Bal arısı üzerinden

"vahyin ne olduğunu anlatmak." Yani esas özne "arı değildir." Vahyin mantık ve teknik yönünü izah etme çabasıdır.

Bir bal arısı doğduğu an itibari ile, doğal bir istem olarak ayette geçen eylemleri fiile döker. Hemen yuvalanır ve doğal mekanizmasını işletir. Bal arısını **"yuvalanmaktan alıkoyan bir olgu karşısında, ondaki yuvalanma bilgisi sürekli olarak onu bu işe iter."** İşte vahiy budur. Vahiy, toplumların doğal olmayan süreçlerini doğallaştırma noktasında açığa çıkan bilgidir.

Ve dikkat ettiğimizde bütün peygamberlerin, servet ve iktidar sahiplerini tehdit ettiği görülür. O halde, toplumsa sınıfların var olması; ideal ya da doğal olarak tanımlanamayacak bir durumdur.

Peki ya "kader" inancı?

Şimdi buna değinerek konuyu genişletelim...

ŞİRK DİNİNİN AFYONU: KADERCİLİK

Din maskeli müşrikliğin ve İslam tarihi yalancılarının en büyük palavrası, **"yoksuluk kaderi yoklukla imtihan, zenginin kaderi varlıkla imtihandır"** palavrasıdır. Bu inanç, İslam dışıdır. Kuran ile karşıt konumlanmıştır. Ve Allah elçisinin savaştığı ideolojinin beslendiği nokta atışlardan biridir.

Resulullah'a kader ve insanların onun sınırları içinde yapabilecekleri şey hakkında soruldu ve «acaba kader (kararlaştırılıp) bitirilmiş, değişmez ve değiştirilemez bir şey midir, yoksa yeniden ele alınıp başlanabilecek, değiştirilebilecek bir şey midir?" denildi. Resulullah ,"**kader, kararlaştırılmış, geçmiş ve değiştirilemez bir şeydir**" buyurdu.

O sırada şöyle soruldu: "Durum bundan ibaret ise amel, çalışma ve çabalama neye yarar?" Resulullah (as)[1] "çalışınız, tüm çalışma ve çabalamalarınız sizin için yaratılanların gerçekleşmesini kolaylaştıracaktır. Eğer mutluluk (cennet) ehlinden birisi çalışır, çabalarsa bu onun mutluluk ehlinden oluşunu kolaylaştırır, eğer cehennem ehlinden biri çalışırsa bu onun

---

[1] Bu hadisi Müslim rivayet etmiştir. (Seyyid El Cemili, Fetava'yı Resulullah, 46)

cehennemliklerin amellerini yapmasını kolaylaştırır" dedi ve Allah Azze'nin, "(malından) verip de (Allah Azze'den) korkanlar ise..." ayetini iki ayetin sonuna kadar okudu.

Bu ve benzeri rivayetler üzerine, kaderin önceden tayin edilmiş bir olgu olduğu düşüncesine kapılırız. Halbuki bu tamamen hatalıdır.

Kader kelimesi "kdr" kökünden gelen, ölçü-mizam manasına gelen bir kelimedir.

(EN'ÂM suresi 96. ayet) Şafağı yarıp sabahı ortaya çıkaran/ Fâlık O'dur! Geceyi dinlenme zamanı yaptı; Güneş'i ve Ay'ı hesap aracı. İşte budur ölçülendirmesi o Azîz'in, o Alîm'in! (**takdir**)

(RA'D suresi 8. ayet) Allah her dişinin neye gebe olduğunu, rahimlerin neyi eksiltip neyi artıracağı bilir. O'nun katında her şey bir ölçüye bağlıdır. (**mikdar**)

(RA'D suresi 17. ayet) Gökten bir su indirdi de vadiler, kendi ölçülerine göre sel oldu, ardından da sel, üste çıkan köpüğü taşır hale geldi. (**kader**)

Ayetlerde geçen ölçü kelimelerinin yanına, Arapçadaki kullanışlarını yazdım. Görüldüğü üzere, kdr kökünden türeyen tüm kavramlar, eş anlamlıdır. Türkçemize geçen bu kavramların tamamı, ölçü manasına gelir.

Ve bu kavramın bugünkü karşılığı şudur;

Eğer bir toplumda birileri servetini arttırıyorsa, başkaları fakirleşir. Bu, dolaşımın ölçüsüdür. Aksi takdirde, Allah'ın zenginleri eleştirmesi mantıksız olacaktır.

Peki tadtir/ölçü nedir?

(NAHL suresi 71. ayet) Allah, rızıkta kiminizi kiminize fazlalıklı kılmıştır. Fazla verilenler, rızıklarını ellerinin altındakilere aktarıp da hepsi onda eşit hale gelmiyor. Allah'ın nimetini mi inkâr ediyor bunlar?

O halde temel ölçü, fazlalıklı olanın az olana vererek eşit hale gelmesidir. Bu durumu temin etmeyenler için Kuran;

Allah'ın nimetini inkar ettiler, diyor.

Ve bakınız nasıl da özetliyor tüm meseleyi:

(NAHL suresi 112. ayet) Allah, şu ülkeyi/medeniyeti de örnek vermiştir: Güvenli, mutlu-huzurlu idi; rızkı her yandan bol bol gelirdi. Sonra onlar Allah'ın nimetlerine nankörlük ettiler de Allah kendilerine, sanayi olarak ürettikleri şeyler yüzünden açlık ve korku elbisesini/birlikteliğini/karmaşasını tattırdı.

Bu ayetten de anlaşılacağı üzre, ilgili beldede "**Allah'ın nimetlerini inkar, yani eşitlenmeme**" durumundan ötürü, açlık ve korku baş göstermiştir.

Teorik olarak, bu bugün böyledir. Yoksulluk, fakirlik, açlık; eşitlenmeme ve çoğaltmadan kaynaklanır. Açlık ve korkunun kökünde yatan gerçek tamamen budur. Ve eğer Kuran'dan bir mucize çıkacaksa; salt anlamda bu tarz çözümlemelerinin üzerinde durmak gerekir...

Dolayısı ile, bugünün açlık ve sefaleti; önceden takdir **edilmemiştir. Önceden takdir edilen şudur, kainatta birileri toplarsa başkalarında azalır. Bu gerçeklik yaratılmıştır. Kader budur. Ama Ahmet'in açlığı kaderi değildir. Ya da Somali'de açlıktan ölen bebeklerin kaderi, içinde oldukları durum değildir.**

Ve esasen kökenine inersek;

Somali'de açlıktan ölen bebeklerin katili, bu gerçeği yok etmek sureti ile servet ve refaha gömülmüş, hatta o bebek-

lere "sadaka vermeyi hayırdan sayan" zihniyetin ta kendisidir.

Dinin gerçeklerini yok etme mesleğinin direklerini sarsan bir ifade de İmam Gazali'den nakledelim;

"Küfür ile imanın mahiyetlerini, hakikatlerini ve tariflerini, hak ile dalaletin sırlarını kalpleri mal ve makam sevgisi ile kirlenmiş ve paslanmış olan kimseler idrak edemezler. İlahları heva heves, mabudları amirler, kıbleleri maddi menfaat, yöntemleri benlik, arzuları makam ve şehvet, ibadetleri zenginlere hizmet, zikirleri vesvese ve desise, hazineleri kurnazlık, düşünceleri meşrep ve menfaatlerinin gerektirdiği şekilde hilebazlık olan kişilerin hakikate ulaşmaları mümkün değildir. Çünkü böyle olanların meselesi hakikati anlamak değil, içinde bulundukları durumu her ne olursa olsun kendi lehlerine çevirmektir." (**İmam Gazali**, İslam'da Müsamaha, **8-9**)

Evet bugün Şeytan Evliyalarının yaptığı iş, dindarlık adı altında yürütülen "**Kuran düşmanlığının**" resmi merkezleri haline gelmektir.

Bu durumu dilerseniz detaylandıralım…

DİNDARLIK ADINA KURAN'A DÜŞMANLIK!

"Amr bin As, Iraklılar üzerlerine şiddetle gelmeye başladığını ve savaşın aleyhlerine döndüğünü görmeye başladığında ölümden korkmuş ve Muaviye'ye (üstadına) şöyle demiştir;

Ey Muaviye! Sana yapılması gereken bir iş söyleyeyim ki ? Bu söyleyeceğim şey aramızı birleştirsin, onları da ikiye bölsün, aralarına tefrika soksun.

Muaviye; evet isterim dedi…

Amr; Kuran sayfalarını havaya kaldıralım ve onları Kuran hükümlerine davet ederek aramızda bu hükümlerin hakem olmasını talep edelim. Onların bir kısmı bu hileye kanmaz ve bu hükmü kabul etmezse de bir kısmı bu teklife ilgi duyacak ve Kuran hükümlerine boyun eğmeyi kabul edecektir. Böylelikle aralarına tefrika girecektir. Onlar Kuran'ın hükümlerine müracat etmeyi kabul ederlerse, biz bir müddet daha savaşmaktan nefes almış oluruz." (İbni Esir, ***fi't tarih***, **Beyrut, 3/192)**

Bu metni incelediğinizde, hilebaz Muaviye ve askeri kolu

Amr bin As'ın düzenbazlığının boyutlarını daha belirgin biçimde gözlemleyebilirsiniz.

Bu metinde, Kuran'ı tefrika aracı haline getirme noktasında önemli bir itiraf söz konusudur. Ancak Kuran'ın kendilerine attığı tokadın farkında olan bu irade, metnin son bölümünde bunu itiraf etmiştir.

Biraz daha nefes alırız, diyerek; Kuran'ın kendi aleyhlerine olduğunu itiraf eden bu güruh, Kuran ile aldatma ve Kuran'ı bir ayrılık aracına dönüştürme mesleğinin failleridirler.

O halde söylemek gerekir ki, bir beldede "Kuran bayraklaştığı halde, bölünme, ayrışma varsa" buralarda "Muaviye ve Amr bin As" görev başında demektir. İslam'ın en büyük tefrikacıları olan bu isimler, icraat halindeler demek mümkündür. Ve bu metnin devamı da meselenin siyasal yüzünü gözler önüne sermektedir;

"Kuran sahifelerini mızrakların ucuna takarak şöyle seslenmişlerdi; Aramızda hükmü verecek, işte bu Allah'ın kitabıdır. Bu sesi duyan Hz.Ali tarafından bazıları, Allah'ın kitabına icabet etmemiz gerekir, diye konuşmaya başladılar. Yapılan teklifin oyun olduğunu anlayan Hz. Ali ise;

Ey Allah'ın kulları, hakkınızı aramaya devam ediniz, samimiyetinizi ve bağlılığınızı sürdürünüz, düşmanınıza karşı savaşmayı sürdürünüz. Bu teklifi yapanları çok iyi tanırım. Bunların dinle, Kuran'la ilgileri yoktur. Onları çocukluğundan beri tanırım, Allah'a yemin olsun ki Kuran sahifelerini sırf sizi aldatmak ve tuzak kurmak için havaya kaldırdılar.

Ancak Hz.Ali'nin yanında yer alan bazıları şöyle dediler;

Allah'ın kitabına davet edilip de ona icabet etmemek bize yakışmaz ve senin bu sözlerini kabul edemeyiz.

Bu tartışma bu şekilde sürüp gider ve nihayetinde Hz.Ali'ye şöyle derler;

Allah'ın kitabının hükmünü kabul et, aksi takdirde sana karşı savaşırız ve bu konuda her şeyimizi feda ederiz..." (İbni Esir, *fi't tarih,* Beyrut, 3/193-194)

Din maskeli küfür, Ali'ye karşı; Kuran'ı mızrak ucuna takarak entrika kurmuştur. Ve entrika öyle boyutlara varmıştır ki, Ali, neredeyse "dinsiz" ilan edilmiştir. Çünkü dini bir oyun ve silah haline getirenler karşısında konumlanan bir gerçek, dinsizlikle itham edilme gibi bir kaderce kuşatılmıştır.

Ve bu örneği tarihin hemen hemen her safhasında belirgin biçimde gözlemleyebiliriz. Hatta Ali-Muaviye meselesi o kadar başkalaşır ve enteresan bir hal alır ki, "Hariciler olarak tanımlanan" yani Amr bin As denilen düzenbazın hilesiyle aldatılan güruh Ali'yi tekfir/aforoz eder.

Hatta aynı cenaha göre; Ali'yi sırtından bıçaklayan İbni Mülcem adlı katil için Kuran'daki şu ayet indirilmiştir.

(BAKARA suresi 207. ayet) İnsanlardan öylesi de vardır ki, benliğini Allah'ın hoşnutluğunu elde etmeye satar. Allah, kullarına karşı Raûf'tur, çok şefkatlidir.

Öyledir ki, İbni Mülcem'in cinayeti, adeta bir ibadet olarak tanımlanır. (Şehristani, 1/120)

Hazreti Peygamber'in şu sözü, bu zihni tanımlamak için kâfidir;

"Ahirzamanda öyle bir zümre zuhur edecek ki, bunlar yaşça genç, akılca kıttırlar. Bunlar konuştukları zaman mahlukatın en hayırlı sözünden (yani Kur'an-ı Kerim'den ve hadis-i şeriften) bahsederler. Kur'an-ı Kerim'in kendi lehlerine olduğunu zannederler. Hâlbuki kendilerinin aleyhinedir. Ancak imanları gırtlaklarından(mide doyurma sevdası) öte geçmez. Okun hedefi delip geçmesi gibi, dine girip çıkarlar." (İbrahim Canan, *Kutub-i Sitte Tercüme ve Şerhi*, Akçağ Yayınları: 13/456-457.)

Siyasal İslam, Emir'ül Müminin diye anılan, Allah elçisinin kardeşi, damadı, amca oğlu ve ilk Müslümanlardan olan, canını defalarca İslam için tehlikeye atan, İslam davasını hayatında tatbik eden bir örneklik olarak yaşayan, İlim şehrinin kapısı Ali'yi dahi, dinsizlikle itham etmiştir.

Hatta Ömer ibni Abdülaziz zamanına kadar bütün Emevi mescidlerinde, Ali aleyhinde hutbeler dahi okutmuşlardır.

Kuran'ın önemli tefsirlerinden birinin müfessiri olan Fahreddin Razi de, dinciliği şu şekilde tanımlar;

"Onların derdi, peygamberin, **adetlerine aykırı işler yapmasıdır.**" (Fahreddin Razi, 24/92)

Hazreti Peygamber adetlerine aykırı iş yapmış ve halk gücü ile onların iktidarını yıkmıştır. Onlar da ilk fırsatta durumu tersine çevirmişlerdir.

Dindarlık adına Kuran düşmanlığının iki ana yöntemi vardır. Bu yöntemler üzerinde durulmaksızın meseleyi idrak etmek çok mümkün değildir;

- Tebdil
- Tahrif

Tebdil edilen din için, mübeddel din, tahrif edilen din için muharref din demek mümkündür.

Biçimsel olarak değiştirilen din ve yozlaştırılan din. Ancak bunlar açıktan müdahaleler ile yapılmamıştır. Bunlar; Kuran'ı bozarak da yapılmamıştır. Bütün bu faaliyetler, farklı işler üreterek hayata geçirilmiştir.

Ancak ilk bölümlerde belirttiğimiz gibi temelde insan/halk vardır. Ve bütün bu işler Şeytan evliyacılığının faaliyetleridirler.

EVLİYACILIĞA ATILAN TOKAT: UVEYS'UL[2] KARANİ!

Useyr bin Cabir anlatıyor ve diyor ki; "Kufe'de bir mecliste idik. Meclis dağılınca bir grup insan orada kalıyordu. Aralarında öyle bir adam vardı ki onun gibi tatlı konuşan bir adam görmedim. Onu çok sevmiştim. Arkadaşlarıma;

"Bizimle oturan bu adamı tanıyor musunuz?" diye sordum.

Birisi; "Evet! Uveys'ul Karani'dir" dedi.

"Evini biliyor musunuz?" dedim.

"Evet" dediler. Onu alıp evine gittim. Kendisine; "Neden aramıza hiç çıkmıyorsun?" diye sordum.

"Aranıza çıkacak elbisem yoktur" dedi. Arkadaşları bu halinden dolayı kendisi ile alay edip, ona eziyette bulunuyorlardı. "Bu kaftanımı al giyin" dedim. "Hayır! Bunu yapma daha çok alay ederler" dedi.

Ben ısrar edince giyinip halk arasına çıktı.

"Kaftanıyla aldatan adamı görüyor musunuz?" diye laf attılar. Tekrar gelip çıkardı ve "Gördün mü" dedi.

---

[2] Veysel

Ben de meclise gittim ve "Bu adamdan ne istiyorsunuz? Neden alay ediyorsunuz? Çıplak kalıyor alay ediyorsunuz? Giyiniyor yine alay ediyorsunuz?" diyerek çok sert konuştum. Sonra bir heyet halinde Hz. Ömer'e gittiler. Aralarında Üveys ile alay eden birisi de vardı. Hz.Ömer onlara; "Aranızda Karani'lerden kimse var mı?" diye sordu. Üveys ile alay eden adam: "Evet öyle birisi Küfe'de aramızdadır" der. Bunun üzerine Hz. Ömer şöyle bir hadise anlatır:

Resulullah; "Yemen'de Üveys adında biri size gelecek, orada annesinden başka kimsesi kalmayacak, kendisinde alaca hastalığı vardı, Allah'a dua etti ve düzeldi; bir iki dirhem miktarı hariç heryeri düzeldi. Sizden kim O'nunla karşılaşırsa, söyleyin sizin için dua etsin" buyurmuştur. (İbni Hanbel, *Kitabu'z Zühd*, sf. 352)

Üveys'ül Karani (Veysel Karani), Kufelidir. Bir çobandır. Annesine düşkündür. Hasta annesine bakan bir zahittir. İslam'ı işitip, Peygamber'in icraatlarına kulak verdiğinde, büyük bir heyecanla O'nu görmek istemiş, ama bu kendisine nasip olmamıştır.

Hakkında Peygamber'den naklen birçok rivayet vardır. Hatta bugün kutsanan "evliya" olarak anılan birçok isim hakkında tek bir rivayet dahi yokken, Veysel hakkında birçok rivayet vardır.

Veysel Karani, İslam'ın züht anlayışını tatbik etmiştir. Birçok kez "**elbisesini yoksullara dağıtıp çıplak kaldığı için mescide gidememiştir.**"

Veysel Karani, Sicistan'da vefat etmiştir. Peygamber aşığıdır. Ve diğer Peygamber aşıkları gibi meselenin özünü anlamış, yaşamıştır.

Muğire'ye göre Veysel, defalarca "cuma namazı kaçırmıştır." Bunun nedeni, elbiselerini elbisesizlere verip çıplak kalmasıdır. (Aynı kaynak, 2023)

Veysel Karani denildiğinde akıllara, kerametler, mucizeler gelir. Hatta filmleri dahi yapılmıştır.

Veysel Karani, paylaşımdır, is'ar'dır. İs'ar, kendi ihtiyacı varken dahi, bir şeyi başka başkalarına **tasadduk etmektir. (vermektir.) Yani kardeşini kendinden daha fazla önemsemektir.**

Bugün Veysel Karani, yüzü suyu hürmetine dua edilen bir evliya olarak anılır. Ancak, bunu yapanlar, O'nun bahsettiğimiz yönünü hiç bilmezler.

Veysel Karani, riya namazına karşı durmuştur.

Bir gün namaz kılıp vazgeçen (namazını bozan) bir adama rastlar. Bunun nedenini sorduğunda adam; "Namaza kalkıyorum, şeytan geliyor ve sen gösteriş yapıyorsun diyor, vazgeçip oturuyorum, bu sefer nefsim beni namaza teşvik ediyor" der. Veysel sorar; "sen tek başınayken de aynı namazı kılıyor musun?" Adam cevap verir; "Evet."

Öyleyse kalk, sen riyakar değilsin... (Kitabu'z Zühd, sf, 352, 2017)

Riyakarlığa dem vuran Üveys, riyanın farkındadır. Ve riya namazı "o gün de vardır."

Toplum huzurunda gösteriş için kılınan namaz, yani altı "züht" ile doldurulmayan namaz, Veysel Karani'ye göre "riya namazıdır."

Ve O, züht (az ile yetinme) kavramını hayatına bayrak edinmiştir. Arkasından miras bırakmamış, şükür ve niyaz ile ebedi aleme göçmüştür.

Allah O'ndan razı olsun...

HURAFELER, YALANLAR ve GERÇEKLER!

Dinin afyon yüzü, Allah'ın mabedini bir şirk tapınağına çevirme süreci üretmiştir. Allah'ın mabedi, yani halk evleri; ilerlemenin ya da akletmenin merkez üssü iken, softalığın ve meczupluğun metruk mekanları haline getirilmiştir. Bu iş, dinin içeriğini biçimsel olarak değiştirmek sureti ile yapılmıştır.

Burada temel hareket noktası, dinin ana kaynağı olan Kuran'ı okumama, anlamama sorunsalıdır. Bu sorunun temeli ise, şu ayetin art niyetlilerce çarpıtılmasından kaynaklanır;

Lya yemessuhu illelmutahherune.

O'na arınanlardan başkası dokunamaz. **(VAKIA Suresi 79. Ayet)**

Önyargılardan sıyrılmak, zihni temizlemek gibi anlamlar üzerine inşa edilen "taharet" kavramı, ne zaman abdeste dönüştü ve ne zaman "**yellenmek abdesti bozar dendi**", Müslümanlar bir tarafa, Kuran başka tarafa gitti ve iş bitti...

Lakin bundan da ziyade, Mekke ve Medine sürecini gözlemlememiş kabilelerin dinden beklediği şey; "yeni bir din çıkmış, bu da yeni bir tanrı demek, hadi inanalım" noktasındadır.

Yani, köklü bir devrim olduğunu ancak "şahitler" görebilir. Çünkü bir medya yoktur... Olup bitenden kimsenin haber yoktur. İşte bu durumu iyi değerlendirenler, dini kendi arzu ettikleri çizgide tanıttılar... ve biçimlendirdiler.

Kuran'da geçen bazı meseller üzerinden, çarpıtmanın ne boyutlarda olduğunu gözler önüne serecek, Allah ve Resulü'ne iftira eden namus'u kıt şebekenin pisliğini başına geçireceğim...

MUSA DENİZİ NASIL YARDI?

İşte İslam adlı kitabımda da teferruatlıca ele aldığım bu mesele, din oyunu aktörlerinin en çok kullandığı meselelerin başında gelir.

Onlara göre "**Allah dilerse her** şey olur."

Peki soralım;

- Allah dilerse, elçisi Muhammed'(a.s.)i cehenneme atabilir mi?
- Atabilir elbette!
- Peki atar mı?
- ....

Yaklaşık 5-6 yıldır Geleneksel İslamcı camia ile tartışmalarımızda hep bu argümanlar gelir karşımıza.

Allah dilerse yapar!
Allah dilerse, balina uçar mı?
Elbette uçar!
Peki neden uçmuyor?
Allah dilemiyor demek ki...

Bundan 5 sene önce Türkiye'de ilk olarak, Musa'nın denizi yarma hadisesi "Med-Cezir" olayıdır dediğimde, topa tutulmuştum.

Yani orada Med-Cezir olması, Allah'ın kudretine zarar verecek bir şey gibi düşünenler, daha doğrusu bu kadar sığ bir beyinle halen Kuran'dan mana çıkartmaya çalışanlar; bizi "mucize inkarcısı" diye itham etmişlerdi.

Halen de etmekteler...

Ne de olsa "Mollanın dini tefrika ve tekfir/aforoz" üzerine kurulu. İşi gücü "Musa harikalar diyarında" kurguları eşliğinde huşu peşinde koşmak nasılsa...

İşin aslına gelelim;

(TAHA Suresi 78-79. Ayetler) Yemin olsun, Mûsa'ya şöyle vahyetmiştik: "Kullarımı geceleyin yürüt! Denizde onlar için kuru bir yol aç! Size yetişecekler diye korkma, endişelenme!" Derken, Firavun, ordusuyla birlikte onların arkasına düştü. Ama denizden onları sarıp kuşatan, sarıp kuşattı.

Dikkat edilecek noktalar;

1. Süreçteki bütün detayları veren bu ayetler, Firavun'da en ufak bir tereddüt bile göstermez. Yani Firavun, bildiği bir işi yaparcasına hareket etmektedir. Eğer, deniz yarıldıysa; Firavun neden hiç hayret etmeden direk oraya daldı.
2. İlgili ayetlerde "yarma-bölme" kavramları geçmediği gibi, bilgiye dayanan bir olgudan bahsedilir.

Sizi biraz daha şaşırtacağım;

"Mucize", Arapçada 'Acz' kökünden türemiş; İf'âl babından ismifâil, müfred müennes bir sözcük olup anlamı "aciz bırakan" demektir. Bununla "**insan aklını ve kudretini aciz**

bırakan şey" kastedilir. Batı dillerine Latince 'miraculum' sözcüğünden 'Le miracle' olarak geçmiştir. "Harikulâde bir şey, fevkalâde (olağanüstü) bir hal" anlamına gelir.

Şuara; 63:

63- Sonra Musa'ya: "Vur asanı o bol suya; nehre!" diye vahyettik. Sonra o [bol su; nehir) yarıldı; barajlar yapıldı da, her bir parça ulular ulusu bir dağ gibi oluverdi.

Bakara; 50:

50. Hani bir zamanlar da Biz, bol suyu; nehri size yarıp da sizi kurtarmıştık ve siz bakıp dururken Firavun'un yakınlarını suda boğmuştuk.

Nehre vurulan asa Kuran'da nasıl kullanılır şimdi ona bakalım;

"Asa" sözcüğü aslında, "İçtima (toplanma) ve i'tilaf (uyuşma)" demektir. Asa sözcüğü, el ve parmaklar üzerinde toplandığı için 'Ud'a (telli çalgılardan Ud) isim olmuştur. Esmai, Bazı Basralılardan şöyle nakleder: "Bastona 'Asa' *ismi verilmesinin nedeni, el ve parmakların üzerinde toplanmasıdır. Bu sözcük Arapların toplumu hayır ya da şer bir şey üzerine topladıkları zaman dedikleri "asavtü'l kavme, e'suhüm (toplumu bir araya getirdim, onları bir araya getirin)" deyişlerinden gelmektedir." "Asanın bırakılması" ifadesi, mecaz olarak, "yolculuğun bitmesi yolcunun gideceği yere varıp direklerini dikip, çadırını kurması; yerleşmesi" demektir.* (Lisan'ül Arab; "asa" mad. Tac. "Asa" mad

(TAHA Suresi 17-21. Ayetler)

"Nedir o sağ elindeki ey Mûsa?"

Cevap verdi: "O, benim asamdır. Ona dayanırım, onunla koyunlarıma ağaçtan yaprak indiririm. Onda, işime yarayan başka özellikler de vardır."

Dedi ki: Onu yere bırak!

O da onu hemen bıraktı/ yerleşik hayata geçti, bir de ne görürsün! O (sağ elindeki), koşan bir candır.

Bu ayetlerde önemli nokta, "asanın" anlamı üzerinden, işlevsel yönünü anlatma noktasıdır. Yani, Asanın nitelikleri tanıtılırken, orada; henüz yerleşik yaşama geçme noktasındaki bir bakış tanımı vardır.

Asa, bu açıdan belirli işlevsel özelliklere işaret eden bir "sembol"dür.

Ve asa kelimesinin bütün sırrı, yere bırakıldığı "an" itibari ile tanımlandığı kilit bir kelimede gizlidir.

(TAHA Suresi 21. Ayet):

Fe elkaha fe iza hiye ***hayyetün*** *tes'a*

O da onu hemen bıraktı/ yerleşik hayata geçti, bir de ne görürsün! O (sağ elindeki), ***koşan bir candır.***

"**Hayye**" sözcüğü de Musa pasajını doğru anlamadaki kilit sözcüklerden biridir. Bu nedenle bu sözcük ile ilgili ayrıntıları veriyoruz.

*"**Hayye**" sözcüğü "Hayat" sözcüğünden gelmekte olup anlamı "**bir kere yaşam**" demektir. Bu sözcük Araplarda birçok örneğiyle söylenir:*

*Yılana uzun ömürlü olmasından dolayı "**Hayye**" denir.*

Gözü keskin olana o, hayyeden daha iyi görür derler.

Hain sinsi olana o hayyeden daha zalim derler.

Çevresine, toplumuna yararlı olanlara ve onları koruyanlara, bölgenin, yeryüzünün hayyesi denir.

Kadın erkek uzun yaşayana "o hayyenin tekidir" derler.

Kişi akıl zeka ve dehada zirvede olduğu zaman "o, vadinin hayyesidir" denir.

"Hayye", teşbih olarak Büyük Ayı yıldız kümesinin İkizleri ile Alkaid (ölü sönük yıldız) arasındaki yıldızlara denir. (Lisan Hayye mad. Tac; "hayye" mad.)

Bu niteliği hasebi ile Musa'nın asası; bilgidir/ilimdir...

Bunun diğer bir delili, firavunun büyücüleri ile karşılaştığında, onların tezlerini yutması, gerçeği ortaya çıkartmasıdır. Bu bir fikir savaşıdır. Yılan dövüşü değil!

Uzun ömürlü bir bilgi olması hasebi ile "yılan" benzetmesi yapılmıştır. Yani ebedi bilgidir/vahiydir.

İşte yukarıdaki ayetlere de baktığımızda Musa Peygamber asasını nehire vurmuş, yani bilgisiyle nehri analiz etmiştir. Ve kavmini, med-cezir vakti yola çıkartmıştır.

Med-cezir hesabını öyle bir yapmıştır ki, suyun yükselme arefesinde nehre dalmış, firavun ise; bildiği bir hadise ile karşılaştığı için hiç endişelenmemiş, ancak Musa'nın muhteşem "planı" sayesinde boğularak can vermiştir.

İşte, mucize kavramına işaret ettiğimiz paragrafta belirttiğimiz gibi, insan aklını ve kudretini hayrete düşüren bir iş gerçekleşmiştir. Bu akıllıca iş sayesinde firavun orduları alt edilmiştir. Asa'dan kast edilen iş budur...

Ve bu durum Allah'ın sünnetine uygundur...

(İSRÂ suresi 77. ayet) Sünnetimizde/davranış biçimimizde bir değişikli bulamazsın.

Allah'ın sünneti, kâinat yasalarıdır. Yani Allah'ın davranış biçimi. Ve bu kaidelerde bir değişiklik söz konusu değildir, ki bu Kuran ile güvence altına alınmıştır. Yani güneş batıdan batar, balina uçamaz, eşekler suya dalamaz...

Bu Allah'ın kanunudur. Ve bu kanunları aşan bir hadi-

senin olması mümkün değildir. Çünkü Allah bunu dilememiştir...

Mucizeler, bizzat kâinatın sistemi içinde, belirli bilgilere dayalı olarak hayata geçirilen eylemlerdir.

İSA HANGİ ÖLÜLERİ DİRİLTTİ?

(NEML suresi 80. ayet) Sen, ölülere işittiremezsin. Eğer dönüp giderlerse, sağırlara da çağrıyı duyuramazsın.

(RÛM suresi 52. ayet) Artık sen ölülere işittiremezsin. Dönüp gittikleri takdirde sağırlara da çağrıyı duyuramazsın.

Kuran'ın bu ayetlerinde "yaşayan ölülerden bahsedilmektedir." Ve yaşayan ölülerden/ruhsuz/afyonlanmış zihinlerden bahsederken, bizzat "bedensel ölüye işaret eden" mevta kavramı kullanılır.

Türkçe'de kullanım olarak "mefta", ancak orjinali itibari ile "mevta" olarak geçen kavram, ölü manasına gelir.

Enfal; 24:

24 - Ey iman etmiş kimseler! O (Elçi), sizi, size hayat verecek *şeylere çağırdığı zaman, Allah'a ve Elçi'ye icabet edin. Ve bilin ki Allah, kişi ile kalbi arasına girer. Ve siz kesinkes O'nun huzurunda toplanacaksınız.*

Hz. İsa'nın dirilttiği ölüler, "Meyyit'i Müteharrik/Yaşayan Ölüler"dir.

Toprağa düşmüş, canı çıkmış ölülerden hiçbir ayette bahsedilmez. Yani, algılayamayan, zihni körelmiş, beyni alaşağı olmuşları; gerçekle tanıştırma, onları diriltme manasına gelir.

Ayetlerde, ölene can verme yoktur, ki bu inanç israiliyat olup, dinen "şirk"tir.

Görüldüğü gibi Kuran'ın birçok meselesi bu ve benzeri noktaları çarpıtarak tahrif edilmiştir. Tahrif edilen bu kavramlar üzerine "muharref din" ortaya çıkmış, hak din, batıl bir kalıba monte edilmiştir.

Bunun yapılma nedeni nedir?

Çünkü bu tarz mistik öğelerin varlığı, meşru bir ruhban sınıfı yaratır. Allah'ın inayeti, belirli bir zümrenin malına dönüşür. Keramet ve rahmet, saltanat aracı olur.

Böylece, dikey ilişki gelişir, halk altta; seçkinler üstte olur...

Sömürü dinciliği, bu tarz öğelerden beslenir. Bu ve diğer kitaplarımızda bahsettiğimiz İslam düşüncesi, henüz ilk dönemlerde saldırıya uğramış, ciddi manada tahribat yapılmıştır. Bunun en belirgin örnekleri Halife Osman zamanında vuk'u bulmuştur;

İLK SİYASAL İSLAM DENEYİMİ!

Arap dünyasında İslam hareketinin başgöstermesinden önceki süreç "cahila/cahiliye" devri olarak anılır. Esasında bu tarihsel olarak "Hıristiyanlık-İslam" arası devre olarak tanımlanır. Lakin kelimenin esas manası budur. Bugün bildiğimiz anlamda "cahil" kelimesi, bu devreye işaret eder. Sonraları ise, "alim" kelimesinin zıttına dönüşmüştür. Dolayısı ile cahiliye devri denildiğinde, sokaklar asalak cahillerle doluymuş gibi bir hayalin zihinlerde canlanışı sorunlu bir tahlilden kaynaklanır.

Bu devrede, Mekke'de güçlü bir oligarşik yapılanma söz konusudur. Haşimiler güneyde, Emeviler kuzeyde, güçlü iki kabile olarak bölgeye hükmetmektedir.

Emevilerin İslam'a karşıtlığı, Hz.Muhammed'in Haşimi olması ile de ilişkilidir. Çünkü o bölgede ciddi dengeler söz konusudur. Kabilecilik, ırkçılık çok yaygındır.

Araplar, İslam öncesinde bir devlet geleneğine sahip değillerdi. Öyle ki, Kahtan ve Adnanoğulları diye ikiye bölünmüş, sürekli birbirinin mekanlarını basan, güçlünün güçsüzü ezdiği ve yaptırımsal olarak hiçbir merkezi kurumsal yapının olmadığı bir güç savaşı döneminden bahsetmek gerekir.

Bektaşilik üzerine yaptığı araştırmalar ile tanınan ve tarih bilimini hatmetmiş Prof.Dr.Hayri Bolay'a göre; bölgedeki Haşimi - Emevi çatışmasının kökünde, bir sınıf savaşı yatmaktadır. Bu savaş; zengin-fakir savaşıdır.

Emeviler güçlü, **zengin sınıftır. Haşimiler ise daha orta düzeyli ancak kalabalık bir kabiledir.**

Kölecilik, sıradan ve doğal bir süreçtir. Köleler bu dünyada ve ahirette köledir. Tipik bir Mısır uygarlığı miti olan bu gelenek bizzat o topraklarda da vücut bulmuştur.

İşte bu ortamda "**kitabımızın genelinde bahsettiğimiz toplumcu ilkeler etrafından bir devrim gerçekleştirilir.**" Bu devrim sonrası ortamda belirgin değişimler görülür.

İbn'i Sad'ın *Tabakat*'ında; Allah elçisinin, vefatı öncesi bir vasiyet yazdırmak istediği belirtilir. (Bkz. *Tabakat*, c.2 Beyrut H. 1376) Bu durum, bariz bir endişeden kaynaklıdır. Tefrika!

Hatta Ahmed bin Hanbel'de şöyle söyler;

"Hz.Peygamber'in vefatı yaklaşınca, bir koyun kemiği getirin de size bir şey yazdırayım da, benden sonra sizden iki kişi bile ayrılığa düşmesin, dedi." (Bkz.Ahmed bin Hanbel, Kahire H. 1313, c.1, sf 293)

Ancak, peygamber bunu söylediğinde ortalık karıştı! Çünkü orada bulunan birileri dört gözle peygamberin vefatını ve akabinde saltanatlarını ayağa kaldırma hayali kuruyorlardı. Bunlar paniklediler ve tartışmaya başladılar. Yine aynı kaynakta Abdülbaki Gölpınarlı nakline göre Peygamber huzurundaki ihtilafları görünce şöyle buyurdu;

"Benim halim, sizin beni sevk etmeye çalıştığınızdan daha iyidir bence; bırakın beni kendi halime." (bkz. age 51)

Bu sözleri söylemesinin nedeni, ortamdan birilerinin "sayıklıyor, peygamber bunamaya başladı" demesinden ileri gelir. (Bkz. age 52)

Yani peygambere sözü söyletilmemiştir. Velev ki, bu; aklının gittiği söylenerek yapılmıştır. Ve burdan, o ortamın genel yapısı gözler önüne serilir.

Allah elçisi rahmet deryasına gark olup, ebediyet alemine nur saçmaya başladığı an itibari ile, geride kalanlar arasında enteresan işler olmuştur. Allah Peygamberi vefat etmiştir. Sadece Ali ve birkaç kişi defin işlemleri yaparken, Ali'nin fikri alınmaksızın bir toplantı yapılır.

Bu toplantının adı; Sekife toplantısıdır. Hatta Ali bu duruma şöyle tepki göstermiştir;

"Sahabe, Resulullah'ın cenazelerini, dertli hanedanına bırakarak Beni Saide Sekifesinde toplanmışlardı." (Bkz. Gölpınarlı, *Tarih Boyunca İslam Mezhepleri ve Şiilik*, sf.56)

Bu bir acil durum toplantısı olabilir. Lakin; Ebubekir'in bu hususta art niyetli davranacağına ya da Ömer'in kurnazlık yapacağına ihtimal vermiyoruz. Çünkü iktidarları süresince, hiçbir surette kendilerine yonttuklarını, devleti zimmet yaptıklarını söylememiz mümkün değildir.

Ancak, bu iki ismin dışında gelişen bazı hadiseler, enteresan düşünceler oluşturmaktadır. Bu süreçte, adeta "**Osman ve Emevi iktidarının hazırlığı yapılmıştır.**"

Hatta öyledir ki, Hz.Ömer rahmete kavuşmadan evvel, Halifeyi tayin etmesi için 6 kişilik bir heyet oluşturur. Öyle ki bu heyeti oluşturma amacı, adaleti temin etmektir.

Hz.Peygamber dönemi ve ilk iki halife döneminde yönetim biçimi özetle şöyledir;

- **Devlet malı halka aittir. Halk tarafından denetlenir.**
- **Yöneticiler ihtiyaçlarından fazla mal elde edemezler.**
- **Kamu malından çalanların cenaze namazı kılınmaz, sert yaptırımlar uygulanır.**
- **İşler meclis/danışma ile yürütülür.**
- **Ganimetler, halka dağıtılır.**
- **Liderler mütevazı bir hayat sürer, halkı yönetime dahil ederler.**

Ancak Osman dönemi ile birlikte işler tamamen değişir. Şimdi o süreci işleyeceğiz.

HALİFE OSMAN'IN CENAZE NAMAZI KILINMADI![10]

İslam'ın ilk çağları, bizzat pratik uygulamalar bazında sorunların da ortaya çıktığı bir dönemdir. Bu dönem dahilinde, vicdanlı davrandığımızda; ilk iki halifenin Allah ve Elçisine uygun iş yürüttüğünü söylemek gerekir.

Üçüncü halife Osman'dan sonra Halife olan Ali de bu iki halife ile birlikte anılmalıdır. **4 Halife döneminin üç ismi; Ebubekir, Ömer ve Ali, Kuran'a sadık kalmışlardır.** Ancak Halife Osman zamanı, tam bir entrika dönemidir. Osman, ailesi "**Ümeyyeoğullarını**" iktidara taşımıştır.

Mesela, Sünni kaynaklarda; peygamberin vahiy katibi olarak anılan (ki doğrudur) Mervan bin Hakem, peygamber ta-

[10] Bu bölümde, iddiamızı; tamamen "sünni kaynaklara" dayanmak sureti ile ispat edeceğiz. Şii kaynaklarında mesele zaten iddiamıza uygundur. Lakin, din madrabazlarının saldırılarını def etmek için, bizzat "en muteber sunni tarih kaynaklarını" taramak sureti ile iddiamızı ispat yoluna gittik. Ve inanıyorum ki, bu bilgi birçok kafayı karıştıracak, İslam tarihini yeniden yorumlama ihtiyacı başgösterecektir.

rafından sürgün edilmesine rağmen yönetime getirilmiştir... Bu ve benzeri kimseler iktidara gelmiş, karşı devrim hareketi başlamıştır. Mesela, Mervan'ın sürgün nedeni; peygamber'in kendisine yazdırdığı Ali İmran suresini, Ali Mervan olarak yazmasıydı.

"Hatta bu durumlar karşısında öfkelenen Hz.Ali, Osman'ın karşısına çıkar ve yakınlarını iktidara taşıyorsun diye tepki gösterir.

Osman da, Hz.Ömer'in yönetime aldığı bir yakını olan Muğiyre'den dem vurunca Ali;

- Hali Ömer ise her kime beylik verse, onu kendi haline bırakmazdı. Sen ise Beylik verirsin, istediklerini yaparlar. Hele ben seni öğütleyeyim de, sen yine de kendin bilirsin, dedi." (Bkz. *Tarih'i Taberi*, c.3 sf.554.)

Halife Osman, malını çoğaltıyordu. Etrafını Yahudi ulema ile doldurmuştu. Artık Ebuzer ve Ali'nin fetvaları itibar görmüyordu. Bunun yerine Kab'ın (Kab'ül Ahbar) sözleri muteber sayılıyordu.

Hatta Osman zamanında Yahudi dönmeleri RİC'AT fırkası kurmuş, Osman'ın etrafına çöreklenerek makam ve mevki edinmişlerdi. (Aynı kaynak sf.555)

Birçok rivayette, Osman'ın fey mallarını, yani savaş ganimetlerini zimmetine geçirdiği yazılır. **Bu hususta "Ensab'ul Eşraf" ta geçen meşhur bir rivayet mevcuttur;**

Rivayetin birinci kısmında Hz. Osman, icraatından şikayet ederek kendisine karşı çıkan Mısırlılarla görüşür. Ancak onları, Medine'ye girmelerini sakıncalı gördüğünden, Medine dışında bir köyde karşılar ve kabul eder. Bunlar Hz. Osman'a Mushaf'ı getirttirirler ve 70. sureyi, yani Yunus suresini açtırırlar ve okutturururlar. "Allah'ın inzal ettiği şeyi görmüyor musunuz?" (Yunus 70/59) ayetine gelince durdururlar ve onu bu ayete dayanarak hesaba çekerler. Osman onların bütün sorularını cevaplandırır. Sonunda ne istiyorsunuz? diye sorar. Misak istiyoruz, cevabını alır. İsyan etmemeleri, Müslüman toplumun birliğini parçalamamaları, hadise çıkarmamaları için, halife onların sorularına cevap verir, ileri sürdükleri teklifleri ve şartları dinler, bunları yapacağını söyler. Üstelik kendisinden şikayet eden, misak isteyen bu Mısırlıları över. Rivayetin bu bölümü, Hz. Osman'a gelen Mısırlı topluluğun, kendileriyle halife arasında Allah'ın Kitabı'nı hakem yapmak istediklerini işaret eder. Aynı şekilde Mısırlıların Hz. Osman'ın icraatını kabul etmediklerini; aralarındaki en önemli meselenin fetihlerle elde edilen malın dağıtılması olduğunu bildirir.[11]

Halife Osman dönemi sürgünlerin dönemidir. Bütün muhalifler sürgünlere gönderilir. Bunların en meşhuru Ebuzer Gıffari'dir.

İbn'i Sad, *Tabakat* adlı eserinde (ki Vakıdi rivayetlerini esas alır) III 63 ve 64 bölümlerde;

Sürgün mühürlerinin Mervan bin Hakem tarafından vurulduğu, Osman'ın mührünü Mervan'da bulundurduğu ve tüm siyasi kararların Mervan tarafından yürütüldüğü görülür.

Bu dönemde, Allah peygamberinin; Kuran'ı tahrif etme çabasından ötürü sürgün ettiği bozguncular; siyasi güç haline gelmiş, ganimetler ve beytül mal, halifenin malına dönüşmüş, siyasi tutuklamalar başlamış, halife saraylarda yaşamaya başlamış, infak ve kenz kavramlarının üzeri örtülmüş, dinin ruhu mezarlara defnedilmişti.

---

[11] Rivayetin metni için bkz. et-Taberi, Ebu Cafer Muhammed b.Cerir b. Rustem (110/922),

Halife Osman'ın ölümü öncesi dönemi "cennetlik bir adamın onurlu idare süreci" gibi anlatanların cehaleti, İslam kaynaklarına vakıf olmayışlarından ileri gelmektedir. Halbuki o dönem; peygamberin bütün dostlarının ayaklandığı ve Osman'a baş kaldırdığı bir dönemdir. Hatta o süreçte şöyle bir hadise yaşanır;

Osman'ın bulunduğu şehre akın akın kabile liderleri gelmektedir. Osman'ın hilafeti bırakması için baskı yapılmaktadır. Ve Muaviye Şam'dan gelerek şöyle der;

Bu işleri yapanların hepsi, Allah Elçisinin yakın dostlarıdır. Bu fitneyi çıkartanlar onlardır, onlardan gelmektedir. Bence onların hepsini bir yerlere bey yapıp beyt'ül maldan pay vermelisin... (Tarih'i Taberi, c3. Sf.557)

Peygamberin bütün yakın dostları teyakkuza geçmişti. Ve resmi ideoloji onları '**fitne**' olarak tanımlıyordu. **Hatta o fitnecilerden biri olan Ebuzer, Rebeze'ye sürgün edilmiş, açlık ve susuzluktan can vermişti...**

Ebuzer ve diğerlerinin ana derdi; halka ait olan fey mallarını halifenin zimmetine geçirmesi, uydurma hadis yazdırması ve Ömer tarafından hadis söylemesi yasaklanan Hureyre gibilerin muteberleşmesi idi. (İbn'i Sad, Tabakat...)

İlk halife Ebubekir'in oğlu Muhammed isyancılardandı. Ammar bin Yasir (Ali'nin dostu), Ebuzer ve diğerleri...

Zehebi'nin *Tarih'ul İslam* adlı eserinde, İsmail bin Halid'den rivayet ettiğine göre (2/129);

Osman'a isyan edenlerin ana sorunları kendi ifadeleri ile şunlardır;

1. Allah'ın kitabını mahvetti.
2. Halkın malını devletleştirip, devleti kendi malı yaptı.

3. Yönetime akrabalarını tayin etti.
4. Peygamberin dostlarına kötü muamele etti (Ebuzer).
5. Afrika'dan gelen ganimetlerden Mervan'a özel hisse verdi. **(ez-Zehebi age, 2/129)**

İbn Şirin nakline göre: "Osman onlara/isyancılara Ali'yi gönderdi. Ali doğrudan onların yanına geldi ve şu beş hususta anlaştılar: Vazifelerinden alınanlar yerlerine iade edilsin; mağdur ve haksızlık edilenlere hakları verilsin; fey/ganimet tıpkı Allah'ın emrettiği gibi eşit olarak dağıtılsın; taksimde adil olunsun; devlet idaresinde adaletli ve liyakatlı kimseler çalıştırılsın."

Görüldüğü üzre süreç, tamamen bu çelişkilere dayanmaktadır. Ve taze bir devrimin dinamikleri; çok sert biçimde isyan etmiş, Osman ise uzlaşma yolları aramaya başlamış, iktidar korkmuş, paniğe kapılmıştı...

Yukarıdaki gibi bir uzlaşı söz ile sağlanmıştı.

Ancak!

Ali ile isyancılar arasındaki bu anlaşma Osman tarafından reddedilmişti.

Osman;

Allah'ın kitabını bozmaya teşebbüs etmedim. Mervan'a ganimetten pay vermedim, o beytül mal/devlet malı, zaten Mervan'ın hakkıdır. Ashaba zulmetme konusunda, ben de bir insanım, kızarım, severim... biçiminde bir ifade kullanarak, sabırları taşırdı.

Osman'ın iktidara gelir gelmez Kuran'ı toplama çalışmasına girişmesi, kafaları karıştırmıştı. Lakin Vakıdi gibi nakilcilere ve çağdaşımız Hakkı Yılmaz'a göre; **Osman mushaf'ı tahrife yeltenmişti.**

Devlet malının anahtarları, hazinedarlardaydı. Ve sadece halka hesap verirlerdi. O dönem, ilk defa hazinedar halkın huzuruna çıkıp;

Ey halk, halife hazineye burnunu sokuyor. Ben huzurunuzda istifa ediyorum, bu vebali alamam diye tepki göstermişti. Akabinde hazine halifeye bağlanmıştı.

İslam'da 1/40 oranındaki zekat gibi "yalanlar" bu dönem, bizzat Osman'ın Yahudi ulemaları tarafından uydurulmuştu. (Bkz.Ali Şeriati, *Ebuzer*)

Hicri 32 yılında, Osman'ın emriyle; devletin hazırladığı Kuran dışındaki tüm Kuran nüshaları yakıldı! (Bkz. Üçok Bahriye, *Emeviler ve Abbasiler*, Ankara 1979, s. 7.)

E.R.Fığlalı (age, s. 34)'ya göre; Osman'ın son altı yılı "kötü yönetimdir." Ve İsyan sonrası öldürülmesi, "**iktidarın kendisini bozmasından kaynaklanır.**"

Ümeyyeoğullarının Osman'ın halife olmasıyla birlikte sahip oldukları mevki ve makamı kıskanan,

bu duruma karşı çıkan insanlar ve kabileler mevcuttu. Çünkü Ümeyyeoğulları, Osman zamanında, **en yüksek mevkilere ulaştılar; idare onların, amirlikler onların, mal ve mülk onlarındı.** Bunlardan. istedikleri gibi faydalanıyorlardı. Halife de onları seviyor ve destekliyordu. (Bkz. İbnı Ebi Bekr. et-Temhid, s. 5I.)

Ebu Mihnef ve Vakıdi'ye göre; Osman'ı öldürten kişi, Halife Ebubekir'in oğlu Muhammed'dir.

Hatta tarihçiler, Osman'ı öldüren kişi için "**el yed'ul hafi**", yani **gizli el** tabiri kullanırlar.

Ve Osman zamanındaki tahribata son vermek, Ali'yi iktidara taşımak için planlanmış bir "devrim" hareketidir. (Bkz. E.Ruhi Fığlalı, age., s. 35 vd.)

O dönem yapılanan Rec'at (Muhammed geri dönecek) hareketi, bütün kaynaklarda sabittir. Rec'at hareketinin kökleri ise, yozlaşmaya dayanır. Allah Elçisinin ürettiği devrimin yozlaşması ve bir saltanata dönüşmesi karşısında, Muhammed Geri Dönüyor sloganları ile; Ali'ye işaret edilir. (İbn Ebi Bekr, age., s. 89-90.)

Taberi'ye göre, artık Osman hutbe okuyamaz hale gelmişti. Mescid'de hutbeye başladığında taşlar yağıyordu. Çünkü Osman'ın 1 milyon dinar serveti vardı. Ardında 1 milyon dinar bıraktı.

Sarayının etrafı kuşatılmıştı. İsyancılar o kadar sinirliydi ki; sarayı yakma planları yapıyorlardı. (Bkz. Taberi, c3. Sf.562)

En sonunda Ebubekir'in oğlu Muhammed ile Osman şöyle bir diyaloğa girer;

- Ey Osman! Halifeliği bırak!
- Bu hırkayı bana Allah verdi, Allah alır! Sizinle de Kuran ile iş görürüm…

Bunun üzerine Ebubekir'in oğlu dışarı çıktı ve Kinane bin Beşir Osman'ı bıçakladı.

Osman öldürüldükten sonra, cenaze namazı kılınmadı. Yahudi mezarlığına atıldı ve 3 gün öylece bekletildi. En sonunda Hz.Ali ve birkaç kişi tarafından defnedildi.

Muaviye iktidara geldiğinde, Osman'ın mezarının yanındaki duvarları yıktırıp, kavislice içerden duvar ördürerek, Yahudi mezarlığının yanındaki Müslüman mezarlığına (Baki mezarlığı) dahil etti. (Taberi, c3. Sf.564-565)

Gördüğünüz gibi, İslam kaynaklarından yola çıkarak süreci analiz ettik. Enteresandır ki, bugün muhafazakâr zihin, Osman'ı güçlü, adil bir yönetici iken, bir anda mescidde öldürüldü sanmaktadır.

Aksine, büyük bir ayaklanma ve isyan sonrası öldürülmüştür. Ve Ebuzer Rebeze'ye sürgün edilirken Osman'a bakarak şöyle bağırmıştır;

"Medine'yi, büyük ve sonsuz bir ayaklanma ile müjdeleyin!"

Rec'at, yani Muhammedi geleneği geri getirme fikri; kenz, yani mal istifleme, statüko ve saltanatperest odaklar karşısında konumlanma noktasında açığa çıkar. Daha sonraları Abbasi sürecinde bu yine başgöstermiş, isyancı Karmatiler (özel mülke karşı/ ilk komünist Müslümanlar) benzer girişimlerde bulunmuşlardır.

Ve bu isyan deneyimleri, saltanatı korkuttuğundan, İSYAN ETTİREN DİN YOK EDİLMEYE ÇALIŞILMIŞTIR...

Evet...

İşte bugünün sorunu budur.

Bugünün muktedirleri ile Osman aynı paralelde hareket etmekte, ancak Ebuzer, Muhammed bin EbuBekr ve Ali gibilerin eksikliği göze çarpmaktadır...

Peki, o gün bu işleri yapanlar bugün ne yapıyor dersiniz?

Şimdiye kadar okuduklarınız rehberliğinde, günümüze gelelim ve manzarayı birlikte analiz edelim...

Üçüncü Bölüm

ŞEYTAN EVLİYALARININ TEORİK CEHALETİ

İnfak et ey Bilal! Ve Arzın Sahibinin malını azaltacağından korkma.

(Hz. Muhammed)

LİBERAL İLE MOLLA NASIL BİRLEŞTİ?

Müslüman zihin dünyayı okumayı unutmuştur. Öyleki; okumaktan alıkonduğu ve muharref din ile iç içe eklemlendiği süreçte, gerçeklerden, aydınlanmadan kopmuş, zillet ve perişanlığa gark olmuştur.

Bugünün küresel koşulları dahilinde yükselen kapitalizm, muhalif sözleri biçimlendirme, değiştirme hatta tahrif etme özelliğine sahiptir.

Kitabımızın ilk bölümlerinde örneklediğimiz biçimde, kaynakları sömürmek için "muhalif algıyı" içeriden yıpratma yöntemi, bir şirk uygulamasıdır. Ve esasında Kuran'ın şeytan evliyası dediği zümrenin en temel fonksiyonudur. Bugün Türkiye'de bu işi yapan birçok odak var. Meseleyi doğru anlayabilmek için somut örnekler üzerinden hareket edeceğim;

22 Ağustos 2011 tarihli makalesinde Mustafa Akyol şu biçimde meseleyi irdeliyor;

Yeni Şafak gazetesinin kıymetli yazarı Özlem Albayrak'ın yazıları vesilesiyle başlayan "Liberal Müslüman olur mu" tartışmasına son birkaç not ekleyeceğim.

Bu tartışmanın içinde aslında iki ayrı soru var:

1) Müslümanlar, başka bir medeniyetten herhangi bir fikir veya sistem alıp kullanabilir mi?

2) İlk sorunun cevabı "evet" ise, o zaman bu "ithal" fikirlerden biri "liberalizm" olabilir mi?

Mütedeyyin dostların bazılarında ilk soruya peşinen ***"hayır"*** *deme refleksi var. Çünkü başka bir medeniyetten herhangi bir şey almak, sanki "İslam yetersiz kaldı" demek gibi geliyor onlara. Oysa, burada tartışılan, bir din olarak İslam'a yabancı unsurlar katmak (mesela camilere sıra sokmak!) değil. Dinin değişime açık bıraktığı alanlarda başka medeniyetlerin tecrübelerinden yararlanmak. Eğer buna karşı iseniz; demokrasiye, parlamentoya, seçimlere ve "sivil anayasa"lara da karşı çıkmanız lazım. Çünkü bunların hepsi "Batı icadı". Hatta trafik kurallarını bile reddetmeniz, kâfir Batı'nın "tağuti" bir sistemi olarak lanetlemeniz gerek.*

Hangi aydınlanma?

Gelelim liberalizme... Bu konuda bizdeki İslamcı kalemler arasında epey oturmuş bir söylem var: Liberalizm Aydınlanma devri ürünüdür. ***Aydınlanma dine başkaldırıdır.*** *Dolayısıyla liberalizmin özgürlüğü de ancak "****dinden özgürlük****"tür. Oysa bu hikaye, bütün Batı'yı değil, kıta Avrupası'nı ve bilhassa Fransa'yı yansıtıyor. (Kemalistler ve solcular bir tek Fransız Aydınlanması'nı bilip ona yapıştığı için, İslamcılarımız da bu dar çerçeveden okudu Batı'yı.) Oysa hakikaten "din düşmanı" olan Fransız Aydınlanması'na karşı bir de dinle barışık İskoç (ve İngiliz) Aydınlanması vardır. Bunun Amerika'daki yankısı daha da dindar bir karakter kazanmış, "dinden özgürlük" değil, aksine "din için özgürlük" istemiştir. Nitekim Fransız Devrimi, hem krala hem dine yönelik bir saldı-*

rıdır. Amerikan Devrimi'ni ise Benjamin Franklin'in ünlü sözü özetler: "Despotlara isyan, Tanrı'ya itaattir." Bugün de liberalizmin farklı yorumları var. ***Ben, kendi adıma, Anglo-Sakson geleneğinde gelişen ve temel amacı modern devletin ceberrutluğunu dizginlemek olan klasik siyasi liberalizmi benimsiyorum.*** *(Bunun kökeninde İslami unsurlar olduğunu bile düşünüyorum.)* İktisadi liberalizme getirilen "sömürü" ve "emperyalizm" suçlamalarını ise, kurduğu her sistem çökmüş olan Marksizm'in Türkiye'de hâlâ süren ***"kültürel hegemonya"****sı*na bağlıyorum. Anti-liberal Müslüman aydınlarımızın çoğu, içselleştirdikleri bu Marksist ezber içinden konuşuyor. *Aynı aydınların Avrupa toplumlarını neyin sekülerleştirdiği (dinden uzaklaştırdığı) sorusuna ezbere verdikleri* ***"liberalizm ve kapitalizm!"*** *cevabı da bence yanlış. (Bu ikisinin çok daha güçlü olduğu ABD, Avrupa'dan çok daha dindar zaten.) Asıl sekülerleştirici dinamikler, bana sorarsanız, fikri düzeyde "bilimsel materyalizm", toplumsal düzeyde de "sosyal devlet."*

Özgürlük meselesi

Dönelim İslam'a... Elbette hiçbir mümin, "İslam'ı liberalizme uydurmak" *gibi bir yanlışa onay veremez. Ama bu, İslam'daki özgürlük anlayışları ile liberalizmi kıyaslamaya engel değil. Bu kıyasta çatışma alanı gibi duran mesele, "günah" kavramı değildir. Günah sayılanın devlet veya toplum eliyle cezalandırılmasıdır. Klasik fıkıhta bunun pek çok örneği vardır kuşkusuz. Dahası, "mürtedlerin" (dinden çıkanların) öldürülmesi gibi hükümler vardır. Ama aynı klasik kaynaklarda, bu hükümlerin başka türlü yorumlandığı da vakidir. ("İyiliği emredip kötülükten sakındırma"nın sadece "tebliğ" olarak yorumlanması gibi.) Bu uzun bahsi, İslam ve özgürlük üzerine yazdığım ve Türkçesi önümüzdeki aylarda yayınlanacak kitaba bırakıyorum. Ama belli ki önemli bir tartışma bu ve bizi meşgul etmeye devam edecek.* ***(Star Gazetesi – Mustafa Akyol / Yeniden İslam ve Liberalizm)***

Görüldüğü gibi makalede yoğun bir Liberalizm savunusu yapılmak sureti ile İslam-Liberalizm köprüleri kurgulanmış.

Ancak yazarın tenkid ettiği Geleneksel İslam algısı ile aynı hataya düştüğü görülmektedir. Çünkü emperyalizm, sömürgecilik gibi kavramların "salt anlamda Marksist literatüre ait kılınışı" da meteryalist bir yorumdur.

Bu çerçeveden bakıldığında, İslam ve bir fikri mukayese etmek elbette mümkün olup, İslam'ın kendi içtimai çerçevesinden meseleyi ele almak gerekir. Yani bir meseleyi irdelerken, İslamcı üzerinden değil, İslam üzerinden mesele ele alınmak durumundadır.

Yazarın tanımladığı siyasi ve iktisadi liberalizm; "özgürlükler" adı altında tanımlanan bir dizi "köleciliğin", teorik örtüler ile kılıflara sokulduğu bir sahaya işaret eder.

İslam'ın ekonomi-politik duruşunun genel karakteri olan paylaşım, sermayenin serbest yığılımı karşısında duran bir yaklaşımdır. Ki kenz yaklaşımı da bunun en belirgin delilidir. Ki yazarın genel olarak kullandığı jargonlara baktığımızda; zaten özgür bir bakış açısına sahip olmadığını görürüz.

Dünya siyasetini, 200 yıllık sürece sıkıştırmak sureti ile yapılan bir okumanın ürünü olan "yaftalamalar", belirli kavramları bir yerlere sıkıştırıp linç etme geleneği üretmiştir. Bunun en bariz örneği, "Marksizm benzetmesidir." Dolayısı ile sınıfsız toplum düşüncesi öne sürüldüğünde, bu ve benzeri kalemşörler tak diye karşınıza "**Sovyet örneğini getiriverir.**"

İslam, yapısal olarak ne Liberalizm ile ne Sovyet revizyonizmi ile uyum sağlayabilir. Çünkü İslam'ın karakteristik duruşu daha ötededir. Daha anarşist, daha anti-otoriter (La ilahe illallah rüknü gereği), daha anti-mülkiyetçi.

Ama kapitalizm, liberalizm nedir?

Dilerseniz bunları açarak bu teorik açmazlara yanıt verelim...

BRÜTÜS SENDROMU 1

Türkiye'de bugün yaşanan temel sorun, cehalet örtüsü altında öttürülen borazanların "**muteberleşmesi**" sorunudur. Hatta bana yöneltilen ithamların da kökünde bu cehalet yatmaktadır. Bu cehalet; koca bir tarih okumasının yanılgılar ile dolu oluşu ve diyalektik bilginin eksikliğinden ileri gelen bir cehalettir.

İslamcılığın tarihsel tutarsızlığı, karşıt konumlandığı ideolojik tavra bakışı ve yorumlama sorunsalıyla doğrudan ilişkilidir. Bu meseleyi enine boyuna ele alacağız.

Türkiye'de bir dönem, "emperyalizme karşıt konumlanan" dindarlar, kapitalizme aynı oranda karşıt değillerdi. Bundan ötürüdür ki, "abdest aldırılmış bir kapitalizmin imar süreci sancısız geçti." Velev ki, bu açıdan baktığımızda; bu emperyalizm karşıtlığı tamamen hatalı bir ideolojik analiz temelinde hayat bulmuştu. Kapitalizm ile Emperyalizmi birbirinden ayıran ve maalesef bu noktada "Lenin'in düştüğü hata dehlizinde yiten" bir algı söz konusuydu.

Hele ki, Lenin'in isminden bile bahsetmenin küfür sayıldığı dönemlerde, İslamcı Leninistliğinin vardığı nokta; ABD karşıtı, Malboro yanlısı bir tutumdan ibaretti. Ve bu teorik sorun, bugün bir iktidar yarattı...

Bugün de, tam tersi; kapitalizme karşıt konumlanıp, emperyalizme karşıt durmama ve meseleyi doğrudan "**solun ana problemi çerçevesinde, iç sınıfsal bir meseleye indirgeme**" nazarında birtakım yaklaşımların vücud bulduğu görülmektedir.

- **Emperyalizm, kapitalizmin en ileri aşamasıdır. (V.İ.Lenin)**

Bu görüş, Marksizm'in yetersiz kaldığı bir tespiti hayata dahil kılmıştır. Ve bu katkı sayesinde, sınıf savaşı düşüncesi, dışsal bir etkenin varlığı tanımlanmak sureti ile, küresel sermaye ile savaş düşüncesinin ortaya çıkış nedeni halini almıştır.

Ancak ifadedeki ana sorun şudur;

Sultan Galiyev'in şu can alıcı tespiti ile bu yaklaşım çökmektedir;

- Madem öyle, Christopf Colomb örneği nereye oturtulacak? Colomb ve hareketlilik arz eden emperyalizm sürecinde, kapitalizmin en ileri aşaması mı yaşanmaktaydı?

Elbette hayır.

Ve bu realite çerçevesinde, dünün ve bugünün emperyalizm tanımı yeniden biçimlenmelidir.

Emperyalizm, kapitalizmin ta kendisidir. Ve kapitalizmden kopmuş bir emperyalizm kadar, emperyalizmsiz incelenen (salt sınıfsal tahlillere dayanan) bir kapitalizm; yetersiz, etkisiz bir yaklaşım içerir.

Yani daha doğrusu; anti-kapitalizm, anti-emperyalizmin

temel koşuludur. Anti-emperyalizm ise, anti-kapitalizmin temel koşuludur.

Bunun aksini düşünmek, pek mümkün değildir.

O zaman şunu söyleyebiliriz;

Üstyapısal bir ideoloji olan bu ideolojiler nazarında;

- Emperyalizm yani sömürgecilik; batıya ait bir kavramdır. Bunun nedeni ise; doğu topraklarının verimli, batının verimsiz olmasıdır. Ve batıdaki insan yoğunluğu, verimsiz topraklar da düşünüldüğünde, sınıfların ortaya çıkış nedeni olmuştur.

Bu çerçeveden bakmaya devam edelim;

Batı, yoğun nüfus ve verimsiz topraklar demektir. Akabinde, zaten yetmeyen kaynakların azlığı ve iç içelik, bu kaynaklara hükmetme iradesi doğurmuştur. Bu irade, sınıflaşmanın temelidir.

Ancak doğu toplumlarında süreç böyle gelişmemiştir. Batı'da kaynak azlığından türeyen sınıflar, doğuda kaynak bolluğundan benzer bir gelişim süreci yaşamamıştır.

Bol kaynak, iradesi zor topraklar; "köleciliği" yeşertmiştir. Yani, emek sömürüsü öne çıkmıştır.

Ancak temel fark şudur;

Batı, kaynaksızlık hasebi ile, kapitalizm ile emperyalizmi bir arada konumlandırmıştır. Doğu ise, kaynak ihtiyacı nedeni ile yayılma istidatı göstermez. Çünkü kaynaklar bol ve verimlidir.

Dolayısı ile doğu; feodalizm/köleci/ağacı toplum süreçlerinde; köklü devrim hareketleri ile yüzleşip biçim değiştirme geleneği üretmiştir.

Batı'nın kapitalist gelişimi ise, mutlak anlamda "emperyalizme sırt dayamıştır." Emperyalizm olmadan kapitalizm olamaz." Ki bunun için en ileri aşamanın varlığından bahsetmek gerekmez. Çünkü Haçlı seferleri de emperyalist seferlerdir ve ileri bir kapitalizmden bahsedilemeyecek dönemlerin ürünleridirler.

(BAKARA suresi 60. ayet) Bir zamanlar Mûsa, toplumu için su istemişti de biz, "Değneğinle şu taşa vur!" demiştik. Taştan hemen on iki göze fışkırmıştı. Her bölük insan kendilerine özgü su kaynağını bilmişti. "Allah'ın rızkından yiyin, için; yeryüzünde bozgunculuk yaparak şuna buna saldırmayın" demiştik.

(NİSA suresi 97. ayet) Melekler, öz benliklerine zulmetmiş olanların canlarını alırken, onlara şöyle dediler: "Neredeydiniz siz?" Cevap verdiler: "Yeryüzünde ezilip horlananlardandık biz." Melekler dediler ki: "Allah'ın yeryüzü geniş değil miydi ki orada bir yerden bir yere göçesiniz?" İşte böylelerinin varacağı yer cehennemdir. Ne kötü dönüş yeridir o!

Ayrıca, bu topraklarda kapitalizmin gelişememe nedenlerinin başında "**göçebe kültürü gelir.**" Bir yerde sabitlenen, yani yerleşik düzen içinde yer alan halk yığınlarının varlığı; kapitalizmin "**batı modeli bir gelişme süreci ile evrilmesinin temel nedenlerinden biridir.**"

Bir beldede sömürü ayyuka çıktığında, oranın terk edilip farklı bir bölgede konumlanma, doğu için mümkün bir olanaktır. Zaten bu yönü ile, feodal unsurların sürekliliği tartışılır olmuştur.

Toplumların kültür-geleneğine karşı konumlanan herhangi bir yapı-fikir; mutlaka karşı çıkışlarla yüzleşmiştir. Her bölük kendi suyundan içmeyi bilir ve aksi gelişmez.

İşte bu karakteristik farklılık nazarında; bugün hegemon olan "üstyapı", feodalizm değil; **"batı emperyalizmi, yani kapitalizmidir."**

Yani, kompleks bir sömürü organizasyonundan bahsetmek gerekir. Ve bu yapının bir sosyo-politiği, ekonomi-politiği vardır. Stratejileri vardır, bazı yapısal normları vardır.

Öncelikle bu yapı, daha önceleri "bu coğrafya da mağlup olmuş, haçlı emperyalizmi bozguna uğramıştı." Ve aradaki yapısal farkların farkına varan bu üstyapı, saldırı tekniklerini de; kendi içeriği gibi güncelledi. Çünkü tükenmek bilmez "tüketim ihtiyacı ve kaynak talebi" zaruri olarak bu bölgede birtakım planların yapılmasını zorunlu hale getirmiştir.

Dolayısı ile 2 başlık altında toplanan yoğun faaliyet neticesinde, bölgesel planlar devreye girmiş oldu;

1. Doğu'nun devrimci dinamiklerini dinamitlemek.

Doğu'nun tarihsel süreçte ayakta kalmasını sağlayan; İslam ve zulme karşı duruş ruhu, İslam'ın emperyalizm karşıtı yönü baltalanıp alınarak "sakinleştirilmiştir." Bu projenin bugün anılan ismi; "**Moderate İslam/Ilımlı İslam**" olarak karşımıza çıkar.

Bu, daha birçok yaklaşımla özdeşleştirilebilir, köycülük-imece-halk bilinç ve kültürlerinin yozlaşması, tv ve medya aracılığı ile "batı tipi bir toplum inşa süreci" bu sorunun bir payıdır.

2. Hedef saptırarak yıkmak

Tek başına emperyalizmi (kapitalizmsiz), ya da tek başına kapitalizmi (emperyalizmsiz) tanımlamak suretiyle sloganlara tabi olmak, doğu dinamiklerine uygun gelişen üst sınıfı salt hedef olarak algılamak ve bu sınıfı yapılandırma çabasında olan batı ile mutlak işbirliğine girmiş olmak…

Bu süreci inşa eden diğer faktörler de şöyledir; Batı'da kapitalizm gelişirken bazı alt kollar üretti.

- Kariyerizm
- Konformizm
- Modernizm

Bunların ürettiği etki çok kalıcıdır. Çünkü bu yaklaşımlar "yeni birey tipini inşa etmek üzere hayata geçmiş silahlardır."

Bencil, egoist, kendisi ve toplumla yabancılaşmış bu yenitipi tanımlayan jargon; "Liberalizmdir."

Bu aşama, önemlidir. Çünkü emperyalist sömürgeciliğin karşısındaki en büyük güç,"**direnç noktalarıdır.**" Bu direnç noktaları 2 başlıkta incelenir;

- Ordular
- **Örgütlü halk yığınları**

Dolayısı ile, bu iki unsur "emperyalizmin hedefidir." Ancak unutulmaması gereken durum ise şudur. Bu iki olgu, yine kapitalizmin varlığı nedeni ile ortaya çıkmış olgulardır. Çünkü silahlı güç ihtiyacı, mazlum devletler için bir savunma ihtiyacından, örgütlü halk düşüncesi de, kültür-gelenek müdafaasından ileri gelir. Çünkü bu coğrafyanın genetik karakterinde var olan "imece-kültür birliği" özel bir örgütlenme düşüncesinin önüne geçer.

Lakin, emperyalizmin saldırı stratejisi, öncelikle sömürüye dayandığından, sömürülecek kaynakların ve o kaynakların başında duran halk kitlelerinin iç dayanışması ortadan kaldırılmalı, "**bireysel özgürlüklerin önünü açma adı altında, halk bilinci ya da toplum olma şuuru baltalanmalıdır.**"

Şimdi kilit soru şudur;

Emperyalizm ile kapitalizmi birbirinden ayırmanın ne gibi sonuçları olabilir?

Sanayi devrimi sonrası planlanamayan ölçüde büyüyen ekonomiler, küreselleşme ihtiyacı; sınırların tartışmaya açılma sürecini doğurmuştur. Bugün özgürlüklerden bahseden liberal kafaların çoğu, küreselleşmenin getirisi olan "sınırları aşma düşüncesine" bu açıdan hizmet etmektedir.

Emperyalizmin bölgesel planları doğrultusunda bütün kaynakları kontrol etme güdüsü, doğal bir güdüdür. Çünkü kapitalizmin yarattığı tüketim toplumu; insanlık ailesini bir çekirge sürüsüne evriltmiştir.

Bireyleştirilen insan, kendi çıkar ve menfaatlerini öncelemeyi bir özgürlük olarak algılamış, akabinde "yalnızlaşan bireyler" banka ve benzeri kurumlara borçlandırılarak; sisteme entegre edilmiştir.

Bu süreçte büyüyen ve kontrol edilemez hale gelen ekonomiler, ciddi yatırımlar yapamaz ülkeler yaratmış, savaş maliyetleri karşılanamaz boyutlara ulaşmıştır. Bugün ABD'nin Türkiye ile bölge ülkeleri arasında gerginlik üretme politikası, bu sorunun doğal bir sonucudur.

Emperyalizmi kapitalizmden ayrı görmek, emperyalizmi etnik ya da farklı ütopik bir amacın ürünü olarak görme sorunu üretir ki; üretim ilişkilerini düzenleme ihtiyacını ve mülkiyet ile kurulan ilişkiyi gözden geçirme düşüncesini engellediğinden, somut bir direniş üretemez...

Kapitalizmi emperyalizmden ayrı görme düşüncesi ise, iç sınıfsal çatışmaları tetikleyip; alttakiler ve üsttekiler ayrımının yerel mücadelesini öngördüğünden, küresel çıkar ve menfaat gruplarının bölgesel planlarına entegre olma sorununu doğurur. Bunun da en belirgin örneği; Soros ve benzeri sermaye gruplarına angaje olmuş ya da ABD Emperyalizmi ile hemfikir olmuş bir sol ya da direniş hareketi üretme gayretidir.

Solun, liberalleşme sorunu bu noktada açığa çıkar. Sorunu; proleterya-burjuvazi çelişkisine indirgeyen ve dışsal nedenleri görmezden gelen bir solun akıbeti; yitik bir direnişsizlik, ya da avare bir çırpınış sergilemektir.

Bu açıdan, teorik olarak baktığımızda - ki pratik olarak da yaşıyoruz – Suriye meselesinde Esad yönetimine muhalefet ederken, emperyalizme karşıt konumlanmama sorunu ve bu meselenin "mevcut zulüm karşısında durma gereksinimi ile açıklanması"; doğu ile batı kapitalizm gelişim süreçlerini denk tutma rahatsızlığından ve emperyalizm ile kapitalizmi birbirinden ayırma probleminden ileri gelmektedir. Ki küresel güç odaklarının tepkisini çeken temel söylem;

Somut emperyalizm tanımları üzerinden "antikapitalist duruş sergileyen düşünce ve kişilerdir."

Bunun dışında kalanlar, yani bu iki kavramı tek düzlemde ele almayanlar ise, doğrudan küresel sistemin medya, sivil toplum ve siyaset araçlarında muteber kılınırlar.

Böylece, "kontrollü muhalefet" dediğimiz muhalefet tipi üretilir. Bir manada halkın gazı alınır.

PEKİ SURİYE ÖRNEĞİNİ NASIL ELE ALMAK GEREKİR?

Esad'ın insanlara zulmettiği fikrinde hemfikir olunması, ABD emperyalizminin öngördüğü biçimde karşıt duruş sergilenilmesi manasına gelmez.

Esad örnekliği şu açıdan incelenmelidir;

1. Esad, bölgesel yayılmacılık gütmez!
2. Esad, menfi çıkarları hasebi ile sınırları lağv etme taraftarı değildir.

Esad, esasında doğu toplumlarında açığa çıkması muhtemel bir "feodal yapının" günce versiyonudur. Mevki ve olanakları koruma mücadelesine dayanan, anti-demokratik bir süreçtir. Ama emperyalizmden daha tehlikeli değildir. Dolayısı ile emperyalizmin bölgesel ve küresel planları analiz edilmeden Esad karşısında konumlanmak, emperyalizm ile işbirliğine götüren bir etkene dönüşebilir.

Yani, tehlike puanı olarak emperyalizm 10, Esad 5 puan ile işaretlenir. Ve emperyalizmin zaruri ihtiyacı olan kaynaklara erişim ihtiyacı hasebi ile, bölgeyi yeniden tasarlama projesi (BOP) kapsamındaki rolü nedeni ile mesele analiz edilir.

Neticesinde, mücadele iki aşamalı olarak yürütülür:

1. Emperyalizme karşı mutlak direniş!
2. Bu direnişin ardından Esad karşısında; ideolojisi olan bir direniş!

Yani, tıpkı Batı'nın arzuladığı gibi, ideolojisiz, amaçsız devrimler peşinde koşmayan, ayakları yere basan bir değişim düşüncesinden bahsediyorum. Ki bu değişim sürecinin bir ucu Hindistan'a diğer ucu Kuzey Afrika'ya dayanmak zorundadır. Yani, hali hazırda 1. Aşamada öngörülen anti-emperyalist direnişin boyutları hattı müdafaa değil, sathı müdafaa formunda gelişmeli, emperyalizm bütün bölgeden çıkartılmalıdır.

Aksi takdirde, Esad'ın indirilmesi akabinde kontrolün "muhalefet elinde tutulacağı düşüncesi, hayali bir düşünce olacaktır." Çünkü emperyalizm oradadır.

Aynı şey, İran, Irak gibi ülkeler için de düşünülebilir. Velev ki; emperyalizme karşı direniş ilkesinin özünde yatan fikir de bilakis "tevhiddir." Çünkü; emperyalizmin "enternasyoneli" olan küreselleşme, bugün tevhid'in enternasyoneli olan "ümmet'i vahide/tek toplum" süreci ile karıştırılmaktadır.

Hatta ulus kavramını duyduğunda tüyleri diken diken olanların hiçbir surette bahsedemediği alternatifsizlik, bu noktada temel sorundur...

"Aha bu da ulusalcı, diyen adama, sen necisin dediğinizde yanıt alamazsınız."

Çünkü; liberalizmin "amaçsız özgürlük prensibi" zihinleri kuşatarak; küreselleşme enternasyonelinde insanları bir kılmıştır.

Halbuki, ilkesel olarak; ana düşman "emperyalizm" nereye saldırıyorsa orası korunmalı ve müdafaa edilmeli, saldırı def edildikten sonra ilgili yaptırımlara başlanmalıdır.

Emperyalizmin saldırdığı yere eş zamanlı olarak yapılan saldırı, hiçbir surette "**kişisel ütopyaların başarısını sağlamamak ile birlikte, mutlak anlamda emperyalizmin zaferine omuz vermek anlamına gelir." Çünkü hem maddi, hem silahlı yatırımıyla bölgeyi kuşatan dev güç, kişisel ütopyaların önünü açmak için yatırım yapmaz. Kendi heva ve arzularını ayakta tutabilme adına dayattığı "teneke ideolojilere yardakçı arar ve o yığınları salt anlamda amaca ulaşmak için kullanır."**

İşte bu bağlamda, bir fikir, grup ya da halk yığınının duruşu, emperyalizm kıstas ya da süzgecinden geçmeksizin, belirli prensipleri put edinerek "savunulamaz."

Ulusların kaderini tayin hakkı düşüncesine dayanarak yapılan bir Kürt muhalefeti, bizzat "ulusalcılığın başka bir yüzüdür." Velev ki; Kürt realitesini inkar ve ilga operasyonu, bölgenin yerel halkları tarafından tasarlanmış bir operasyon değil, doğrudan emperyalizmin bölgesel planları adına hayata geçirilmiş bir operasyondur.

Çünkü bahsettiğimiz gibi, tevhidin ana koşulu; ortak yaşam ve sınıfsızlaşma eğilimidir. Ve bugün sınıfsızlaşma eğiliminin önünde duran en büyük güç Batı emperyalizmidir. **Yani;**

Soroslar, Hunthingtonlar, Clintonlar, İsrailler, thik tankler, STK'lar ve onların yerli ajanlarıdır.

O zaman, güncellenmemiş bir kapitalizm/emperyalizm tanımı yapmaksızın geliştirilen "anti-kapitalist muhalefetin" tutarsız olacağı bir gerçektir…

BRÜTÜS SENDROMU 2
ZAMANA PANZEHİR!

Ezberleri bozmak gerekiyor. Velev ki; bu topraklarda bilinen bir gerçek vardır. Ezber bozanlar, yalnızlığa mahkûmdurlar. Şaşa ve ilginin bir noktaya odaklanması, odaklanan ilginin "**hevasınca bir iş yürütüldüğü manasına gelir.**"

Lakin bahsettiğimiz yalnızlık, kimsesizlik değildir. Bu yalnızlık, çöle inişin doğurduğu-**ki bugün bu sokağa sesleniştir**- bir tepkidir esasen...

Brütüs Sendromu 1'de aslında "kilit" bir meseleyi ele aldım. Bu meselenin anlaşılması için yaklaşık 10 yılımız var. 10 yıl sonra, ne söylediğim çok daha iyi anlaşılacak. Bundan zerrece kuşkum yok.

Benim "kapitalizme karşıt konumlanacak bir sol" ümidim yok. Ha şimdi bu cümle şöyle anlaşılacaktır; **sol, teorik olarak zaten kapitalizme karşıyken, nasıl bu tip bir tespit yapabilirsin?**

Evet, kapitalizme karşıdır. Ama hangi kapitalizme?

Bu kilit soru, asrın ruhunu anlama adına yöneltilmiş bir

sorudur. Kapitalizm/Anamalcılık kaç çeşittir ki birkaç kapitalizmden bahsedebilelim?

İslam'ın kapitalizme karşıtlığını yorumlarken, içine düşülebilecek muhtemel bir hatadan dem vurmak gerekiyor.

İslam, hangi tür kapitalizm ile mücadeleyi önceler?

O zaman bu soru için evvela, kapitalizmin türlerinden dem vuralım...

- **Batı tipi Kapitalizm: Emperyalizm**

Daha evvelce belirttiğim gibi; bu süreci üreten yegane neden, Batı'nın verimsiz topraklara sahip olması ve nüfusun yoğun olmasıdır. Bundan dolayı; kapitalizmin gelişim sürecinde biçimsel olarak evrime tabi tutulan bu toplumların "tüketici -leştirilmesi" ve akabinde kaynak ihtiyacının başgöstermesi nedeni ile, verimsiz topraklardan verimli topraklara yönelik "sömürgeleştirme faaliyetleri" baş göstermiştir.

Bugün siyasal sahnede boy gösteren ya da düşünsel icraatlar içinde olan, ancak şu tespitten mahrum olan hiçbir muhalif, doğru atış yapamamaktadır. Bu sorundan ötürüdür ki, bugünün muhalefet tarzı; tamamen başarısız olmaktadır.

Bu kapitalizm tipi, verimli kaynaklara yönelir. Bu kaynakların başına oturmuş unsurları devredışı bırakma yolları arar. Onları, zorbalıkla ya da farklı etkilere maruz kılarak "kaynaklardan uzaklaştırıp" o kaynaklara çöreklenirler. **İşte bu olgu, öznel olarak bugün yaşanmaktadır.**

PEKİ YA SINIFLAR?

Batı dünyasında ortaya çıkan sınıflar, bugün doğu toplumlarında doğrudan karşılık bulamaz. Çünkü bahsettiğim gibi, kapitalizmin evrim süreçleri arasındaki farklılık, ortaya çıkan sınıfsal yapıyı da farklı kılar.

Batıda ortaya çıkan "proleter-burjuvazi" çelişkisi, doğuda geçerli değildir. Çünkü Batı Burjuvazisinin "taşıyıcı bir yönü vardır." Sosyo-kültürel temelde etkin bir sınıftır. Doğrudan sömürücü olarak tanımlamak şöyle dursun, belli bir aşamaya kadar; üretimin ve gelişmenin de teminatıdır. Üst Burjuvazi tabakaları dışındaki katmanlar, sıradan halk yığınlarıdır.

Doğuda ise, alttakiler ve üsttekiler vardır. Arada dev bir uçurum vardır. Bu uçurum öylesine büyüktür ki, **köleciliğin** doğuşu bu coğrafyada baş göstermiştir.

Ancak doğuda kapitalizm batı gibi gelişemez. Çünkü topraklar çok verimlidir, nüfus azdır (gelişim sürecinde öyleydi) ve bölge geniştir. Ve bu bölgenin halkı göçebedir.

Bu yüzden, sömürü karşısında en son çözüm "hicrettir."

Hazreti Peygamber'in hicreti de buna delil olarak gösterilebilir. Çünkü Mekke'den Medine'ye geçiş sonrası, ideal topluma yönelik çalışmalar hız kazanmıştır. Bölgesel bir kültür olan "**anti-mülkiyetçilik**", **Medine'de belli oranlarda yumuşatılarak tatbik edilmiş, infak müessesesi kurumsallaşmıştır.**

Şunda hem, kiriz. Bugünün kapitalizmi, insan sorunundan bağımsız incelenemez. Dünün sömürgeciliği de böyledir.[12]

Yapısal olarak insan, kendisine yabancılaştıkça, halktan uzaklaşır. Terminolojideki şeytan kavramı bu noktada devreye girer. Şeytanlaşma, bireyciliği tetikler ve bireysel özgürlükler adı altında, toplumsal özgürlükler göz ardı edilir.

"şeceratil huldi ve mulkil la yebla"; Kuran'ın yasak ağacı

---

[12] Bkz. 'İnsan Toplum ilişkisinde Putlarımız' adlı makale, www.eren-erdem.com

olan mülkiyet, bu açıdan bir güç aracına dönüşebilecek bir olgudur. (TAHA Suresi 120. Ayet)

Doğu, bu doğal sürecin en doğal formlarda yaşandığı sahnedir. Yani, insanın **"farkındalık ve tekamül serüvenindeki basamaklarından biri olan egoizm/bencillik/sahipçilik süreci, başkalaşmadığı sürece belirli bir işleyiş içinde gelişir."**

Bu gelişim, kuruntuya dayanan bir çoğaltmadan ibarettir. Yani, yoksul olmamak için arttırma ve elde tutma olarak tanımlayabileceğimiz bir süreçtir. Bu yüzden, bu doğal seyrin içinden konuşursak; bu süreç olumlu bir evrime tabi olabilir, bu süreçte ortaya çıkan "tipoloji" bulunduğu durumu aşabilir, tekamülünü tamamlayabilir.

Ama Batı emperyalizmi, kuruntulardan daha çok; zorunluluk ve mecburiyete dayanır. Çünkü kaynaksızlık ve kaynak ihtiyacı; bu sürecin ortaya çıkışını zorunlu hale getirir. İşte bu ince ayrım etrafından baktığımızda;

İslam'ın temel hedefi:

"Gösterişli İftar sofralarında iftarını açan sınıf" değildir. Bu sınıfın varlığını meşrulaştıran ve bu sınıfı kendi sınıfsal karakteri ile bir kılmaya çalışan ikincidir.

Yani, "emperyalizm/kapitalizm"dir.

Somut yüzü ise; ABD-AB-İSRAİL-NATO gibi unsurlardır.

Ama buna "temel hedef" dedim. Çünkü ilk bahsettiğim "iftar muktedirleri" de aynı zamanda bir hedeftir. Fakat savaşımın ana hedefi değildir.

Çünkü bu zümre ile yapılan salt savaşım - ki bu esasında bir sınıf savaşıdır- esas hedefi örten bir süreç doğurur. Bu süreç, sürekli gelişen ve bölgesel "kapitalizmi" yapılandıran, küresel emperyalizmin zaman kazanmasını sağlar.

PEKİ BUGÜN SÖMÜRGECİLER NE İSTİYOR?

Çok iyi bilirsiniz ki, küreselcilerin bir dönemki en büyük hastalığı "anti-siyonizm" idi. Bir bölgede, siyonizme karşıt bir kanal açılmışsa hemen müdahale edilirdi. Bu süreçte en büyük kıstas şuydu;

Bir kimse emperyalizme karşı olabilir. Ama siyonizme karşı olmamalıdır.

Bugün ise koşullar değişmiştir. Çünkü hakim ideoloji, hatta trilyonlar yatırılan ana düşünce olan küreselleşme/emperyalizm, hedefe dönüşmemelidir. Dolayısı ile, sözümona bir kapitalizm karşıtlığı üretmek, bizzat "**kontrol altına alınmış bir muhalefet kurgulamaya eş değer görülmektedir.**" Ki bunun en büyük ispatı, sol-liberal ittifakıdır.

Çünkü bu kapitalizm karşıtlığı, bölgesel "sınıfsızlaşma eğilimidir." Ancak, sınıfsızlaşma dahi değildir. **Çünkü temel hedefinde; bölge burjuvazisi ya da nurjuvazisi vardır.**

Bu karşıtlık, emperyalizm ile çelişmez. Çünkü o kapitalizm ile bu kapitalizm zaten iki farklı olgudur. Çünkü karakteri, yapısı, kişiliği, algısı bambaşkadır. Kökünde mülkiyet vardır evet. Ama dallarında farklı meyveler vardır. Dolayısı ile o ilaç bu ağaca tutmaz.

İşte bu açıdan baktığımızda;

Coğrafyamızdaki içsel sömürgeciliğin temel stratejisi "baskı ve zulüm" iken, küreselleşmeci kapitalizmin/emperyalizmin birçok stratejisi vardır…

Şimdi bu stratejilere göz atalım;

- Bölgesel mahrumiyetin ya da sorunların kökeninde **"ırksal çelişki olduğu" manipülasyonu ve akabinde oluşturulan "ırksal muhalefet."**

- Solun "**ılımanlaşması**", sınıf çelişkilerine boğulması ve antiemperyalist kişiliğini yitirmesi.
- Antiemperyalist çıkışların, bölgesel değerlerle çeliştirilmesi.
- Bölgenin iç dinamiklerinden çıkan (İslam gibi) kapitalizm karşıtlığının, solun tarihsel hastalığına yakalanarak, küreselleşmeci/emperyalist olguyu ıskalayıp, salt sınıfsal bir eleştiri-itiraz ile ortaya çıkması.
- Bölgesel kavram ve değerlerin asimilasyonu, bu asimilasyonun bizzat sermaye tarafından biçimlendirilmesi ve bu operasyon için yapılan yatırımlar.
- Medya, STK ve kitle iletişim araçlarının tamamının işgali, akabinde yukarıdaki izahlara uygun kişiliklerin önde tutularak "**toplumsal dezenformasyon sürecinin inşası.**"

Esasında çoğaltılabilecek olan bu maddelerden en güncel ve uygulanır olanlarını sıraladım.

Tarih ve toplumun en büyük gerçeği, sömürgecinin karakterinin sabit bir süreç olduğu gerçeğidir. İslam'ın bayrağı olan Ebuzer, yaşadığı süreçte hiçbir kitle iletişim aracını kullanamıyor, konuşması yasaklanıyor, lehine şiir yazılmıyor, meydanlarda rahat dolaşamıyor ve her türlü biçimde susturuluyordu. Çünkü bu iletişim araçları, Ebuzer'in gerçek tespitleri nedeni ile esas hedefi somutlayan araçlara dönüşüyordu. Ki bu durum tam bir tehlikeydi.

Bugün de durum böyledir. Çünkü bugün bölgedeki hakim güç, Gülen ya da Badem bıyıklı kodamanlardan oluşan bir oligarşik sınıf değildir. Aksine, hakim güç, kaynağa ihtiyacı olan güçtür. Yani somut karşılığı "küresel emperyalizmdir."

Yani, Rotzchild'dir, Gates'dir, Clinton'dur, Soros'tur vs.dir.

Buna nasıl varıyoruz?

- Bölgesel sermaye odaklarının bağlı olduğu merkezler buralardır. Bu merkezler; yeryüzündeki kapitalin %78'ini kontrol eden merkezlerdir. Yani esas güç; Yeryüzündeki 2 milyar insanın gelirine eş gelir elde eden 200 kişilik çetedir. Ve bu çetenin ortak özelliği, Batı Emperyalizmi/küreselci kategoride olmalarıdır.

Dolayısı ile bu çetenin misyonuna ulaşması için, bu unsurların asli hedefleri ile çelişmeyen bir muhalif algının var olması gerekir…

Tıpkı şuna benzer;

"Şu ulusalcılar yok mu şu ulusalcılar" diyen sıradan vatandaşa;

"**Ulusalcılığın alternatifi nedir?**" diye sorduğunuzda, hiçbir yanıt alamazsınız.

Hatta, Kürt **hareketi** içindeki "anti-ulusalcılık", "**ulusların kaderini tayin hakkı**" söylemine kadardır. Bu noktada tıkanır kalır. Çünkü "**ulusalcılığa dayanan bir dünya görüşü, ulusalcılığa dem vuruyorsa orada iki hedef var demektir.**"

1. **Önerilen ulus, küreselciler tarafından onaylanmış bir ulus demektir.**
2. Bizzat küreselcilerin projesi demektir.

Ulusalcılığın 2 farklı alternatifi vardır;

1. Küreselleşme/Kapitalist Enternasyonel
2. Enternasyonalizm/Sosyalist Enternasyonel

Tabi bu seçenekler, mevcut ideolojik terminoloji dahilindeki seçeneklerdir. 3. bir seçeneğin varlığından bahsedilebilir mi?

Aslında bizim "**tevhid**" dediğimiz olgunun karakteri, tam olarak 3. bir yöntemdir. Çünkü bu iki yapılanma biçimi de kendi iç teorik karakteri ile yapılanmış, deneyimlenmiş olgulardır.

Nihayetinde, deneyimlerle sabit görülmüştür ki Sosyalist enternasyonel deneyimi, bir çeşit "**devlet kapitalizmi**" üretmiştir. **Çünkü kolektivizmin varacağı nokta, "evrimini tamamlamamış toplumlar için" ancak facia olacaktır.**

Ama tevhid, **sınıf savaşından önce; emperyalizm ile savaşı öngörür. Bu da Medine pratiğinde açığa çıkar.** Medine pratiğinde, öncelikle Mekke'deki yapılanmanın askeri yüzü ile hesaplaşma sürecine girişilmiş, evvela dış etki kırılmıştır.

O dış etki kırıldıktan sonra; iç yapılanma süreci başlamıştır. Dış etkeni yok etmeksizin girişilecek bir iç yapılanma süreci, yine başka bir faciaya yol açacağından; tehlikeli bir durum oluşacaktır.

Sınıfsız toplum, iç hesaplaşma ile değil; öncelikli dış müdahalenin imhası ve akabinde "kırılan etkinin ürettiği boşluk **-ki bu boşluk kelimesine dikkat edin-** akabinde yeniden yapılanma" ile ortaya çıkacaktır.

BOŞLUK NEDİR?

Bugün medya kuşatılmıştır. Toplumun bütün kültürel öğeleri ele geçirilmiştir. Din, dil, örf, töre ve toplumu var eden bütün pozitif değerler ve özellikle de kamucu nitelikler imha edilmiştir…

Bunu tezgahlayan "**üstyapı**"; bölgenin üreteceği bir direnişin varlığından endişe ettiğinden, öncelikli pasifleştirme müdahalesi ortaya koymuştur.

Tıpkı şuna benzer;

- Karşınızda bir çeşme var. Ve suyu ele geçirme gibi bir arzunuz var. Suyun etrafındakiler bu niyetinizi biliyor ve size karşı koymalarını sağlayan bir kültürleri var. İlk işiniz, size karşı koymalarını sağlayan değerleri yozlaştırmak olmalıdır. Aksi takdirde başarılı olamazsınız.

İşte bu tarz, Doğu'nun devrim karakterini temelden parçalayan ve yok eden bir hamle olmuştur. Duygu yoğunluğu yüksek beldelerde çevrilen entrikalar, görülmez hal almıştır.

Bizim en büyük sıkıntımız, "**görsel zekamızın işlek olmasıdır.**" Yani bizler okumayız, dinleriz ve izleriz. Bundan ötürüdür ki, doğudan iyi analistler çıkmaz. Analiz yapamama gibi bir sorunumuz var. Bundan dolayı batının bu taktiklerini irdelememiz olanaksızdır. Ve bu sorundan ötürü, yapılan müdahaleyi algılayamaz hale getiriliriz.

Evet, zamanın ruhu kan dökmektedir. Lakin, karşısında duracak gücün bizzat bu ruhu deşifre etmiş olması gerekir. Aksi takdirde, üretilecek iş ve oluşlar, yine bu güce hizmet edecektir.

Spekülasyon toplumuna dönüştürülen toplumumuz, gerçekleri söyleyenlerin yaftalandığı lanetli bir beldenin yığını halini almıştır. Bir beldede eline tek bir kitap dahi almamış insanlar, birilerini "siyaseten suçluyorsa", daha açık haliyle şucu ve bucu gibi ibareler toplum genelinde yayılmış bir ibareye dönüşmüşse;

Küresel paranın sahibi olan ve bu yayılmanın kaynağı olan medyanın da sahipleri olanlar, bunu böyle istemiş demektir. İşte toplumların iç dinamiklerini bu yönde yapılandıranlar, bu sürecin nasıl gelişmesi gerektiğini böyle tayin ederler.

Eşitlik bir ütopya değildir. Lakin her eşitlikten bahseden eşitlik üretemez.

Allah'ın mülkü halkındır. Ama halk olma bilincini idrak edebilen kalabalıklardan bahsediyorum…

ŞAMAR'ÜZZAMAN!

Bu tespitler akabinde İslam'ın reel ideolojiler karşısındaki duruşuna değindikten sonra, İslam-Liberalizm ve İslam-Sosyalizm noktasına da değinerek teorik bahsimizi kapatmamız yerinde olacaktır.

Evvela, İslam ve İdeoloji ilişkisini ele almak gerekir. Öncelikle ideolojinin ne manaya geldiğini bilmemiz gerekir.

"İdeoloji"den kastettiğimiz, toplumsal ve siyasal alana ilişkin olan, Popper'ci anlamda "kapalı" ve normatif bir düşünce sistemidir. İdeolojinin "kapalı"lığı, onun hakikat tekelciliği –yani her şeyi açıklama iddiası- güttüğü için hiçbir farklı/rakip görüşe müsamaha etmemesi anlamına gelir. Bu anlamda ideoloji "dünyevi (bir) din" gibidir (Heywood 1992: 7).

İslam, bizzat bir hakikat tanımı yapmıştır. Kuramsal olarak bunu tevhid düşüncesi ile izah etmiş, şirki karşıt konumlayarak içerik oluşturmuştur. Dolayısı ile bugün, İslam ve Demokrasi, İslam ve Sosyalizm, İslam ve Liberalizm arasında ilişki kurarak tanım üretme çabaları hatalı bir mantık önermesinden ileri gelir.

Yani burada şöyle bir benzetme yapılabilir;

Sosyalizm ve Liberalizm birliği.

Bu tarz sentezlemeler, eşyanın doğasına aykırıdır. Ki ancak şu şekilde yaklaşmak mümkün olur.

İslam ile X görüş arasında benzerlikler var mıdır?

Evet, İslam, ekonomi-politik olarak "sosyalizme yakındır."

Ancak, karakter olarak "liberalizme" tam karşıdır. Çünkü bireysel birikim haramdır ve hiçbir surette, tekel-tröst gelişimine onay veren bir demokrasi algısı ile uzlaşamaz.

Aksine, Liberalizm, İslam'ın savaştığı müşrik ideolojinin bugün aldığı isimdir. Yani sınıfsal farklılıkları meşru gören, sermayenin belirli ellerde gezinmesini öngören bir iktisadi yapı, İslam ile karşı karşıyadır. Bunun detaylarını "*Abdestli Kapitalizm*" adlı eserimizde incelemeniz mümkündür. Peki nasıl oldu da İslam ile Liberalizm ittifak oldu?

Esasında kitabın başından beri anlattığımız hadise budur. Dinin içeriği katledilerek küresel çıkarlara alet edildi. 11 Eylül sonrası, bölgede iki kutup yaratıldı.

1. **Radikal İslam: Bölgeye giriş anahtarı.**
2. **Abdestli Kapitalizm: Bölgedeki direnişi kıran kilit.**

Bu yapılanmalar için yüklü sermayeler harcandı. Büyük yatırımlar yapıldı.

Bu bölümde teorik olarak incelediğimiz meseleyi, yeni bölümde "bu yatırımlar çerçevesinde ele alacağız..."

Dördüncü Bölüm

ŞEYTAN EVLİYACILIĞININ KÜRESEL YÜZÜ

Ey Ademoğlu! Başını sokacak ev,
üstünü örtecek bir hırka ve bir parça ekmek
sana yeter.

(Hz. Muhammed)

İMAM-PAPAZ İŞBİRLİĞİ

1968 sonbaharı boyunca Deniz Gezmiş liderliğinde, "**Tam Bağımsız Türkiye**" için ABD karşıtı eylemler hızlanır. Bugün Saadet Partisi'nin yayın organı Milli Gazete'nin duayenlerinden, o dönem **Bugün gazetesini çıkaran Mehmet Şevki Eygi** ise tüm ülkede, ABD için cihad çağrıları yapmaktadır.

Yalan ve uydurma, bugünkü işbirlikçi basın için nasıl adeta "**farz ve sünnet**" ise, o günlerde de aynı ilkeler geçerlidir. Değil Müslümanlık, en düşük düzeyde ahlak ve doğruluk yoktur ortada. Bugün Gazetesi'nde ABD'ye karşı yapılan eylemler gerici kesime, "Komünistler yine cami bombalandı. Kur'an yaktı" başlıklarıyla lanse edilir.

Vedat Demircioğlu'nun portresinin Beyazıt Kulesi'ne asılmasından, ünlü "**devrimciler Beyazıt'a Kızıl Rus bayrağı astı**" masalını uyduran, yine aynı Mehmet Şevki'dir.

Mehmet Şevki, cahil ve aptal değildir. Uydurmalar, meczupça hezeyanların ürünü değildir. Doğrudan ABD'nin Türkiye'deki askeri istihbarat birimi **JUSMATT'ın** ürünüdür. Bugün bol bol siyonizmden, ABD'den, kapitalizmden bahsedip atıp tutan Mehmet Şevki'nin, kendi ağzından Bugün Gazetesi'ni niçin ve nasıl çıkardığını öğrenelim: "**Bir grup**

hayırsever işadamının, topladıkları paraları adeta emrivaki yaparcasına bana teslim etmesinin ardından, 1966'nın sonbaharında, Ramazan ayının ilk gününe tekabül eden bir günde, Bugün gazetesi yayına başladı."

"Emrivakiyle" eline tutuşturulan gazetenin temel misyonu ise antikomünizm'dir. Ancak burada antikomünizm, sözlük anlamıyla komünizm karşıtlığı değildir. Bugün Gazetesi'nin antikomünizmden anladığı: her türden ilericiliğe ve laikliğe düşmanlıktır. Bu da rastlantı değildir. Çünkü 200 yıllık yapılanmanın adı, Soğuk Savaş yıllarında **antikomünizme** dönüştürülür. Böylelikle hükümetlerin resmi koruması altına girerler.

Bu fikir ise, doğrudan ABD'nin fikridir. Zaten hem Eygi'lerin, hem de diğer işbirlikçilerin ilk ekmek kapıları olan Komünizmle Mücadele Derneği (KMD), bir Türkiye derneği değil uluslararası bir kuruluştur. Merkezi de ABD'dedir. **(Analiz: Ali Özsoy)**

Doğu'yu yapılandıran en önemli etki "**soğuk savaş etkisidir.**" Sovyetler karşısında bölgesel çıkarlarını koruyup kollayan Batı Emperyalizmi, anti-komünist propaganda adına ciddi yatırımlar yapmıştır.

Komünizm ile mücadele dernekleri (ki Erzurum şube başkanı Fethullah Gülen'dir.) yapısal olarak İslam-Komünizm çelişkisi üzerinden kitleleri, anti-emperyalist duruştan alıkoymuştur.

Daha evvelki tahlillerimizde de belirttiğimiz gibi, Müslümanların çağı okuyamamasının temel nedeni, ilgili yapılar nedeni ile, bu jargonları "küfrün tabirleri" olarak algılamış olmasıdır.

Öncelikle Küresel şebekeyi iyi anlamak için "VATİKAN"

üzerinde duralım. Bu konunun en ileri araştırmacılarından Aytunç Altındal'ın şu ifadelerini aktararak devam edelim;

"Vatikan'ın servetinin tam olarak ne kadar olduğu hiçbir zaman açıklanmayan bir sırdır. Yıllık gelirleri bazı kalemlerde açıklanır, yaptığı açıklamalar biraz da abartılarak gösterilir ancak mal varlığı tam olarak asla açıklanmaz. Vatikan tam bir 'Bezirgan' gibidir; daima gelirlerinin azlığından yakınır ama ilginçtir ki her geçen yıl biraz daha zenginleşir, biraz daha fazla para kazanır. Vatikan maliyesi yılda iki kez incelenir. Mali komisyonda kardinaller vardır ve başkan da (Prefektür denir) Amerikalı Kardinal Edmund Szoka'dır.

DÜNYANIN SERVETİ SIR EN KÂRLI ŞİRKETİ

Vatikan şu anda dünyanın en zengin devletlerinden biridir. Ünlü Vatikan uzmanı Peter Hebblethwaite'nin dediğine göre de bu devlet hiçbir özel girişimcinin ya da kapitalistin baş edemeyeceği kadar katı 'Sosyalistçe' kurallarla yönetilmektedir. Aynı uzmana göre bu nedenle Vatikan yeryüzündeki tek Sosyalist Tanrı-Devleti sayılmalıdır. Gerçekten de Vatikan'da hiçbir devletin yapamayacağı bir "sistem" ve yönetim anlayışı yürürlüktedir. Gördükleri işe göre dünyada en az maaş ve ücret alan insanlar buradadır. Buna rağmen toplam 1000 kişiyi geçmeyen Vatikan bürokrasisi, 2500 işçisiyle dünyanın en kalabalık dinsel topluluğunu (yaklaşık 900 milyon) hiçbir aksama olmadan yönetmektedirler. Bu gerçeği yeni öğrenen bir Amerikalı zengin kendini tutamamış ve "Aman Tanrım! Meğer dünyanın en kârlı şirketi Vatikan'mış" deyivermişti. 600 kişinin yönlendirdiği 900 milyon insan koşulsuz olarak Vatikan'a bağlıdırlar ve onun emirlerine tabidirler. Dahası, onu korumak, geliştirmek ve gerçekte daha da zenginleştirmekle yükümlüdürler. Bu emeklerine karşılık Papa'dan alabilecekleri tek "gelir" her Pazar günü Papa'nın onlar adına yaptığı şükran "Duası"dır, o kadar.

DÜNYAYI SARAN AĞ

Vatikan'ın doğrudan ya da dolaylı olarak sahibi olduğu veya yönlendirdiği günlük, haftalık ve aylık 200'den fazla gazete ve dergi, 154 radyo istasyonu veya emisyonu, 49 TV kanalı veya kablolu yayını bulunmaktadır. Bu yayınlar 24 saat süreyle bütün dünyayı bir ağ gibi sarmaktadırlar. Vatikan'ın gelirleri başta her ülkedeki Katolikler'den kesilen Kilise Vergisi; Aidatlar; Bağışlar; Şirket Gelirleri; Hisse Senedi-Tahvil-Bono gelirleri; Bankacılık ve Faiz gelirleri; hediyelik eşya satışlarıyla elde edilen gelirlerden oluşmaktadır. Basın yayından elde edilen reklam gelirleri de epeyce tutmaktadır. Vatikan'ın diğer bir gelir kaynağı da Hıristiyanlığı temsil eden kişileri, örneğin İsa'yı, Meryem'i, azizleri veya sembolleri (Haç gibi) pazarlayarak kazandığı kazançlardır. Bu açıdan bakıldığında Vatikan'ın kendi Tanrısı'nı (İsa) ve dinini en iyi pazarlayan holding olduğu apaçık görülebilir! Vatikan'ın gelirleri sadece bunlar değildir. Vatikan, dünyanın önde gelen birçok şirketinde hissedardır. Çeşitli ülkelerde sayısız gayrimenkulü vardır. Birçok bankanın ortağıdır. Özellikle giyim ve turizm sektörlerinde çok kâr getiren yatırımları vardır. Avrupa Birliği içinde Vatikan'a bağlı olarak çalışan "Katolik Tekstil Sanayicileri Birliği" onun çıkarlarının yöneticisi durumundadır. Benzer şekilde ayakkabı, yiyecek ve enerji ile inşaat sektörlerinde de kârlı yatırımları ve ortaklıkları vardır. Sözün kısası, 200 milyon nüfuslu ABD'yi yönetebilmek için sadece Washington'da 250.000 devlet memuru bulunduğu düşünülürse Vatikan "Mucizesi (!)" daha iyi anlaşılır. İhraç malı olarak sadece "Dualar ve Emirleri" olan bir devletin dünyanın en kalabalık topluluğunu yönetip dünyanın en zengin devletlerinden biri olabilmesi başka hangi sözcükle tanımlanabilir ki...

VATİKAN'DA İKTİDAR KAVGASI

Böylesine zengin ve güçlü bir devletin başında kim olmak istemez ki? Bu nedenle Vatikan'ın içinde sürekli bir mücadele yaşanmaktadır. Vatikan'da etkileri ve güçleri tartışılamayacak başlıca altı akım vardır. Bunlardan ikisi "Laik", dördü "Dinsel" niteliktedir. Laikler OPUS DEI (Tanrı'nın İşleri) ile Malta Şövalyeleri'dir. OPUS DEI, İspanyol asıllıdır ve sadece 65 yıllık bir örgüttür. Buna rağmen günümüzde Vatikan'da en etkili olan "Laik" kurumdur. Gizli bir örgüt olan OPUS DEI'nin tüm üyeleri Katolik meslek sahiplerinden oluşmakta fakat her ülkede örgütten sorumlu bir Kardinal bulunmaktadır. Vatikan pasaportu taşıyan bu Kardinaller'in dokunulmazlıkları vardır ve sadece Papa'ya karşı sorumludurlar. Curia bile bunlara diş geçirememektedir. Malta Şövalyeleri ise öncekinden çok daha eski ve köklü, aristokratik bir örgüttür. Bu da önceki gibi kapalı devre işleyen bir örgüttür ve ününü Türklere karşı Katolik inancını savunarak edinmiştir. İlkin Rodos'ta kurulmuş, burası Osmanlı'nın eline geçince Malta'ya sürülmüşlerdir. Türklüğe ve İslamiyet'e kökten karşı bir örgüttür. İlginçtir ki bu sofu Katolik örgütü ölümünden bir yıl önce Turgut Özal'a özel statü sağlayarak onursal üyelik beratı vermişti!

ENGİZİSYONUN MUCİDİ

Vatikan'ın iç siyasetinde ve çekişmelerinde dört dinsel akım etkili olmaktadır. Bunlardan birincisi, Dominiken tarikatıdır. Bunlar için en önemli olan husus kurum olarak

Kilise'nin sürekliliğinin korunması ve her koşul altında savunulmasıdır. Dominikenler, "Önce Kilise" diyen tarikattır. Aristokratik ama aynı zamanda da gaddar ve dogmatik olmakla tanınırlar. Ortaçağ'ın Engizisyon Mahkemeleri'ni bunlar kurdurmuşlar ve milyonlarca insanı -özellikle de cadı diye nitelendirdikleri kadınları- yaktırmışlardır. Dominikenler'in tam karşısında Fransiskan tarikatı vardır. Bunlar içinse önce Roma'daki Kilise değil, "Önce Hıristiyanlık" gelir. Fransiskanlar yoksullardan yana, din adına karşılıksız çalışan keşişler topluluğudur. Onlar için önce Kilise veya Papa değil, Hıristiyanlığın yeryüzünde egemen olması önemlidir. Üçüncü topluluk Fransiskanlar kadar çalışkan ama Dominikenler kadar acımasız olabilen Cizvitler tarikatıdır. Bunlar Katolik aleminin "Entellektüelleri" konumundadırlar. Bunlar için önemli olan ise "Papalık Makamı"dır. Papaların kendileri veya Kilise'nin kendisi değil, "Papalık Makamı"nın korunması ve savunulması öncelik taşımaktadır. Cizvitler bu anlayışla birçok Papa'ya -halen Papa olan 2. John Paul da dahil- karşı çıkmışlardır. Papaları yücelten OPUS DEI ile Papalık Makamı'nı yücelten Cizvitler kavgalıdırlar. Cizvitlere göre OPUS DEI, Papa-Tapınıcılığı (Papolatry) yapmaktadır. Cizvitler en hızlı misyoner örgütüdür. OPUS DEI dördüncü akımın temsilcisidir. Onlara göre Papa'nın kimliği, Kilise'nin de, Papalık Makamı'nın da üstündedir. Papa, Tanrı-Krallığı'nın kutsal önderidir. Böylesine yüce bir mertebeye erişebilen kişi de elbette "Olağanüstü" bir kişidir. Bu nedenle OPUS DEI, böylesine olağanüstü bir kişi tarafından temsil edilen Vatikan Devleti'ni yüceltir ve Kilise'yi ikinci planda görür. Vatikan Devleti'nin uluslararası "Resmi" ideolojisi ise işte bu dört akımın ortak paydalarıyla oluşturulmuş olan ve tüm Hıristiyan alemini bir çatı altında toplamayı öngören Ekümenizm Hareketidir.

KİRLİ İŞLERİNDE MAFYAYI KULLANAN DEVLET

Vatikan'ın ve Papalığın tarihi sayısız cinayet, entrika ve skandalla doludur. Bugüne kadar gelip geçmiş 263 Papadan kaçının eceliyle, kaçının cinayete kurban giderek öldüğü belli değildir. En yakın örnek, bugünkü Papa'dan önce Papa seçilen ve sadece 33 gün Papalık yapabilen I. John Paul'dur. Vatikan uzmanı araştırmacı David Yallop'un belgeleriyle açıkladığına göre bu Papa Vatikan'ın içindeki bir "Konspirasyon: Fesat Örgütü" ile "P2 Mason Locası"nın ortak girişimiyle öldürülmüştür. Vatikan'da gece sapasağlam yatıp sabaha ceset olarak kaldırılmak su içmek kadar olağan bir durumdur. Vatikan'ın özellikle II. Dünya Savaşı sırasında güçlendirdiği müthiş bir istihbarat ağı vardır. Vatikan'ın içinden çeşitli ulusların -başta Fransa, Polonya ve Almanya- istihbarat örgütleriyle birlikte çalışan Kardinaller çıkmıştır. Bunlardan bazıları daha sonra Papa yapılmışlardır. Örneğin 1978'de eceliyle ölen Papa 6. Paul, gizli istihbarat örgütleriyle içli dışlı olmuş bir Kardinal olarak tanınıyordu. Vatikan "Kirli" işlerinde daima taşeron kullanan bir devlettir. Bu pis işleri temizlemek Mafia'nın görevidir. Vatikan'ın siyaset aleminde de yarı-gizli yarı-resmi desteklediği partiler ve siyasetçiler vardır. Bunlara en iyi örnekler Almanya'daki CDU/CSU (Hıristiyan Demokratlar) ve İsviçre'deki CVP (Hıristiyan Halk Partisi) çizgisidir. Vatikan'ın bu ve diğer birçok siyasi yapıyla, örneğin öğrenci ve işçi kuruluşlarıyla, organik bağları vardır. Bunlara yeri geldikçe değineceğim. Vatikan, BM'de, UNESCO'da, FAO'da, AB'de ve OAS (Amerika Devletleri Örgütü) de "gözlemci" statüsündedir.

"Vatikan nedir?" sorusunun gerçek yanıtı da işte bu ilişkilerdedir. Vatikan, ekonomi-politiğiyle "Devlet Sosyalizmi"ni uygulayan -kendisi sosyalizme karşı olsa da- bir Kilise Devleti'dir. Toplumsal-Tarihsel bağlamında ise işlevleri itibarıyla "Dogmatik-Dinci" bir devlettir. Bu özelliğiyle de günümüzde çok sık kullanılan Fundementalizm'in (köktenciliğin) çağımızdaki en eski ve en güçlü temsilcisidir. Gerçekten de Vatikan, Dünya'da devlet çapında örgütlenebilmiş ilk Fundamentalist Tanrı-Krallığıdır." (Bkz. Aytunç Altındal)

Tarihsel olarak da kilise, feodal güçlerin en önemli destekçisi idi. Yani kapitalist gelişme sürecinin mimarlarından biri idi. Ve bugün de sermaye ile iç içe, kol kola bir yapılanmadır. Ve Esasen dinsel yayılmacılık fikri, dinlerini yayma düşüncesinden ziyade, tepkisiz ve etkisiz kitleler yaratma adınadır.

Desmond Tutu'nun şu yaklaşımı bu durumu özetlemek için yeterlidir;

Batılılar bu topraklara geldiğinde, ellerinde İncil; bizde ise geniş topraklar vardı. Bize, gözünüzü kapatın ve dua edin dediler, açtığımızda bizim elimizde İncil, onlarda ise topraklarımız vardı…

Ve Nurettin Veren, bugün gelişen Abdestli Kapitalizmin ya da Liberal-Molla ittifakının tohumlarının atılış sürecini hiçbir surette "yalanlanamamış" eseri *Kuşatma*'da şöyle ifade etmektedir;

Zaman Gazetesi, Aksiyon, Sızıntı ve bunların baskı tesisleri… Yani, Fethullah Gülen Cemaati'nin Türkiye'de ve dünyada hiçbir cemaatin olmadığı kadar, belki de Vatikan seviyesinde mal varlığı vardır. Bu sistem öyle bir kurulmuş ki, *kimse ona dokunamaz. Yani görünmez bir sistem ve görünmez bir adam. Ama her şey Gülen'in talimatlarına göre yapılır.*

Ne*reye kadar?..*

Mesela, Zaman Gazetesi'nin manşetine kadar!.. Bunların hepsi Amerika'ya her gün fakslanır ve sayfalar onaylandıktan sonra baskıya girer. Orada tam yedi yıl noter belgeli yetkili olarak görev yaptım. Gördüm ki, ayrıntılara kadar her şey onun denetiminde. Birçok kimse, Gülen'in yanlışlıklarının kendinden olmadığını, hastalığından kaynaklandığına inanıyor ve Gülen de sürekli olarak bu şekilde aklanıyor. Halbuki ben de diyorum ki, "Bir kapıya bekçi alınacak olsa dahi Gülen'e sorulup onayı beklenmeden alınamaz!"

Bu derece sağlıklı bir insan… Bir yandan derviş, mistik bir din adamı, adeta 'Mevlana'! Bir yandan bakıyorsunuz, Türkiye'ye mesaj gönderiyor Amerikalardan; "Üst düzey bir devlet yetkilisinden aldığım bilgiye göre, Türkiye yakında kan gölüne dönecek. İstihbarat kuruluşlarının bu durumu önlemesini istiyorum. Buradan haber veriyorum..." diyor.

*Ertesi gün Nazlı Ilıcak, **"Fetullah Gülen iyi bir istihbaratçıdır, bu bilgiyi değerlendirin,"** diyor.*

Yine ertesi gün Emin Girin, TBMM'ye bir soru önergesi veriyor ve diyor ki; "Gülen bu bilgiyi kimden almıştır?.. Kimdir bu üst düzey devlet görevlisi?.. Ve hasta halinde hastane köşelerinde anjiyo yaptırdığını söyleyen, bu görüntüleri Samanyolu TV'den yayınlatan adam nasıl oluyor da dünyanın her meselesi ona gidiyor ve oradan Türkiye'yi yönetecek fikirler üretiyor. Bu görevlinin kim olduğunu, bilgiyi kimden aldığını açıklasın. Nurettin Veren'in açıklamalarına TBMM cevap versin."

İçişleri Bakanı Abdülkadir Aksu da "Araştırıldı, mühim *bir şey yok," diyor. Bunların hepsi TBMM zabıtlarında vardır. Aksu, zaten Gülen'le sürekli görüşüyordu. (Bkz. Nurettin Veren – Kuşatma)*

Bu bilgiler nereden geliyor? Kim veriyor? Ve Nazlı Ilıcak

halen sağ olduğuna göre, bu konuda ne diyor? Ve ilginç yaklaşımlar;

CIA YETKİLİSİ Graham Fuller kendi kitabında şunları yazıyordu:

"Bu hareket, halen Fethullah Gülen'in liderlik ettiği en geniş ve en etkili kanadın adına izafeten çoğunlukla Gülen hareketi veya Fethullahçılar (Fethullah takipçileri) olarak bilinmektedir. Nur hareketi yetmiş yıldan fazla bir süredir sahnededir, şu anda Türkiye'deki en geniş organize dini harekettir, dünyada da en genişlerinden biridir. Gülen, özellikle hareketin enerjisinin büyük bir kısmını, niteliği itibariyle hemen hemen evrenselci ve geniş manevi öğretilere dayalı olarak, "İslam'a modernist bir bakışla yaklaşacak okulların açılması ve çalışma gruplarının kurulması" da dahil, eğitimle ilgili çabalara yöneltmektedir. Eğitim üzerindeki bu odaklanma hareketin, bilim ve teknoloji dahil bütün alanlarda eğitim ve bilginin dinle asla çelişmeyeceği, olsa olsa Allah'ın varlığı inancına ve kainatın var ediliş amacının anlaşılmasına hizmet edeceği inancını göstermektedir. Hareket toplumda daha yüksek bir manevi bilinç düzeyi oluşturmaya, böylelikle zaman içinde daha aydınlanmış bir yönetişime önayak olmaya gayret etmektedir. Klasik Şeriat (İslam'ın muamelat ve adalet esasları), hareketin düşüncesinde merkezi bir rol oynamaz; esasen Şeriat, geniş anlamda, Allah'ın engin muradının yerine getirilebilmesi için yürünecek "yol" (Şeriatın kelime anlamı) olarak anlaşılmaktadır. Nur üyeleri yerçekimi yasasını bile, örneğin, Şeriatın unsurlarından biri olarak tarif ederler. Hareket İslâmi metinlerde, onların literal emirleri içinde değil de orijinal uygulamaları çerçevesinde, bugünün yeni çerçeveleri ışığında yorumlanarak anlaşılmasını sağlamak üzere, ciddi oranda içtihat (yorum) yoluna başvurur. (Yani İslam'ı çağın şeytani şartlarına uydurur.) Bu anlamda da hareketin görünümü son derece modernisttir. (Yani Fethullahçılar Adil Düzen, İslam Birliği gibi Siyonizm için tehlikeli düşüncelere sahip değildir.)

Fethullahçı Nur hareketi görüşlerinde rasyonalisttir ve çoğulcu bir toplum içinde Allah'ın yarattıklarının görkemli çok yüzlü düzenini ifade eden bütün öteki dini (hatta dini olmayan) görüşlere karşı hoşgörülü olmaya büyük önem verir. Fethullahçıların Türkiye'de 236 ilk ve ortaokul, özellikle eski Sovyet bloğuna dahil ülkelerde olmak üzere dışarıda 280 okul açmış olduğu, buralarda İngilizce ve Türkçe kaliteli seküler (din dışı) eğitim verildiği bildirilmektedir. 200 dolayında dini vakıf ve 211 ticari şirket bu faaliyetleri finansal olarak desteklemektedir.

Her ne kadar Fethullahçı Nurcuların bir siyasal parti kurma niyetleri yoksa da, hareketin liderleri anahtar meselelerde nasıl oy kullanmak gerektiği konusunda milyonları bulan takipçilerine bağlayıcı olmayan tavsiyeler iletmektedir. (Yani Siyonistler, milyonları, ağabeyleri vasıtasıyla gütmektedir.) Üyeleri birçok farklı geleneksel Türk siyasi partilerinde, İslamcı partilerde ancak çok hafif olmak üzere temsil edilmişlerdir. Nur hareketinin bütün apolitik niteliğine rağmen, Türkiye'nin radikal laikçileri, özellikle askeri liderler, bu hareketi, sahip olduğunu iddia ettikleri "uzun vadede dini aktivistleri devlete yerleştirmek ve sonunda devleti ele geçirmek" niyeti açısından yıkıcı ve hatta tehlikeli olarak görmektedir. Tam da Nurcuların savunduğu şeyden korkuyorlar -insanların kalplerini değiştirmek suretiyle toplumun aşağıdan yukarıya tedricen İslâmileştirilmesi! (İyi de, TSK mı ABD'nin güdümünden çıkmıştı, yoksa Fethullahçılar mı Yahudi Lobilerine kiralanmıştı? Veya Siyonist zalim Graham Fuller mi

Müslümanlaşmıştı da, Türkiye'de İslam'ın gelişmesine böylesine sahip çıkmaktaydı?) Bunun sonucu olarak, Fetullahçı Nurcular düzenli bir şekilde ordudan ve devlet kurumlarından tasfiye edilmekte, hareket ve kurumları taciz edilmekte ve mahkemelere gönderilmektedir" *(Siyasal İslam'ın Geleceği*, Sf.220-223)

ABD'li öğretim üyesi eski FBI danışmanı Paul L. Williams 2010 Nisanında Fethullah Gülen hakkında önemli bir makale kaleme aldı. Siyonizm karşıtı olarak tanınan ve yanlış politikalar yüzünden ABD'nin başına bela açtığını savunan Williams'ın makalesinin ardından Fethullah Gülen'in yaşadığı Pennsylvania'da yayın yapan sağcı gazete Pocono Record, Gülen'in kaldığı çiftliğe giderek çiftliğin görüntülerini çekip yayınladı. Görüntüler Türk basınında da yansımıştı.

Gülen'in lise diploması bile bulunmuyor.

Makaleyi yazan Williams 29 Nisan'da makalesinin ikinci bölümünü yayınladı. Oldukça sert bir dili olan makalede Williams "**CIA'nın uzun yıllardır Gülen'i desteklediğini**" yazmıştı.

Williams'ın "**Evrensel Hilafet Pennsylvania'dan mı Çıktı? CIA Bir İslamcının İhtiyaçlarını Mı Karşılıyor?**" başlıklı yazısına göre: "Dünya üzerindeki en sinsi ve etkili İslamcı' olarak adlandırılan Fethullah Gülen, CIA eski ajanı Graham Fuller ve Birleşik Devletler Dışişleri mensupları sayesinde daimi oturma izni aldı ve Pennsylvania'daki kalesinde artık ömrünün sonuna kadar rahattı".

Fetullahçıları CIA finanse ediyor!

Williams yazısının ilginç suçlamalarda bulunduğu için yayınlayamadığım bölümünde, "**CIA'in bir dönem uyuşturu-**

cu kaçakçılığından elde ettiği paralarla Fethullah Gülen'i finansa ettiğini" iddia edecek kadar ağır ifadeler kullanmıştı.

Yazar CIA'nın neden Gülen'i desteklediği sorusunu ise; "Gülen bu parayla gelişmekte olan ülkelerin petrol ve doğal gaz rezervlerini kontrol altına alabilmek için Özbekistan, Azerbaycan, Kazakistan, Türkmenistan ve yeni kurulan Rus cumhuriyetlerinde radikal medreseler ve cemaatler kurdu" şeklinde yanıtlamıştı.

CIA eski ulusal istihbarat konseyi başkan yardımcısı **Graham Fuller**, Gülen'in daimi oturma izni başvurusu için tavsiye mektubunu bu işte bu nedenle veriyor. Fuller şu anda düşünce kuruluşu RAND için danışmanlık yapıyor.

Kuruluşun diğer danışmanları arasında dışişleri eski bakanları Henry Kissinger ve Condoleeza Rice, Savunma Eski Bakanı Donald Rumsfield, Savunma ve Enerji Eski Bakanı James Scheslinger da bulunuyor.

Savunma Bakanlığı için analizler yapan sözde "düşünce kuruluşu" **RAND, bir CIA hareketi damgasını taşıyor.** Fuller geçmişte, diğer radikal İslamcı hareketlere müsaade etmesiyle de tanınıyor. Tebliğ Cemaatini "halka öğütler veren barışçı ve apolitik bir hareket" olarak değerlendiriyor. Şeyh Mübarek Gilani, Tebliği Cemaati misyoneri olarak 1969 yılında Birleşik Devletler'e getiriliyor. On yıl sonra Cemaat ül Fukra'yı kuruyor ve islamcı militer yapılanmaları ülkenin her yerine yayılıyor.

Yahudi ve CIA şefi Abromowitz de yer alıyor.

Williams yazısında Fethullah Gülen'e referans veren diğer ABD'li isimleri de şöyle eleştiriyor:

"Ama Gülen'in başvurusu için sadece Fuller değil dışişleri

eski bakan yardımcısı Marc Grossman ve ABD'nin Türkiye eski büyükelçisi Morton Abramowitz de tavsiye mektubu yazıyor. Onların tavsiye mektuplarının içeriği daha şaşırtıcı ve rahatsızlık uyandırıcı görünüyor."

Williams yazısının sonuna şöyle de bir not düşüyor: **"Yazıları takip etmeye devam edin. En kötüsü daha gelmedi."**

Rusya iç Güvenlik Örgütü FSB Başkanı Nikolay Patruşev, 17 Aralık 2002'de Türk basınında yer alan açıklamasında, gerçekleştirdikleri en başarılı etkinlikler arasında "Türk casusların deşifre edilmesini" de sayıyordu. FSB Başkanı 2002 yılı etkinlik raporunda Fethullah Gülen okullarında çalışan öğretmenlerin casusluk faaliyetlerinin deşifre edildiğini belirtiyordu. FSB Başkanı açıklamasında: okulların sahibi konumundaki Tolerans, Serhat ve Ufuk vakıflarının isimlerini veriyordu.

Bunun üzerine Rusya'nın Başkurdistan Özerk Cumhuriyeti'nde Fethullah Gülen okullarındaki 10 öğretmen Haziran 2003'te sınır dışı ediliyordu. Ayrıca Başkurdistan Milli Eğitim Bakanlığı'nın sınır dışı edilen öğretmenlerin görev yaptığı okulu kuran «Serhat» Vakfı ile tüm anlaşmalarını iptal ettiği de belirtiliyordu. Bu olaydan sonra, Buryatya Cumhuriyeti'nde de, Fetullah Gülen okulu hakkında soruşturma başlatılıyordu.

Milliyet gazetesi Moskova muhabiri **Cenk Başlamış**, 7 Eylül 2003 tarihli haberinde, Rusya'da Fethullah Gülen okullarının temsilcisi konumundaki Tolerans Vakfı Başkanı Mustafa Kemal Şirin'in sınır dışı edildiğini duyurmuştu.

Haberde: "Şirin, hafta içinde Rus havayolları Aeroflot'a ait bir uçakla geldiği Şeremetyova-2 Havaalanı'ndan giriş yapmak istedi, ancak pasaport kontrolü sırasında 'Rusya'ya girişi yasak olduğu' gerekçesiyle ülkeye girişine izin verilmedi. Yasaları çiğnediği gerekçesiyle Rusya'ya girişi 5 yıl yasaklanan Şirin, geceyi havaalanında geçirip, ertesi gün Türkiye'ye gönderildi. Tolerans Vakfı Başkanı Şirin, **Rusya'nın Türk okullarıyla bağlantılı olarak şimdiye kadar sınır dışı ettiği en üst** düzeydeki temsilci" deniyordu.

Bu enteresan ilişkiler içerisinde, ideolojik bazı faaliyetler yürütüldü. Bunların başında dinler arası diyalog gelmektedir.

DİNLER ARASI DİYALOG!

2006 Yılında Vakit Gazetesi'nde yapılan bir haber şöyleydi;

Dinlerarası diyalog ve misyonerlik araştırmalarıyla bilinen Ondokuz Mayıs Üniversitesi Dinler Tarihi Öğretim Üyesi Doç. Dr. Mahmut Aydın, dinlerarası diyalog oyununa karşı Müslümanlar'ın uyanık olmasını isteyerek, "Dinlerarası diyaloğu ortaya çıkaran 2. Vatikan Konsili belgesinde İslâmiyet'e yer verilmiyor. Dinlerarası diyaloğun bizimle bir ilgisi yok" dedi.

Doç. Dr. Mahmut Aydın, Hıristiyanların, özellikle Katolik ve Protestanların 19. yüzyılda bütün dünyanın Hıristiyanlaşacağına inandığını, 19. yüzyıl bittiğinde hiç de öyle bir hedefe ulaşamadıklarını söyledi. Aydın, bunu gören Katolik Kilisesi'nin kendisine "Biz nerede yanlış yaptık? Ekonomik güce rağmen neden Hıristiyanlığı yaygınlaştıramadık?" sorularını sorduğunu ve bu soruların ardından dinlerarası diyaloğun doğduğunu kaydetti.

1962-1965 yılları arasında 2. Vatikan Konsili'nin düzenlendiğini, bu konsilden Müslümanlar ile ilgili olumlu bir karar çıkarma düşüncesi bulunmadığını ifade eden Aydın, "Bu konsili toplayan Kardinal Bea, Yahudiler ile ilgili olumlu bir rapor hazırlanmasını istedi. Hazreti İsa'yı öldürmekten sorumlu tuttukları ve Nazi soykırımı da dahil eziyet yaptıkları Yahudiler ile aralarında iyi ilişkiler kurma düşüncesi doğdu" diye konuştu.

Hazırlanan rapor alt komisyona gönderildiğinde, İslâm ülkelerinden katılan kardinallerin buna itiraz ettiğini ve bu belgenin kabulünün İsrail'in tanınması anlamında olduğunu belirterek, bu rapor yüzünden İslâm ülkelerinde faaliyetlerini sürdüremeyeceklerini söylediğini açıklayan Aydın, şu bilgileri verdi: "Bunun üzerine rapora Müslümanlar ile ilgili bir paragraf ekleniyor. Yalnız bu paragraf İslâmiyet ile değil Müslümanlar ile ilgili.

Raporda İslâm kelimesine hiç yer verilmiyor. Ama maalesef Türkiye'de diyalogla ilgili yazanlar, 'İslâm ile ilgili şöyle şöyle denildi' diyor. Hayır, böyle bir şey yok. Raporda; 'Müslümanlar iyi insanlar olabilir. Müslümanlar içerisinde ahlaklı, namuslu, dürüst insanlar olabilir. O insanlar kurtuluşa erecekler. Ama onların kurtuluşa ulaşması da sahip oldukları dinden olmayacak. Onların içindeki İsa Mesih aşkından dolayı olacak' deniyor. Yani beni Müslüman birey olarak ele alıyor. İyi eylemlerimin İsa'dan dolayı olduğunu kaydediyor. Bunların İslâm ahlakından kaynaklandığını söylemiyor. Yani son ve hak din olan İslâm'ı reddediyor.

Dinlerarası diyalog, Dünya Kiliseler Birliği ve Katolik Kilisesi'nin yürüttüğü faaliyetler zinciridir ve kiliselerin diyaloğudur. Bu faaliyetlerin amacı misyonerlik. Hıristiyanlığın daha iyi tanınıp bilinmesini sağlamaktır. Hıristiyanlık tanınıp bilinemiyorsa, en azından Hıristiyanlığa sempatiyle bakılması amaçlanmaktadır. Amaç budur. Bunun bizimle ilgisi yok." (Vakit Gazetesi)

Elbette Vakit Gazetesi'nin diyalog meselesine bakışı, bazı dinsel hassasiyetler noktasındadır. Biz de bir Kuran mümini olarak aynı hassasiyeti taşırız.

Bir önceki kitabım *Nurjuvazi'de* değindiğim diyalog, Vatikan tarafından başlatılmış bir projedir. Redemptorios Missio adlı kurtarıcı misyon manalı bir çalışmanın ürünüdür. Ancak temel amacı "Hıristiyanlığı yaymak değildir."

Dinlerarası diyalog, küreselleşme nazarında; tek dünya toplumunu yaratma için geliştirilmiş bir projedir. Ve baskın dinsel algının Hıristiyanlık olarak konumlandırıldığı bir oyundur. Bunun temel nedeni, Hıristiyanlığın; kapitalist gelişim sürecinde etkili bir araç olarak kullanılışı, afyon yüzü ve sermaye ile sorunsuz konumlanışıdır.

Dolayısı ile, Hıristiyanlaştırılmış İslam (Hırislam) düşüncesi üzerinden hareketle, diyalogcular; hoşgörü ve barış söylemi üzerinden "globalizm/küreselleşme" söylemine angaje olmuşlardır.

Hatta bunun en belirgin delili;

Diyalogcuların, liberaller ile ittifakıdır.

Liberal Yazar Mustafa Akyol'un 18 Şubat 2009 tarihinde Star gazetesinde yazdığı makalede sarf ettiği sözler genel olarak tabloyu çiziyor;

"Madem Zaman gazetesi bu kadar liberal, madem başörtü özgürlüğünü savunuyor, o zaman aykırı görüşlere de ilan sayfalarında yer vermesi gerekmez mi?"

Bu liberalleşme eğilimi, bizzat kökü dışarıda olan bir projedir ve diyalog bunun bir ayağıdır. Şimdi bu projenin teferruatlarını ele alalım…

RADİKAL VE ILIMLI İSLAM

11 Eylül tezimi hatırlatayım. 11 Eylül'de ABD kendi kulelerini "Radikal İslam" patenti ile vurarak bölgeye girmiştir. Bölgedeki direniş ise "Ilımlı İslam" patenti ile kırılmıştır.

11 Eylül sonrası da bin Ladin ailesi ile dönemin ABD Başkanı George W. Bush ve Başkan Yardımcısı Dick Cheney arasında ticari işbirliğinin bulunduğu ortaya çıkmıştı.

Wolfowitz tarafından Ruslarla savaşması için kendisine elden silah verilen Usame bin Ladin, bölgesel planlara entegre işler yapıyordu.

15 Mayıs 2011'de İran'ın resmi haber ajansı IRNA'nın haberine göre, Ahmedinejad, Tahran'da yapılan "Terörizm" konulu uluslararası konferansa katılan yabancı misafirleri kabulünde yaptığı konuşmada, Bin Ladin'in öldürülmesi konusuna değindi. Bin Ladin'in terörizmle mücadele için değil, ABD iç siyasetinde halkın dikkatini çekebilmek ve oy avcılığı için öldürüldüğünü ifade eden Ahmedinejad, "Elimizdeki kesin bilgilere göre, Bin Ladin öldürülmeden uzun bir süre önce Amerikan güçlerinin elinde ve kontrolündeydi" dedi.

Ahmedinejad, ABD eski Başkanı'nın, ülke ekonomisini kurtarmak ve oy için Ortadoğu'ya saldırdığını ve bir milyon kişiyi öldürdüğünü, onun halefinin de aynı yöntemle iş başına geldiğini söyledi. Dünyadaki sultacı ve sömürgeci güçlerin yıkılış sürecine girdiğini belirten Ahmedinejad, "Dünyadaki adil olmayan düzen, mühürlerin (başkanların) değişmesiyle ortadan kalkmayacak" diye konuştu.

Ahmedinejad, "ABD ve siyonist rejim (İsrail) gidicidir. Kendimizi adaletle dolu bir dünya için hazırlamalıyız" dedi. İran Cumhurbaşkanı, Bin Ladin'in İran'da olduğuna yönelik söylentilerle ilgili olarak da Amerikan ABC televizyonuna verdiği demeçte, "Bin Ladin, Washington'da yaşıyor. Zira onun eski ABD Başkanı George W. Bush ile iyi ilişkileri vardı. Onlar petrol alanında işbirliği yapıyorlardı. Ama Bin Ladin'in İran ile hiçbir zaman işi olmadı" ifadelerini kullanmıştı.

Radikal İslam, bölgeye giriş anahtarıydı. Ve gayet başarılı oldu. Ve önceki bölümlerde ifade ettiğimiz "Afyonlaştırılmış İslam" ise, bölgesel direnci kırma projesi olarak hayata geçirildi. Ve ABD bölge kaynaklarını sömürme yolunda önemli adımlar attı.

Bugün, maalesef bu konjonktür ayaktadır. Hakimdir...

Ve bu Şeytan Evliyaları ne yaptı?

Gerçekleri alaşağı ederek kavramları yok ettiler. Yeni bir din ürettiler. Ve bu coğrafyaya monte ettikleri diktatörleri, demokrasi projesi kapsamında alaşağı ederek bölgede "liberalleşme sürecini hızlandırdılar."

Bu bölümün sonunda, Turuncu Devrimleri ele alarak diğer bölüme geçelim...

TURUNCU DEVRİMLER

Tunus Devrimi(!) öncüsü sivil(!) toplum kuruluşlarının Soros kuruluşu NED'den aldığı fonları açıklayalım;

Özgür Düşünce için El Cahid Forumu (AJFFT); 2009'da 131.000 Dolarlık NED fonundan yararlandı.

Eğitimi Güçlendirme Derneği (APES); 2009'da 27.000 dolarlık NED desteğine mazhar oldu. Tunus'ta ilk öğretim öğretmenlerine 'demokrasi' kültürü aşıladı!

Muhammed Ali Eğitim Araştırma Merkezi (CEMAREF); Aynı yıl NED'den 33.500 dolar fon aldı. Genç Sivil grubun 10 kişilik çekirdek kadrosunu eğitildi, yaşları 20-40 arasında değişen 50 kişilik 'aktivist'in yerel gezileri desteklendi.

Kaynak:http://www.ned.org/where-we-work/middle-east-and-northern-africa/tunisia

Bu kuruluşlar, devrim sürecinde başı çeken etkin kuruluşlardır. Bu kuruluşların ortak özelliği; "liberal demokrasiyi savunuyor olmalarıdır." Yani ideolojik olarak "özgürlük" fetişizminin müptezeli olmuş örgütlerdir. Sürekli işiteceğiniz söz "özgürlüktür." Ama eşitlik yoktur. Çünkü eşitlik bir soğuk savaş dönemi jargonudur.

Afrika devrimleri öncesinde hiçbir batı medyası, bu coğrafyadaki eylemlerin haberini yapmamıştı. Mesela 2006 yılında Mısır'da çok büyük kitleler yürümüş, batının kılı bile kıpırdamamıştı. Çünkü o yürüyüşler, ideolojisi olan yürüyüşlerdi. Sendikalar, işçi örgütleri yürümüş, hak talebinde bulunmuşlardı.

Öte taraftan Hüsnü Mübarek, Afrika'nın gördüğü en Amerikancı liderdi. İsrail'in Gazze operasyonlarına adeta destek vermiş, ABD yanlısı bir yönetim algısı dayatmıştı.

Peki, neden Mübarek indirildi?

Mesele Mübarek'i indirmek değil, halkı devrime inandırmak, değişim-devrim düşüncesini, özgürlüğü, ulusçuluğa karşı konumlanmayı, yani küreselleşmeyi inşa etmektir. Ve bölgesel planlar gereği, coğrafyayı yeniden yapılandırma, BOP kapsamında işler yürütme gerekliliğidir

Bizim bu isyanlara bakış açımız şudur;

Bölgedeki diktatörlerin tamamı ABD'cidir. Halkın özgürlüğünü talep etmesi bir haktır. Batının müdahalesi şu yöndedir;

İsyanları, ideolojisizleştirmek, sadece saldırı ve devirme güdüsü üzerinden halkı sokaklara dökmek ve akabinde boşluk yaratmak.

Biz, halkların isyan hakkına itibar ederek: bu isyanları bir ideolojik perspektif kazandırarak genişletme gerekliliğinden bahsediyoruz. Yani halk isyanları, isyan edilen unsurun ardındaki büyük gücü de hedef almalıdır. Ve özgürlüğün, ancak eşitlik ile temin edileceği anlaşılabilmelidir. Ve özellikle de, sermaye karşısında konuşlanmayan bir özgürlük paradigmasının (liberalizmin) salt kölelik olduğunun farkına varmak gerekmektedir.

Yani bu devrimler halkın yanında değil karşısındadır. Çünkü kapitalist çıkarlara hizmet eden değişimler üretmişlerdir.

Peki, bu bölümde incelediğimiz meseleler arasındaki ilişki nedir?

Evet!

1. **ABD Radikal İslam ile bölgeye girdi.**
2. **Ilımlı İslam ile "ideolojik direnci kırdı."**
3. **İslam ile liberalizmi müttefik kıldı (Dinler Arası Diyalog)**
4. **Küreselci bir Müslüman zihin yarattı (Abdestli Kapitalizm)**
5. **Ve bu zihin sınıfsal evrimini tamamlayıp, bölgesel güce dönüştü (Nurjuvazi sınıfı)**

Bizim genel tahlilimiz bu yönde olup, bu bölümde sunduğumuz delil ve gözlemlerimize dayalıdır...

Beşinci Bölüm

BAZI MEŞHUR ŞEYTAN EVLİYALARI

Dünya adamı olmayın.
Zira bugün amel var hesap yok.
Yarın hesap var, amel yok.

(Hz. Ali)

MUAVİYECİ ULEMA:
KAB'ÜL AHBAR VE
VEHB İBNİ MÜNEBBİH

Peygamber'e iftiranın meslek haline dönüştüğü Emevi zulmünün ulema sınıfının başında bu iki isim gelir. Bu ulemanın başı olan Kab, peygamberin vefatından sonra İslam'a girmiştir. Hz.Ebubekir veya Hz.Ömer döneminden birinde Müslüman olduğu iddia edilir.

Kab, Allah elçisini "hiç görmediği halde" sayısız "hadis nakletmiştir." En meşhur hadislerinden biri, Tırmızi, Ebu Davud, Buhari gibi ravilerin "aldığı" şu hadistir;

"**İsrailoğlullarından hadis naklinde bulunun, bunda zarar yoktur**" hadisidir.

Kab, bütün nakillerini bu hadise bina etmiştir. Bu nakil tamamen uydurmadır. Çünkü, bu sözü peygamberden işittiğini söyleyen ikinci bir kişi daha yoktur! Ancak Kab, bu uyduruk hadise dayanmak sureti ile tonlarca hadis nakletmiş ve bu nakilleri ile İslam dinini tahrif etmeye teşebbüs etmiştir.

Kab, sadece hadis nakletmemiştir. Ebu Hureyre, Abdullah bin Amr, İbni Abbas, İbni Ömer gibi meşhur isimlere dersler vermiştir. Ancak, Hz. Ömer döneminde, Halife Ömer, Ebu Hureyre'ye gösterdiği tavrı aynen Kab'a da göstermiştir. Defalarca konuşmasını yasaklamış, hadislerini yaktırmış, sürgün ile tehtid etmiştir.

Hatta o kadar büyük bir baskı altına alınmıştır ki; Kab'ı inceleyen Mahmut ebu Reyye şunu ifade eder;

"Hz.Ömer'in bu dahi Yahudi'yi akıllıca ve ısrarlı bir şekilde izlemesi ve ileride de göreceğimiz üzere birtakım çirkin emellerinin farkına varmasına rağmen sonunda o dehasının gücüyle Hz.Ömer'in uyanık ve iyi niyetli oluşuna galip gelmiş, gizli ve açık tuzağını kurmaya devam etmiştir. İş Hz. Ömer'in katledilmesine kadar varmıştır! Elde varolan verilerin hepsi, bu olayın gizli bir cemiyetçe tertiplenmiş olduğunu göstermektedir. Büyük bir deha olan Kab'ın da üyelerinden biri olduğu bu cemiyetin başkanı Hürmüzan'dı. Malum olduğu üzre Hürmüzan, Huzistan'ın kralıydı ve Medine'ye esir olarak getirilmişti. Hz. Ömer'i katletme görevi ise Ebu Lülüe'ye verilmişti…" (Mahmut Ebu Reyye, *Muhammedi Sünnetin Aydınlatılması*, sf. 171)

Kab, Halife Osman zamanında "Altın Çağını" yaşamıştır. Resmen ulema olmuştur. Ancak, Hz.Ömer'in bu cenah ile olan mücadelesi iyi irdelenmeli, incelenmelidir.

İbni Hacer'in İsabe'sinde (5/323); Muaviye'nin, Hz.Ömer'in yasakladığı Hureyre ve Kab'a destek verdiği, onların hutbe okumalarını emrettiği yazılıdır…

Bu isimlerden bir diğeri de; "Vehb ibni Münebbih"tir.

İslam Tarihinde 2 numaralı yalancı bu Yahudidir. Kendisi, palavracılıkta yeni bir çığır açmıştır. Hiç görmediği peygamber ve sahabelere atıf yaparak hadis uydurmuştur. Hatta Ebuzer adına bile hadis uydurduğu söylenir!

Ebu Hureyre, İbni Ömer ve İbni Abbas kendisinden hadis nakletmiştir. İslam Tarihinin en önemli isimlerinden biri olan İbni İshak dahi, ana kaynaklarından biri olarak Vehb İbni Münebbih'i gösterir.

Reşit Rıza, *Mecellet'ül Menar* adlı eserinde, bu iki ismi şöyle tahlil eder;

"İsrailiyat rivayet eden ve Müslümanları kandırıp aldatanların en şerlileri bu iki isimdir. Yaratılış, tekvin, Peygamberler, geçmiş ümmetler, fitneler, kıyamet ve ahiret meseleleriyle ilgili olarak tefsir ve tarih kitaplarında yer almayan hiçbir hurafe yoktur ki, altında bu iki ismin imzası bulunmasın. Bu kişilerin rivayetleri arasında Tevrat ve diğer Semavi kitaplara dayandırdıklarını iddia ettikleri nakiller bu kitaplarla çeliştiğinden dolayı, birçoklarının yalan oluşu hususunda kesin hükme vardık. Kuşkusuz önceki alimlerin bunların farkına varması mümkün değildi. Zira onlar Ehl'i Kitabın kitaplarına hakim olamamışlardır. Kuşkusuz bu iki Yahudi'nin rivayetlerinin çoğunluğu İsrailiyat kaynaklı hurafeler olup, tefsir ve diğer sahalarda yazılmış kitapları bulandırmışlardır. Bunlar sayesinde İslam düşmanı mülhidler, İslam'ın da diğer dinler gibi hurafeler ve evham dini olduğunu iddia etmişlerdir."

Bu iki isim, İslam'ın başına gelmiş en büyük fitnedir. Ve bugün dahi "hadis kaynakları, bu isimlerin rivayetleri ile doludur."

Bizim çağrımız, aklı selim alimlerin, hadis kaynaklarını bu yalancı madrabaz, sahtekar bozguncuların naklettiği hurafelerden temizlemek üzre bir araya gelmesi, konsüller, çalışma grupları yapılandırmasıdır…

Ancak Reyye'nin tespitleri çok mühimdir. Anlaşılmaktadır ki bu isimler, bizzat "dış güçlere hizmet etmektedir."

Güncel isimler üzerinden, bu geleneği sürdüren bazı isimleri analiz edelim…

AMERİKANCI SAİD NURSİ!

Bu bahsi bazı sorular ile açmak daha sağlıklı olacaktır;

1. *Risale'i Nur* denen kitaplar kutsal mıdır, değil midir?
2. *Risale'i Nur* denen kitaplar kutsal ise Allah Kur'an'dan sonra bir başka ilahi kitap göndermiş olur ki bu idda yeni bir din, yeni bir ilahi kitap ve yeni bir peygamber demek değil midir?
3. Risale'i Nur denen kitaplar kutsal değildir deniyor ise; Şualar, Birinci Şua, c. I, s. 833.de geçen "*Resailin Nur dahi ne şarkın malûmatından, ulûmundan ve ne de garbın felsefe ve fünunundan gelmiş bir mal ve onlardan iktibas edilmiş bir nur değildir. Belki semavî olan Kur'an'ın, şark ve garbın fevkindeki yüksek mertebe-i arşîsinden iktibas edilmiştir*" cümlesinin ne anlama geldiğini düşünüp Said Nursi'ye göre bu risalelerin arştan inen kitaplar olduğunu öğrenmeleri gerekmez mi?
4. Said Nursi bilgi birikimini ölmüşlerden, rüyalarından ve vehimlerinden mi edinmiştir?

5. Said Nursi bilgi birikimini ölmüşlerden, rüyalarından ve vehimlerinden edinmişse Kur'an'a göre böyle bir bilginin gerçekliği, güvenilirliği ve sahihliği ne ölçüde doğrudur?
6. Said Nursi bilgi birikimini ölmüşlerden, rüyalarından ve vehimlerinden değil de alimlerden edinmişse (bunlar kim ve eğitimi kaç yıl sürmüştür?); *Emirdağ Lahikası*, c. II, s. 1 1768. de geçen "*Yeni Said'in hususîüstadı olan İmamı Rabbanî, Gavs'ı Azam ve İmamı Gazalî, Zeynelâbidîn hususan Cevşenül Kebir münacatını bu iki imamdan ders almışım ve Hazreti Hüseyin ve İmamı Ali'den aldığım ders, otuz seneden beri, hususan Cevşen'ül Kebir'le daima onlara manevî irtibatımda, geçmiş hakikatı ve şimdiki Risale-i Nur'dan bize gelen meşrebi almışım*" sözüyle Said Nursi kendini kutsallaştırma çabalarına mı girmiştir?
7. Said Nursi, ne olursa olsun her zaman her şeyi bilen birisi midir?
8. Said Nursi, ne olursa olsun her zaman her şeyi bilen birisi ise: **Her zaman her şeyi bilen sadece Allah değil midir? Böyle bir inanç şirk, küfür değil midir?**
9. Said Nursi; ne olursa olsun her zaman her şeyi bilen birisi değilse; Bediuzzaman Said Nursî, *Tarihçe-i Hayat*, c. II, s. 2123-2124'de geçen "*Rüyasında Peygamberimizden ilim istemiş, o da ümmetine soru sormamak şartıyla ona Kur'ân ilminin öğretileceğini müjdelemiş, bu sebeple daha çocukken asrın bilgini olarak tanınmış ve kimseye soru sormamış, ama sorulan bütün sorulara mutlaka cevap vermiştir*" cümlesi Said Nursi'nin her zaman her şeyi bildiğini anlatmıyor mu?
10. Said Nursi'nin ilim hayatını üç ayda tamamladığı, so-

rulan her soruya, tereddütsüz ve derhal cevap verdiği ve bu özelliğin ona rüyasında Peygamberimiz tarafından verildiği iddiası, ispatı olmayan büyük bir yalan mı yoksa onu kutsallaştırma çabası mıdır?

11. Said Nursi Peygamberlik iddasında bulunmuş mudur? Kur'an'da Hz.Muhammed'e açıklanmadığı halde Said Nursi'ye açıklanmış gizli gerçekler var mıdır? Risale'i Nur; Kur'an'ın gizli gerçeklerinin arştan inen kesin delili midir?
12. Bu sorulara cevabınız evet ise Said Nursi yeni bir peygamber, Risaleler ise yeni bir ilahi kitap, Kur'an sırlarla dolu açıklanmamış gizli bir kitap, **Hz.Muhammed ise Kur'an'ın sırlarından habersiz veya haberi varsa bunları ümmetten saklamış bir peygamber olur ki böyle bir iddia küfür olmaz mı?**
13. Bu sorulara cevabınız hayır ise; Şualar, Birinci Şua, Yirmi dördüncü Ayet ve Ayetler, Üçüncü Nokta, c. I, s. 842. de geçen "*Kur'an'ın gizli hakikatleri Risale-i Nur ile birlikte bize iniyor!! Tenzil'ül-Kitab cümlesinin sarih bir manası asrı saadette vahiy suretiyle Kitab-ı Mübîn'in nüzulü olduğu gibi, manayı işarîsiyle de, her asırda o Kitabı Mübin'in mertebe-i arşiyesinden ve mu'cize-i maneviyesinden feyz ve ilham tarîkıyla onun gizli hakikatları ve hakikatlarının bürhanları iniyor, nüzul ediyor...*" sözü büyük bir hayal mi yoksa Said Nursi'yi ve Risaleleri kutsallaştırma çabaları mıdır?
14. *Risale Nur*lar; Kuran'ı tasdik eden, tefsir eden, (varsa) sırlarını açıklayan ilahi bir kitap mıdır? Veya *Risale Nur*lar; Kur'ân'daki âyetlerin âyetleri midir?
15. Bu soruya cevabınız evet ise Kuran'ın son ilahi kitap olduğunu ret etmiş olmaz mısınız?

16. Bu soruya cevabınız hayır ise; Şualar, Birinci Şua, Yirmi ikinci Ayet ve Ayetler, c. I, s. 841 de geçen "*Resail'in-Nur denilen otuz üç aded Söz ve otuz üç aded Mektub ve otuz bir aded Lem'alar, bu zamanda, Kitabı Mübin'deki âyetlerin âyetleridir. Yani, hakaikının alâmetleridir ve hak ve hakikat olduğunun bürhanlarıdır. Ve o âyetlerdeki hakaiki imaniyenin gayet kuvvetli hüccetleridir*" sözüyle ve yukarda geçen sözleriyle Said Nursi, **Allah'ın "Vay o kimselere ki, kendi elleriyle kitap yazarlar, sonra "bu Allah katındandır" derler. Hedefleri, onun karşılığında bir şeyler almaktır. Vay o ellerinin yazdığından dolayı onlara! Vay o kazandıklarından dolayı onlara!" (Bakara 2/79)** ayetinin muhatabı olmuş olmaz mı?
17. Said Nursî; Hz. Ali'ye *Sekine* adında bir kitap indiğini, geçmiş ve gelecek bütün ilim ve sırların o kitapta olduğunu ve orada Risale-i Nurlara işaret edildiğini iddia etmiş midir?
18. Cevabınız evet ise; Said Nursi, Hz. Ali'nin yeni bir peygamber hatta bütün gaybı bilen (ki bu sadece Allaha ait bir özelliktir) bir insan olduğunu kabul etmiş olmaz mı? Böyle bir inanç Kur'ana göre küfür değil midir?
19. Cevabınız hayır ise; *Sikke-i Tasdik-i Gaybî*, Onsekizinci Lem'a, c. II, s. 2079; de geçen: "*Hazreti Cebrail'in, Âlâ Nebiyyina (a.s.m.) huzuru Nebevide getirip Hz. Ali'ye Sekine namıyla bir sayfada yazılı İsmi Âzam, Hz. Ali'nin (r.a.) kucağına düşmüş. Hz. Ali diyor: "Ben Cebrail'in şahsını yalnız alâim'üs-sema suretinde gördüm. Sesini işittim, sayfayı aldım, bu isimleri içinde buldum" diyerek bu Ismi Âzamdan bahs ile bazı hadisatı zikirden sonra tahdis-i nimet suretinde diyor ki: "Evveli dünyadan kıyamete kadar ulum-u esrar-ı mühimme bize meşhud derece-*

sinde inkişaf etmiş, kim ne isterse sorsun, sözümüze şüphe edenler zelil olur" sözüyle İslam dininin berraklığı bulandırılıp akıllara şianın sapık ve şirk kokan fikirleri mi sokulmak isteniyor?

20. ***Risale'i Nur* kusursuz, eksiksiz, izaha ihtiyacı olmayan ve mükemmel bir kitap mıdır?**
21. Cevabınız evet ise Kur'an dışında kusursuz, tam ve mükemmel bir kitap olabilir mi? Bu iddia insan eliyle yazılmış bir kitap için aşırı gitmek değil midir?
22. Cevabınız hayır ise *Barla Lâhikası*, Yirmi Yedinci Mektub ve Zeyilleri, c. II, 1415. de geçen *"Mübarek Sözler şübhesiz Kitabı Mübin'in nurlu lemeâtıdır. İçinde izaha muhtaç yerler eksik olmamakla beraber küll halinde kusursuz ve noksansızdır"* sözüyle delilsiz bir şekilde risaleler kutsallaştırılmış mıdır?
23. **Bu devirde; "Urvet-ül vüska" yani çok sağlam, kopmaz bir zincir ve bir "hablullah" yani Allah'ın ipi olan kitap Kuran mıdır yoksa *Risalei Nur* mudur?**
24. Bu soruya cevabınız evet Risaledir diyorsanız Bakara 2/256; Ali İmrân 3/103. ayetlerinin hükmü kaldırıldı da bizim mi haberimiz olmadı?
25. Cevabınız hayır ise Şualar, On Birinci Şua, Onbirinci Meselenin haşiyesinin bir lahikasıdır, c. I, s. 985. de geçen *"Risale-i Nur bu asırda, bu tarihte bir "urvet-ül vüska"dır. Yani çok sağlam, kopmaz bir zincir ve bir "hablullah" yani Allah'ın ipidir"* sözü insanları Risalelere mahkum edebilmek için söylenmiş bir söz müdür?
26. **Müslümanların şeriat, dua ve ibadet kitabı Kuran mıdır, yoksa Risaleler midir?**
27. Cevabınız Risaleler ise Kuran dışında başka bir ilahi kitap olduğunu iddia etmiş olmaz mısınız?

28. Cevabınız hayır ise; *Emirdağ Lahikası* I, c. II, s. 1719. de geçen "*Risale-i Nur'un menşur-u hakikatında tam tecelli ettiğinden, hem bir kitab-ı şeriat, hem bir kitab-ı dua, hem bir kitab-ı hikmet, hem bir kitab-ı ubudiyet, hem bir kitab-ı emr-ü davet, hem bir kitab-ı zikir, hem bir kitab-ı fikir, hem bir kitab-ı hakikat, hem bir kitab-ı tasavvuf, hem bir kitab-ı mantık, hem bir kitab-ı İlmi Kelâm, hem bir kitab-ı İlmi İlahiyat, hem bir kitabı teşviki san'at, hem bir kitabı belâgat, hem bir kitabı isbat-ı vahdaniyet; muarızlarına bir kitab-ı ilzam ve iskâttır*" cümlesi Said Nursi'ye göre Kuran gibi Risalelerin de kutsal olduğunu göstermez mi?
29. Risalelerdeki bazı bölümler Said Nursi ye Allah tarafından, haberi olmadan, zorla mı yazdırılmıştır?
30. Cevabınız evet ise; böyle bir iddiayı hangi akla ve mantığa göre ileri sürmektesiniz?
31. Cevabınız hayır ise; *Kastamonu Lahikası*, Yirmi Yedinci Mektup, c. II, s. 1589; ve Sikke-i Tasdik-i Gaybî, Sözler Yayınevi İstanbul 1991, s. 33'de geçen "*Aynen bu ehemmiyetli hikmet içindir ki, bâzı def'a haberim olmadan, ihtiyarım ve rızam olmadığı halde, ince hakaik-ı îmaniye ve kuvvetli hüccetler, müteaddit risalelerde tekrar edilmiş. Ben çok hayret ediyordum: Neden bunlar bana unutturulmuş, tekrar yazdırılmış? Sonra kat'î bir surette bildim ki: Herkes bu zamanda Risale-i Nura muhtaçtır, fakat umumunu elde edemez; etse de tam okuyamaz; fakat küçük bir Risale-'in-Nur hükmüne geçmiş bir risale-i câmiayı elde edebilir ve ekser vakitlerde muhtaç olduğu mes'eleleri ondan okuyabilir. Ve gıda gibi, her zaman ihtiyaç tekerrür ettiği gibi o da mütalâasını tekrar eder*" sözüyle Said Nursi kendisine Allah tarafından bir şeyler yazdırıldı-

ğını, dolayısıyla Allahın seçilmiş kulu olduğunu mu iddiaya çalışmaktadır?

32. Bu devirde Müslümanlar Kur'an'a mı yoksa Risalelere mi muhtaçtır? Müslümanların tekrar tekrar okuması gereken kitap Kur'an mı yoksa Risaleler midir?
33. Cevabınız Risaleler ise Kur'an'ın tarihte kaldığını veya yeteri kadar insanlığın sorunlarına cevap veremediğini iddia etmiş olmaz mısınız?
34. Cevabınız Kuran ise; *Kastamonu Lahikası*, Yirmi Yedinci Mektup, c. II, s. 1589; ve Sikke-i Tasdik-i Gaybî, Sözler Yayınevi İstanbul 1991, s. 33'de geçen "*Sonra kat'î bir surette bildim ki: Herkes bu zamanda Risale-i Nura muhtaçtır, fakat umumunu elde edemez; etse de tam okuyamaz; fakat küçük bir Risale-'in-Nur hükmüne geçmiş bir risale-i câmiayı elde edebilir ve ekser vakitlerde muhtaç olduğu mes'eleleri ondan okuyabilir. Ve gıda gibi, her zaman ihtiyaç tekerrür ettiği gibi o da mütalâasını tekrar eder*" sözleriyle Said Nursi yazdığı kitaplarını kutsallaştırıp Kur'an'ın önüne geçirmeye mi çalışmaktadır?
35. Said Nursi'ye göre Hz. Ali ve A.Kadir Geylani gibi zatlar geçmiş ve gelecekle ilgili gaybi olayları bilebilirler mi?
36. Cevabınız evet ise; "**Allah sizi, gaybı bilir hale getirecek değildir.**" (**Al-i imran 3/179**) ayeti ne anlam ifade eder?
37. Cevabınız hayır ise; Said Nursi, *Sikke-i Tasdik-i Gaybî*, Sekizinci Lem'a, c. II, 2091. de geçen; "Gaybı Allah'tan başkası bilmez' ayeti ile, 'O bütün gaybı bilir, gaybını kimseye açıklamaz. Ancak dilediği peygamber bunun dışındadır' ayetinin koyduğu kutsal yasağa karşı kulluğa yakışır bir güzel edep takınmak için açıklama yapma-

yıp işaretle söyleme yoluna girmişler, işaret ve simgeler kullanmışlardır ki, gayb ile ilgili bu bilginin, kendilerinin tercihi veya niyetiyle değil, Allah'ın öğretmesiyle olduğu anlaşılsın" sözüyle Said Nursi bu kişilerin gaybı bildiklerini fakat kudsi yasağa (sanki böyle bir yasak varmış gibi) uydukları için açıklamadıklarını iddia etmiş olmuyor mu?

Görüldüğü üzre, işin dinsel yüzü tamamen küfür ve şirk doludur. Bir şirk bataklığı, bir küfür deryasıdır... Bir de işin "siyasi yüzü vardır." İşin bu kısmını da Tarihçi-Yazar Sinan Meydan'ın kaleminden aktaralım;

Sinan Meydan'ın *Cumhuriyet Tarihi Yalanları* (2) kitabının 561. sayfasında 'kaynak ve belgeleri ile' Said Nursi'ye ait olduğu ifade edilen şu ibare yer alır;

"Küre'i Arz'ın şimdiki en büyük devleti Amerika'nın bütün kuvvetiyle din hakikatlerine taraftar çıkması ve İslamiyet'le Asya ve Afrika'nın saadet ve sükunet ve müsamaha bulacağına (barış bulacağına) karar vermesi ve yeni doğan İslam devletlerini okşaması ve teşvik etmesi ve onlarla ittifaka çalışması, kırkbeş sene evvel olan müddeayı ispat ediyor, kuvvetli şahit olur." (bkz. Tarihçe'i Hayat, 88)

Sinan Meydan devam ediyor;

"Yani Said'i Nurs'i, dünyanın şu anki en büyük devleti Amerika'nın bütün kuvvetiyle dini hakikatlere sahip çıktığını, Amerika'nın, Asya ve Afrika'da İslamiyet'le beraber huzur ve saadet geleceğine karar verdiğini, Amerika'nın yeni doğan İslam devletlerini okşadığını ve onlar ile ittifak ettiğini bütün dünyaya ilan ediyor!"

Ve aynı eserden nakil ile;

"Şu cümleler Said Nursi'ye aittir;

'Nev'i beşer bütün bütün aklını kaybetmezse ve maddi ve manevi bir kıyamet başlarında kopmazsa; İsveç, Norveç, Finlandiya ve İngiltere'nin Kuran'ın kabulüne çalışan meşhur hatipleri ve din'i hakkı arayan Amerika'nın çok ehemmiyetli cemiyeti gibi, ruyi zeminin kıtaları ve hükümetleri, Kuran'ı muciz'ül beyanı arayacaklar ve hakikatlarını anladıktan sonra bütün ruh'i canlarıyla sarılacaklar.' (Bkz. Emirdağ Lahikası, sf.54)

Nursi'nin bu sözleri, bugün onun yolundan giden Fethullah Gülen'in sözlerine ve yaşam biçimine nasıl da güzel örnek oluşturuyor. (Sinan Meydan, *Cumhuriyet Tarihi Yalanları/2*, İnkılap Yayınları, sf. 562)

Said Nursi'nin *Lemalar* adlı risalesinin 151. Sayfasında bir ifade yer alır;

"Ahir zamanda İsevilerin dindarları ehl'i Kuran'la ittifak edip, müşterek düşmanları olan zendekaya (Zındıklara) karşı dayanacakları gibi, şu zamanda ehl'i deyanet (dindar) ve ehl'i hakikat(hakikate bağlı) değil, yalnız dindaşı, meslektaşı, kardeşi olanlarla samimi ittifak etmek, belki Hristiyanların hakiki dindar ruhanileri ile dahi medarı ihtilaf (anlaşmazlık) noktaları muvakkaten medar'ı münakaşa (gereksiz ve geçici tartışma nedenleri) ve niza (kavga) etmeyerek düşmanları olan mütecaviz dinsizlere karşı mücadeleye muhtaçtırlar."

Yani mealen;

Molla ile Papaz işbirliği içerisinde, "dinsiz" olarak tanımlananlara karşı yürütülecek ittifak, zaruri ve gerekli görülmüş, hatta bizzat emredilmiştir.

Bu çerçevede, ruhaniler (Hristiyan Din Alimleri) yani

papazlar ile kol kola girerek, Amerika-İngiltere gibi İslam'ı kollayan ülkeler himayesinde, emperyalist dünyanın yardakçılığına soyunma gibi bir şeytaniliği; bugün İslamilik olarak pazarlamaktadırlar...

Bu hususta çok fazla uzatmaya gerek yoktur.

Görüldüğü üzre; Said Nursi, dinsel ve siyaseten "şir" bataklığına saplanmış bir Şeytan Evliyası'dır.

ZAMANIN ŞEYTAN EVLİYALARI

Zamanın Şeytan Evliyalarını isim isim ele almaya kalkarsak, büyük ihtimalle bu kitap birkaç bin ciltlik dev bir ansiklopediye dönüşecektir.

Ancak genel olarak baktığımızda, halk düşmanları;

Soros, Clinton, Obama, Hunthington, Brezinsky gibi isimler ve bu ismin yerli yabancı işbirlikçisi olan siyasiler, kalemşörler zamanımızın şeytan evliyalarıdırlar.

Bu şeytan evliyaları, halk yararına tek bir iş üretmeksizin, sadece zarar ve zahmet üreterek, hayatı ve toplumu perişan etmektedirler. Kurdukları vakıflar yoluyla, bugünün "özgürlük" jargonlarını sloganize eden bu odaklar, ideolojileri, inanç ve düşünsel sistemleri tahrif etme yoluna gitmişlerdir.

Tıpkı Kab ve Münebbih gibi, tüm düşünsel ideolojileri katletmiş, içini boşaltmış, insani değerleri yozlaştırmışlardır. Bunların kontrol ettiği para, yeryüzündeki paranın %78'idir. Ve insanlık bunların kölesidir.

İnsanlığı isyandan alıkoymak için sürekli afyonlar üreten

bu cenah, medya, görsel ve yazılı basın aracılığı ile insanların zihnine tecavüz eder, onları gerçek hedefi göremez varlıklara dönüştürürler.

Petrol için işgal edilen bölgeler ve bu işgal güçlerini destekleyen yerli işbirlikçi siyasiler; Şeytan Evliyacılığının bugünkü temsilcisidirler. Lakin insanımız, halen fıkıh koridorlarında dolaşmak sureti ile; bu cenah karşısında durması gerekirken, bu cenaha hizmeti "din" sayar hale getirilmiştir...

Bu ve benzeri meseleler üzerinden, bu cenah karşısında köklü ve etkili bir aydınlanmaya duyulan ihtiyaç, bugün düne nazaran daha fazladır...

Altıncı Bölüm

ŞEYTAN EVLİYACILIĞINA KARŞI DİRENİŞ

Din ancak paylaşmak iledir.

(Hz. Ömer)

DEVRİM AYETLERİ

Pratik bir eylemsellik, teorik doygunluğun akabinde açığa çıkar. Ve insan için en doğru hareket noktası, insana ulaşmaktır…

Halka inmeyi jipe binmek sananlarca kuşatılmış sokaklar, seçim zamanı sandık kafalılık yapan elitokratlar…

Efendim halka inmek lazım?

Muhalif grupların neredeyse tamamı bunu konuşur, tartışır…

Nerden iniyorsunuz? Neredesiniz?

Evet sen;

Halka inmekten bahsediyorsun...
Neredesin ki?
Nereden nereye iniyorsun?
Bu ne acı bir itiraf ki,
Varlığını hapsettiğin kuleden dem vurmak varken,
Kuleden iniş ile "kurtuluş" militanlığı yapıyorsun...
Halka inmek mi?
Halk olmak mı...

Aydıncılık oyununun aktörleri, üstünlük taslayan bakışlar, elitokratik kelimeler vs.

Halktan kopuşun yarattığı hezeyanlar. Sürekli sızlanma; ama halktan kopuşun "alamet'i farikası", sözün kalbe nakşedilemeyişi sorunu...

Uzun bir mevzu. Bu bölümde bunu tartışmayacağım.

Size kitabın ilk bölümlerinde değindiğim bir meseleyi ele alarak bir şey anlatacağım;

Huruf'u Mukatta harflerinin sırrını anlatacağım...

Asırlardır üzerine binbir türlü terane yapıştırılmış, gizemizm ve mistisizm oyuncağına döndürülmüş, aslı bir türlü tartışılmamış o harfler.

"Elif, Lam, Mim"

Bu harfler de neyin nesi? Bu işte bir iş var...

Bildiğiniz gibi, Kuran'ın bazı sureleri bu ve benzeri harfler ile başlar.

"Bir kısım âlimlere göre bu harfler, Kur'ân'ın esrarındandır. Allah bunların hakikatini bilmeyi kendine tahsis etmiştir. Bu görüşte olan âlimler haliyle onları tefsir etmekten kaçınmışlardır. Görüşlerini teyid sadedinde seleften birtakım rivayetler de nakletmişlerdir. Şa'bî, Süfyan es-Sevrî ve muhaddislerden bir topluluktan yapılan rivayetlere göre onlar şöyle demişlerdir: Allah'ın her kitabında bir sırrı vardır; bunlar da Kur'ân'daki sırrıdır. Bunlar, sadece Allah'ın bildiği müteşâbihattandır. Onlar hakkında konuşmamız gerekmez (caiz olmaz). Onlara inanır ve nakledildikleri gibi okuruz. Benzeri görüşler Hulefa-i Râşidîn ile İbn Mes'ûd'a da nisbet edilmiştir." (Kurtubî, el-Câmi'li Ahkâmi'l-Kur'ân, Beyrut ty. 1, 154).

Eyvah ki, bu kadar açık ve net olan bu ayetler; bir gizem konusuna dönüştürülmüş ve Devrimci İslam düşüncesinin kökü baltalanmıştır. Kimileri bunları "rakamlara" izafe ederek, Kur'an'ı bir tılsım kitabına dönüştürmüş. Kimileri, bunlarda "hint mistisizminin esintilerini taşıyan" derin anlamlar aramıştır...

Anlamı, giz ve gizcilikte aramak gibi bir hastalığın neticesinde, bu harfler ve benzerleri bir yüksek algı meselesine dönüştürülmüştür... Halbuki bu harflerin manası çok açıktır. Çok nettir, çok belirgindir...

NEDİR BU HARFLERİN SIRRI?

"Meselâ İbn Abbâs'a nisbet edilen bir görüşe göre 'Kâf-hâ-yâ-ayn-sâd' harfleri Allah'ın şu isimlerine delâlet ederler: 'el-Kerîm, el-Hâdî, el-Hakîm, es-Sâdik'". (Suyûtî, el-İtkân, Beyrut 1978, II, II).

"Buna benzer misâlleri çoğaltmak mümkündür. Bir kısım âlimler, bazı gerekçeler ileri sürerek bu görüşe karşı çıkmışlardır. Her şeyden önce bu harflerin bu anlama geldiğine dair tutarlı bir dayanak mevcut değildir. Meselâ bir 'kaf' harfi için Allah'ın 'Kahir' ismine delâlet ediyor da 'Kuddûs', 'Kadîr' veya 'Kavî' isimlerine delâlet etmiyor mu?" (Subhi es-Sâlih, Mebâhis fi Ulûmi'l-Kur'ân, Beyrut 1968, s. 241).

Cahiliye Arapları, kasidelerine başlamadan evvel uyarı yaparlardı. Bugün, düğünlere gittiğinizde müzik başlamadan evvel mikrofona "se, se" diye bir tonlama yapıldığını görürsünüz. Bu, müziğin geleceğine işaret eden bir denemedir.

Tarihsel olarak baktığımızda, Arap şairlerin, önemli bir şeyi söyleyeceğini ifade eder bazı noktaları ele alırken, okuma bilmeyen halka, okuma bildiğini ifade eder vurgular ile yaklaştığını görürüz. (Bkz. İslam Ansiklopedisi, Huruf mad., M.Sait Şimşek)

Örneğin, bir şair meydana fırlar ve başlar;

A,b,c,d,e,f,...

Bu şu anlama gelir;

Ey halk, ben bir bilgeyim. Okuma yazma biliyorum. Ve size şimdi hikmetli sözler söyleyeceğim..

Ve aslında bu bir "sokak dilidir."

Yani meydanlarda yapılan bir işin varlığına işaret eder. Bir halk kültürüdür...

Dolayısı ile, Kuran'ın huruf'u mukatta ile başlayan surelerinin tamamı, meydanlarda okunmuş surelerdir.

Yani bu sureler, halka ilk ilan edilen surelerdir. Allah elçisi, Kuran'ı geldiği gibi "sokaklarda haykırmamıştır." Belli prensipleri tanıtmak sureti ile, onları davet etmiş; akabinde meclis ve mescidlerde Kuran'ın tamamı hıfz edilmiştir.

Bu karakteri itibari ile bu ayetler, sokak ayetleri ya da "**DEVRİM AYETLERİ**" olarak tanımlanmalıdır...

Bu ayetler, sokaklarda okunmuş; halkın ilgisini çeken o vurgu ibareleri (huruflar) ile başlamış ve böylece halkın sunumu/anlatıyı dinlemesi sağlanmıştır. Bu görüşü savunan birçok müfessir mevcuttur. Ama, bu harflerin geçtiği sureleri "devrim ayetleri" olarak tanımlama noktasında sorunlar mevcuttur.

İniş sırasına göre baktığımızda ve bu surelerin sokaklarda okunduğunu düşündüğümüzde meseleyi çok daha iyi anlayacağız. Ki bu gözle okunduğunda, tamamen **devrimci bir karakter ortaya** çıkar ki, şimdi size bu surelerin kronolojik sırasını vereceğim...

İŞTE DEVRİM AYETLERİ!

(Kronolojik sırasına göre)

1. Kalem Suresi
2. Kaf suresi
3. Sad Suresi
4. A'raf Suresi
5. Yasin Suresi
6. Meryem Suresi
7. Taha Suresi
8. Şuara Suresi
9. Neml suresi
10. Kasas Suresi
11. Yunus Suresi
12. Hud Suresi
13. Yusuf Suresi
14. Hicr Suresi
15. Lokman Suresi
16. Mümin Suresi
17. Fussilet Suresi
18. Şura Suresi
19. Zuhruf Suresi
20. Duhan Suresi
21. Casiye Suresi
22. Ahkaf Suresi
23. İbrahim Suresi
24. Secde Suresi
25. Rum Suresi
26. Rad Suresi

27. Bakara Suresi

28. Ali İmran Suresi

Bu sıra, **Huruf'u Mukatta** ile başlayan surelerin, kronolojik sırasıdır. İnişe göre tertip edilmiştir. İlgili ayetleri, yukarıdaki sıra ile okuduğunuzda, ne demek istediğimi çok daha iyi anlayacaksınız.

Bu sıralama neticesinde, şöyle bir noktayı da gözlemliyoruz. Allah, Kuran'ın tebliğ yöntemini biçimlendiririrken; toplumun hakkında bilgi sahibi olduğu meseleler üzerinden bir tebliğ metodu inşa etmiştir. Yani, bölgede bilinen hikâyeler kullanılmıştır. Ki bu hikâyeler esasen bütün insanlığın ortak hikâyeleridir;

Musa, Hud, Lut, Nuh, Firavun, Ad Kavmi, Semud kavmi gibi hikâyeler, o toplumlarda bilinen ve itibar edilen hikâyeler idi. Ancak bu hikâyeler, tıpkı bugün ki gibi; etkisizleştirilmiş; hayattan kopmuş, mistik masallara dönüşmüşlerdi…

Allah, Kuran'da bu hikâyeleri kullanarak; inkar edilemeyecek deliller sunmuştur. Ve halkın daha rahat anlayacağı bir sunum yapılmasını sağlamıştır.

Daha önce de belirttiğim gibi, İslam'ın ilk tebliğ döneminde hiç kimse ile fıkhi bir tartışma yaşanmamıştır. Sadece Hıristiyan din adamları ile Tanrı-Teslis tartışmaları yapılmıştır. Ama yerel halk, müşrikler ve Kabe uleması ile tartışılmamıştır. Çünkü Kuran, zaten onların kabul ettiği bir tarihsellik sunmuştur.

Bu tarihselliğin temel sorunu ise; "Lehu'l Mülk" kavramıdır.

Müşrik gelenekte de Ahiret inancı vardır. Cennet vardır, Cehennem vardır…

Hatta onlar, cehenneme girip bir süre ceza çekip cennete gireceklerini düşünmektedirler. (Bugün de bu düşünce İslam içine sokularak inanılır.)

(BAKARA suresi 80. ayet) Dediler ki: "Sayılı birkaç gün dışında ateş bize asla dokunmayacaktır." De ki: "Allah'tan bir ahit mi aldınız! Allah, ahdine asla ters düşmez. Yoksa siz Allah'a isnat ederek, bilmediğiniz şeyleri mi söylüyorsunuz?"

Evet, bugün de inanılan cehennem böyle değil mi? Bugün de böyle düşünülmüyor mu?

Böyle düşünmelerinin temel nedeni ise, yaptıkları işleri meşru gösteren bir inançları olmasından ileri gelir. Yani, bizim içinde olduğumuz durum "şirk" değil ki, biz sadece günahkarız demelerinden ileri gelir.

Peki biz ne yapacağız?

Bu ayetleri ya da Mekkeli müşrikleri tarihsel bir olgu olarak görüp, bu ayetlere ve bu tarihsel hadiselere çöp muamelesi mi yapacağız?

Elbette hayır, bu ve benzeri hadiselerin tamamı evrenseldir, bugün içindir, zamana hitap etmektedir.

Direniş ise, insanın icra etmesi gereken yegâne iştir. Peki, bu nasıl olur dersiniz?

DİRENİŞ TEOLOJİSİ

Daha önceki kitaplarımda direniş teolojisinin ilk bölümünü yazmıştım. Öncelikle; dinsel tutarlılık çerçevesinde, dinde öze dönüş üzerine konuşmak gerekir. Dinde öze dönüş, dinsel aydınlanma ya da her ne denecekse, bir reform değil, bizzat gerçeğe yönelişin ta kendisidir.

Bu açıdan baktığımızda, bizi reform ile suçlayanların tutarsızlığı gözlenebilir. Çünkü hali hazırda, dinde reform yapılmış, Peygamberin vahiy yoluyla insanlığa sunduğu din, bir gelenek etkisi ile yozlaştırılmıştır.

Direnmek en doğal insan hakkıdır. Direniş, onurlu ve namuslu bir duruşun ta kendisidir. Bugün yaşanan hadiseler; direniş daha da gerekli kılmaktadır. Elbette direnişten anladığımız şey, büyük medya kartellerinin 'direnişçi olarak tanımladığı' enteresan unsurların eylemsel yönünü taklit değildir.

Direniş, zihinlerde başlayan değişimin, şehrin surlarını kuşatmaya talip olmasıdır.

Şöyle bir düşünün, yerleşik düzene geçmezden evvel yeryüzündeki bütün bu olanaklar kime aitti? Ve nasıl oldu da bazı ellerde toplandı?

Düşünün, yeryüzünde insan ne için çalışır? Neden bir yerlerde iş yapar?

Hilafeti, tahta oturup sefa sürmek anlayanlar, bu gerçekleri yorumlayamazlar.

Allah'ın halifesi demek, doğadaki diğer canlılardan farklı işlevleri olan bir üst varlık tipi demektir. Yani, doğada her canlı hayatta kalmak için yaşar. O halde halife; hayatta tutmak için yaşamak durumundadır.Yani üst yapısal varlık; Allah'ın işlevlerini tecelli etmeli, yansıtmalıdır.

O halde, hayatta kalmak için yaşayanlar 'hayvan', yaşatan, hayatta tutanlar ise insandır…

Hemen soralım, neden çalışıyorsunuz?

Geçinmek için?

Ele güne rezil olmamak için…

İşte 'rezil olma kavramı da' sistem tarafından şırınga edilmiş bir kavramdır. Nasıl mı?

Bir işe girersiniz ve şu prensipler size dayatılır;

- **Şöyle yaparsan kovulursun.**
- **Senin rızkını ben veriyorum.**
- **Kursağından ekmeğim geçiyor.**

Bu yaklaşımın Türkçesi, senin Rabbin benim manasına gelir.

La ilahe illallah ilkesi ile doğrudan çelişir. Ve eğer bu kurallara uymazsan, işten atılırsın. Borcun varsa (ki sistem borcun varlığını mutlak kılar) haciz gelir, ele güne rezil olur, millete muhtaç olursun…

Bu, doğrudan 'şirk paradigmasıdır'. Sınıflı toplumun afyonudur. Alt sınıfı faal tutma adına üretilmiş safsatalardır.

Rezillik ne ola ki?

Eşyam gitti diye beni küçük görecek 'beyinsiz ahmakları' yitirme endişesi mi? Yoksa, elinde imkan olduğu halde 'kenz ettiklerini paylaşmayıp' hırsızlık yaptığı **halde üstünlük taslayan mı?**

Bu satırları yazan kişi (ben), hiçbir banka hesabı olmayan, hiçbir kredi kartı kullanmayan, hiçbir şekilde bankacılık sistemine entegre olmamayı şiar edinmiş, kiracı (bir faizci/ev sahibine kira/riba/faiz ödemek zorunda bırakılmış), eline geçeni paylaşan, hiçbir birikimi olmayan biridir.

Ve elhamdülillah bundan onur duyan, bu durumdan hoşnut olan biridir...

Çoğumuz kira ödüyoruz. Ev sahiplerinin kesesini dolduruyoruz. Bu bile mübah sayılmış...

Sözümona Müslüman takılan bu zorbalara 'faiz' dediğinde, "haramdır" derler.

Peki;

100.000 TL Bankaya yatırıp 1000 TL faiz almak ile, 100.000 TL eve yatırıp 1000 TL kira almak arasındaki 7 farkı sayabilir misiniz ?

Ve en leyse lil insane illa ma sea

İnsan için sadece alınterinin karşılığı vardır. **(Necm 39. Ayet)**

Bakara 219, Necm 39, Nahl 71 ayetlere göre;

"Kira haramdır!" Çünkü emeksiz kazançtır. Emek verilmeden elde edilen her kazanç, **bizzat 'riba/faiz'dir.**

Efendim ben çalıştım çabaladım ev aldım. Alırken emek verdim. Şimdi bu algıyı mahkum edeceğiz;

1. Eğer emek verdiysen, o evde oturma hakkına sahipsin.
2. Eğer o eve ihtiyacın yoksa, uğruna canını riske bile atsan, o ev ihtiyaç duyan kişinindir.
3. Ve ihtiyaç duyan kişinin bu evde oturması, senin insanlık ailesine katkındır, halifeliğinden ileri gelen bir durumdur. Doğal tutumundur.

Bu görüşümüzün temelini oluşturan veriler ise; Kalem Suresi dahilindeki bahçe sahipleri kıssasında mevcuttur.

Hatırlayın,

Bahçeyi süren adam ihtiyacını alıyordu. Yoksullarda gelip mahsullerden ihtiyacını alıyordu. Böyle bir düzen vardı. Madem üretiyorsun, ihtiyacını al, gerisi ile diğer canlılar nasiplensin. (Ki Allah'ın rızıklandırması bu şekildedir.) Ama, bahçede iş üreten kişi bahçeyi sahiplendi, çit çevirdi. Ve Allah bahçeyi helak etti…

Dolayısı ile, bugün şirkin toplumsal yüzüne baktığımızda; müşrikliğin en büyük alameti, 'birilerini size kira vermeye zorlamak', eğer vermezlerse en doğal hakları olan barınma haklarını ellerinden almaktır.

Bir de şöyle bir saçmalık söz konusudur;

Adam kira veremediğinde evden atılır. Ele güne rezil olur!

Ele güne rezil olma adı altında üretilmiş mahalle baskısı, toplumu sisteme eklemlemiş, sisteme bağımlı hale getirmiş, sistemin kölesi olmalarını sağlamıştır. Ve bu sistemde, hiç kimse refah bulamaz. Sadece tasa ve dert bulur.

Bir nokta daha var;

Asya Finans adı altında bir banka var. Bunlar 'müslüman' olduklarını iddia ediyorlar.

Peki sorarım. Nereye kadar Müslümansınız?

Mesela, bir borçlu borcunu ödemediğinde nasıl bir yaptırım uyguluyorsunuz?

1. Borçluya ihtar gönderilir bir miktar süre verilir.
2. Ödeyemezse biraz daha süre verilir.
3. Taksite bağlanır. (Eşek değil ya canım, ödesin artık)
4. En sonunda İCRA yoluyla, evi zorla GASP edilir, hanesine tecavüz edilir, mahremine girilir, mütecaviz eller; kişinin mahremine saldırır, yanında kolluk kuvvetleri ile eşyaları kaldırılır.

Bu kadar alim ulema da, bu zorba faşist kenzcilerin zulmüne fetva verir. İş biter.

Badem bıyıklı kenzcilerin nasılsa malı mülkü vardır. Keyfine göre fetva bulan ikiyüzlüler buralara akın eder...

Hani bir fıkra vardır;

"En sonunda şeyimize göre imam bulduk der adam..." Detaylarına girmeyeceğim!

(BAKARA suresi 280. ayet) Eğer borçlu zorluk içinde ise eli genişleyinceye kadar beklenir. Borcunu sadaka olarak ona bağışlamanız sizin için daha hayırlıdır; eğer bilirseniz.

Evet iki tip uygulamadan bahsediyor Kur'an;

1. Borçlu eli genişleyene kadar bekleyin.
2. Borcu sadaka sayarak infak edin.

Hemen savunmaya geçecekler;

1. Kardeşim, İslami bir sistemde miyiz?
2. Mevcut düzende bunu nasıl yaparız?

Biz de şamarı basarız suratlarına;

1. İslami sistemde olmadığın için, kapitalist sistemin kanunlarına tapman mı gerekiyor ?
2. Malı götürürken, kenz yapıp biriktirirken de mi İslami sistemde değilsin?
3. Kapitalizme bu kadar eklemlenerek, Kuran'i bir sisteme geçiş için ne yapacağını sanıyorsun?

Korkudan titriyorlar. Allah için adam gibi bir tek eleştiri yapabilmiş değiller. Varsa yoksa;

1. Bunlar Gomünist.
2. Bunlar Mal Mülk düşmanı.
3. Bunlar Dini bozuyor.
4. Bunlar Reformist.
5. Bunlar Tekemmümlü Komünist
6. Bunlar Ergenekoncu...

Hadi canım! Biraz daha sallayın...

İslami sistem nedir? Cüppeli mollaların iktidarda olduğu bir rejim midir?

Yoksa barışı temin eden her sistem, İslami midir?

Düşünmeli ve Tevhid'i anlamalı...

SOSYOLOJİK OLARAK TEVHİD!

1.Tanrı yerini aldı tanrısal kurulda.

Yargısını açıklıyor ilahların ortasında;

2."Ne zamana kadar haksız karar verecek,

Kötüleri kayıracaksınız ?

3.Zayıfın, öksüzün davasını savunun,

Mazlumun yoksulun hakkını arayın.

4.Zayıfı, düşkünü kurtarın,

Onları, kötülerin elinden özgür kılın." ***(Zebur-Mezmurlar, 82. Mezmur)***

Bilir misin o zor yolun ne olduğunu ?

O, boyunduruk altına alınmışı; özgürleştirmektir... ***(Kuran'ı Kerim, Beled Suresi 12-13)***

Vallahi de billahi de Zebur'un bu ayeti, haktır; Allah'ın sözüdür... Zebur bozulmuş, Tevrat ve İncil bozulmuş... Aslında, insan bozulmuş. O kitapları okuyanlar bozulmuş. Anlam bozulmuş, mana bozulmuş... Zebur'u elinize alıp okuyun; göreceğiniz şey şu olacaktır...

Yoksulu, yetimi, öksüzü, zayıfı kollayın. Onların davasını savunun!

Kuran da böyle demiyor mu? Peki ya Buddha? Servet ve zenginliğin bir aldatmaca olduğunu söylemiyor mu? Konfüçyus'da özgürlüğü; arınmak olarak görmüyor muydu?

Arınmak, insanı doğadan kopartan bütün unsurlardan temizlenmek... Evet, bütün hadiseleri "kader" ile yorumlayanların pazarladığı "afyon din" yıkımıyla, kendisine ve tabiata-halka yabancılaşmış zihinleri arındıracak sözler söylemek lazım.

Bugün buna çok daha muhtacız...

Takdir'i İlahi deriz. İlahi kader/ölçü ve mizan gereği önümüze koyulmuş hakikattir.

Ve **aşk** kelimesini işittiğinde, aklına **ereksiyon** gelen bir neslin çocuklarıyız...

Aşk, kâinatın yaratılış sebebi, ateşi harlayan nefes, varlığın özüdür.

Daim ve **kaimdir**...

Bir kitabımda; **yeryüzündeki savaşın özü, ilahi benlik ile alçaltılmış ego arasındadır**, demiştim. BEN kelimesi, üç harften oluşan; kısa nefesli bir kelimedir. Fakat, uzun soluklu bir mecranın tanım ve ifadesi için kullanılır...

BEN, egosal tapınışın; ya da tanrısallığın sembolüdür. Ve şu ayet ile bu sembolün yarattığı ideoloji "lağvedilir."

(BAKARA suresi 117. ayet) O, göklerin ve yerin yoktan var edicisidir ve O, bir işin olmasını murad edince, ona yalnızca «ol!» der, o da hemen oluverir.

İyi düşünün...

Ben kâğıdı 'ağaçtan' var ettim...

Kâğıt: Ağaç

O yoktan var etti.

Var: Yok

Bu nasıl iştir diyeceksiniz?

Efendim, varlık; bizzat yokluktur. Çünkü var dediğimiz 'an', esasen yoktur. Çünkü akış dahilinde kendini gösterir, ama yokluğa mahkum olduğunu da geçerek anımsatır.

Yani, şu an bu yazıyı okuyorsunuz. 'Şu an' ibaresini kullandığım "an" artık geçmiştir. Yoktur, yokluk gerçeğine kavuşmuştur. Ve siz sonsuz 'var olma' kalıbı yaratarak, yeni var'lar inşa ediyorsunuz. Ama tüm inşa ettiğiniz var'lar, yok oluyor; yokluk gerçeğine gark oluyor…

Makam, şöhret, servet vs.

Ölüyor, toprağa giriyorsunuz. Ve hiçbiri artık sizin için bir anlam ifade etmiyor. Çünkü "yok" oluyorlar…

Aslında bu hatalı bir önermedir. Yok olan hiçbirşey yoktur. Çünkü zaten yoktur.

Bunu daha evvel de birçok yerde paylaştığım bir örnekle delillendirebiliriz;

- **Bu yazıyı okuyan arkadaş, sen hastasın! Gözlerin doğuştan beri, 3 milyon kere büyük gösteriyor. Baktığın her yerde 'atomlar' görüyorsun. Hadi bana 'banka cüzdanını göster!'**

Gösteremezsin, çünkü yoktur. **Ve aslında gözlerin 3 milyon kere büyük gösterirse; kainatta ikinci bir 'şey'in de olmadığını görürsün…** Atomaltı düzeyde her şey aynıdır. Her şey esasen bir tek şeydir ve diğer tüm 'şey'ler, bir tek şeyin ta kendisidir. İşte ben buna **'Tevhid'i Vücut'** diyorum…

Kendisini "bedenden ibaret sanan" olgu ile, bedenin ötesindeki varlığını arayan olgu arasında fark vardır. Meselemiz ise, "kendisini bedenden ibaret sayanların yarattığı sorun ve çelişkileri" bertaraf etmektir. Bunun için, zor ve kuvvet kullanmak cehalettir. Bunun mümkün olması için yapılacak tek iş;

"Gerçeği haykırmak, ışık tutmak ve aydınlatmaktır."

Bilim insanları, kâinatın yaratılışını "big-bang" teoremi ile izah ederler. Bu teoreme göre; herşeyin başlangıcında var olan yapı, bir isdita sahiptir. Patlama; yapısal bir durumdur. Patlayan her ne ise; bu bilgiye sahiptir. Ve nihayetinde oluşan evren; bizzat belirli bilgiler güdümünde yapılanır. Ortaya çıkan her iş ve oluş, bir bilginin ürünüdür.

Mesela, balık doğar doğmaz; yüzme istidatına sahip olarak doğar. Yapısal olarak baktığımızda; atomlar arası bağlanmalar ve akabinde moleküller ortaya çıkarak, belli eğilimler içinde yer edinir. **Bu eğilimlerin bileşkesi tabiattır.**

Ancak, çekirdeğe indiğinizde; iş ve oluş yoktur. Sadece belli bir hareket ve irade ile iş gören atomlar vardır. Yapısal olarak bütün atomlar aynıdır. Proton, nötron ve çevrelerinde dolaşan elektronlara sahiptirler.

Atomlardan bahsettiğimizde; kararlı ve kararsız atomlara değinmemiz gerekir. Çevresinde ki elektron sayısını 8'e tamamlayan her atom; kararlı hale geçer. Ancak oluş itibari ile kararlı olan elementler mevcuttur; **helyum gibi**.

Diğer elementler, kararlı hale geçebilmek için "başka bir element ile bağ kurarlar." Buradaki amaç; programına uymaktır. Tek gayesi, programa tabi olmaktır. İşini yapmak ve **kararlı forma geçmektir.**

Ve esas olarak bütün tarih, insan bu denklemde ele alındığında gerçek ortaya çıkar. Bu nedenle, biz meseleyi bu iki kıstas üzerine inşa edeceğiz;

KARARLILIK ve KARARSIZLIK İLKESİ

İnsan-Toplum ilişkisinde 'doğal olan durum'; biçimlenen ilişkinin insanı ve doğal olarak toplumu 'kararlı kılmasıdır.'

Bu çerçevede kararlılık, tabiata uyumluluk olarak göze çarpar. Tabiata uyumlandıkça insan; egosal bir varlık olmaktan geçerek, bütünün parçası haline gelir. Bu çerçevede, ürettiği iş ve oluşların tamamını 'tabiatı kıstas edinerek ortaya koyması' gereklidir.

Mesela, boş bir tarlanın etrafını çevirip; burası benim dediğinde, büyük bir aldatmaca ve yalanın ortasında bulur kendisini. Çünkü o tarlanın üzerinde otlar, hayvanlar, börtü böcek, toprak altındaki solucanlar, mikro organizmalar ve tamamı; o tarladan istifade eder.

Dolayısı ile tarla; kamusal alandır. Her canlının istifade etmesi gereken bir alandır. Yani, bir tek elde toplanabilecek bir alan değildir. Kaldı ki insan istese de bu tarlayı özerkleştiremez.

Çünkü ekininden verim alması için mikroorganizmalara, böceklere, bakterilere, hayvanlara ihtiyacı vardır. Onları bu tarladan çıkarttığında; bu tarla hiçbir işe yaramayan bir toprak yığınına dönüşür. Bir sahil kumu halini alır.

Ve bu, egosal varlığın ilgisini çekmez. Çünkü böyle bir verimsizlik; insanın sahiplenmek istemeyeceği bir durumdur. Çünkü insan, sahiplenme güdüsünün temelinde; üstünlük ve farklı olma hazzını besler. Yani tarlanın getirdiği verimlilik, insanı diğerlerinden üstün kılacaktır. Böylece egosal varlık; diğerlerinin varlığını kabul ve ilan etmek sureti ile böyle bir yola girişir.

İşte tarla; egosal varlığın mabedine dönüşür. Çünkü bir tarlayı sahiplenmenin diğer bir manası; **ben ve onlar var** düşüncesinin ilanından ibarettir.

Bu çerçeveden baktığımızda; zaten temelden sorunlu olan bu düşünce ile çıkılan yolculukta atılacak her adım, körlük ve sağırlık üzerine bina edilir. Çünkü gerçek bu değildir ve bu gerçeği bilmeyen her varlık; kendi gerçeğini dayatarak; tabiatı zorlamaya çalışır...

Egosal varlık, bu yola çıkar çıkmaz; tabiat ile çelişen fiiller üretmeye başlar. Çünkü var olan gerçekliğe isyan etmiştir. Ve kendi gerçekliğini dayatmaya başlamıştır...

İlkin, o tarladan menfaatlenen herkesi uzaklaştırmaya çalışır. Gerekirse 'kan döker ve bozgunculuk eder.' Sonra, diğer tarlaları ele geçirme hazzı başgösterir. Bu haz, insanda var olan bir hazdır. Ve bu haz sayesinde insan; egosal tapınış yolculuğuna başlar başlamaz; arttırma ve çoğaltma yarışına girmiş olur. Akabinde, kimi zaman güç kullanarak, kimi zaman da 'yarattığı toplum kurallarına sığınarak' (meşru, legal...vs. kavramlar) başkalaşır ve amacı için çabalar.

Ve bu manzara karşısında toplum, doğrudan savunmaya geçer. Ama insan fıtratı gereği bu savunma; bu sahte karakter karşısında durmak değildir. Savunma, kendini koruma güdüsü içerisinde; bu karakteri taklit ederek çoğaltma işinin ta kendisidir.

Bu durumun temel nedeni, insanın doğuştan itibaren sınırlara hapsedilmiş bir varlık olarak dünyaya menzillenmesinden ileri gelir.

Mesela insan, araştırmalara göre; 18milyon sınırlayıcı cümle-kelime ile muhatap olur.

- Sen çocuksun anlamazsın.
- Sen ne bileceksin.
- Bu işi anlaman için bir fırın ekmek yemen lazım.
- Sen kimsin ki, o elbiseyi alacaksın ?
- ...vs.

Bu limitler içerisinde insan, kendi varlığını mutlak görmeye başlar. Ve 'rekabet' denilen bir sürece eklemlenir.

Evet, rekabet...

Rekabet, doğal olan değil mi ki diyeceksiniz...

Efendim, rekabet; bizzat hayvanlar aleminin temel gereksinimidir. Ama bu rekabet; doğal dengenin öngördüğü sınır ve ölçülerde baş göstermiştir. İnsan ise, kendi yarattığı rekabet kalıpları içerisinde; yok edici bir süreç ortaya çıkartır.

Bu durum, kararsız insan-toplum gerçeğinin ta kendisidir.

Alemlerin Efendisi olan Allah, tabiatı anlamamız için bize bazı hisler-duygular bahşetmiştir. Mesela mutluluk hissi...

Örneğin, yapmanız gereken bir işi yaptığınızda; mutluluk duyarsınız. Bu durum, atomaltı düzeyi de anlatır esasında. O atomların, kararlı hale geçtiklerinde yaşadığı şey budur. Dolayısı ile, insan – atom denklemi kurgularsak şöyle bir manzara ortaya çıkar:

İnsanın kararsız karakteri, atomaltı dünyaya tecelli etseydi; kâinat diye bir sistem ortaya çıkmazdı. Bu büyük bir yıkım olurdu. Dolayısı ile, atomun kararsızlığı nasıl bir yıkım üretiyorsa; insanın kararsızlığı da devasa bir yıkım üretir.

Bugünün dünyasının temel sorunları, tamamen bu prensibe dayanır. Ve ilkesiz, kararsız bireyci zihin; insanlığın katili olmakla birlikte, kâinatın da katilidir.

Kararsızlığın temel dışavurumu ise; egosal varlığın ortaya çıkışıdır. Ve egosal varlık şu temel etkenlerden beslenir;

1. Irksal Farklılıklar

Ben diye başladığınız cümleler, Sen ya da O ile biter. Çünkü ben olgusu, mutlak anlamda, o ve öteki yaratmak üzere koşullanmıştır. Bu koşullanma çerçevesinde insan, ben dediği anda; o ve öteki bilincini inşa eder. Ancak egosal varlığın 'ben' yaklaşımı, farklılıklara dayalıdır. Ve aslında "ben" tanımı, o ve öteki olmayan üzerine bina edilmiştir.

Bu 'olumsuzlanmış' tanım üzerinden, o ve öteki olmama durumunun 'kutsallaştırılması gerekir.' Yani, ben; o ve ötekinden üstün olmalıdır. Bunu sağlayan ilk faktör, "ırk" olgusunun, bir üstünlüğe dönüşmesi durumudur.

"Türkün Türkten başka dostu yoktur" düşüncesi, bu durumun en belirgin dışavurumudur. Çünkü Türk diye bir 'ben' inşa edilmiştir. Ve bu ben, diğerlerinden yani 'Türk olmayanlardan' üstün kılınmıştır.

İnsanlığın tarih boyunca ortak problemi olan sorunlar dahi, artık ırksal bir boyuta indirgenmiştir. Mesela, bir 'paylaşım sorunu olan, ya da eşitlik problemi olan' kürt meselesi dahi artık 'ırksal bir soruna dönüşmüştür.'

Ve hatırlayınız ki, tarla sahibinin tecavüzünden ötürü; savunmaya geçen algıdan bahsetmiştim. İşte 'o ve öteki'nin savunma paradigması da, saldırının yöntemine göre biçimlenir. Mesela, ırksal bir saldırı ya da başkalaşma eğilimi, mutlak anlamda '**benzer bir tepki doğurur.**'

Ve "Türkün Türkten başka dostu yoktur" gibi bir yaklaşım, ancak "Kürtün Kürtten başka dostu yoktur" gibi bir tepki üretir.

Bu tepki o kadar sertleşir ki, aslında ana karnında aynı süreci yaşayan, aynı şekilde yiyip içen, aynı şekilde tuvalete giren, aynı şekilde sex yapan iki varlık, birbirinden tamamen farklı olduğunu iddia etmeye, ve artık aynı ortamı dahi paylaşamayacağını düşünmeye başlar.

İşte Kuran'ın 'şirk' **dediği olgunun sosyolojik yüzü, tam anlamıyla budur.**

Bir diğer çelişki, sahiplenilenlerin çokluğu/mülkiyet çelişkisidir...

2. Mülkiyet Farklılığı

Egosal varlığın en belirgin farklılık pratiği, mülk ilişkisinde de ortaya çıkar. Öncelikli olarak 'sahiplenilenlerin çokluğu' ve 'meşruluğu' toplumsal kaidelerce korunur. Mesela bugün 'adalet mülkün temelidir' yazıları yazan mahkemelerimizin, mülkiyeti koruyuşu; bunun en belirgin örneğidir.

Tarla sahibi (ilk örneğimizi düşünün) kendi yarattığı gerçeği biçimlendirir. Hatta doğal olan alışkanlıklarının dışına çıkmaya başlar.

Bu bahsettiğim hadise, hayati bir hadisedir. Lütfen bu kısmı çok iyi anlayınız!

İnsan, doğal olmayan bir sürece dahil olduğunda, ürettiği eylemler de doğal olmayan eylemlere dönüşür. Dolayısı ile, doğa ile çelişen eylemleri tetikleyen bütün güdüler; doğal olmayan güdülerdir.

Doğal alışkanlıkları dışında, insan 'egosal bir varlık' olarak yeni alışkanlıklar yaratmaya başlar. Ve bu alışkanlıklar, ancak 'kendi sınıfsal karakteri içerisinde konumlananların' dahil olabileceği alışkanlıklardır.

Ve işte 'sınıf' kavramı ortaya çıkar.

Arttıran, çoğaltan insan, bunu 'sözde bir mutluluk' için yapar. Çünkü, doğal olan eylemin **götüreceği bir mutluluk varsa, doğal olmayanın da götüreceği bir mutluluk olmalıdır.**

Bunları Mutluluk 1 ve Mutluluk 2 diye tanımlayalım.

Mutluluk 1 doğal olandır. Mutluluk 2 ise doğal olmayandır.

Mutluluk 2, gösterişin, şatafatın ta kendisidir. Arttıran, çoğaltan egosal varlık; yeni yaşam birimleri inşa eder. Ve o birimlerde, kendisi gibi olanlar vardır. Artık bir üst yapı kurumlaşmıştır. Ve toplumda muteber olan şey; arttırılmış mal-mülk olmuştur. Ve bu mal-mülk bir güç aracıdır. Yani toplumu biçimlendiren bir güç haline dönüşmüştür. Bunlara sahip olanlar güçlüdür. Olmayanlar ise zayıf. Ve bu egosal varlık; her iki koşulda da **'bir din yaratır.'**

Doğal olan süreç ve doğal olmayan süreç; dinli ve dinsiz süreç değildir. Her ikisi de dinlidir. Ve mutlak bir yaratıcının varlığına iman edilişi öngörür. Ama egosal varlığın tanrısı; zulmü ve sınıfsal farklılıkları 'kader ve ilahi adalet' olarak öngörür. Bu çerçevede, doğal olana çağıran bütün sözler; bu varlık tarafından düşman bellenir. Akılsızlık, delilik olarak tanımlanır.

Hatta paylaşmak; salaklık, kerizlik, enayiliktir. Ki bu üç kavram da doğrudan **'egosal kavramlardır.'**

Peki, alttakilerin tepkisizliği nedendir? Ya da, bu yeni biçimlenen sınıfsal karaktere, alttakiler neden uyum sağlar. Yine aynı prensibi hatırlayınız. Saldırı, benzer bir tepki üretir.

Alttakiler, üsttekilere benzeme istidatından dolayı tepkisizleşir. Eylemsizleşir. Neticede, o yapısal karaktere bürünebilme yolları arar durur.

Arsızlık ve pirsizlik mübah görülmeye başlar. Hırsızlık, din haline dönüşür. İbadeti, kenz olan bir din yaratılır.

Ve ortaya, çatışan, çelişen bir yapı ortaya çıkar. Üstteki yapı; daha fazla arttırmak için kan döker, silah satmak için, savaş çıkartır. Çünkü tek amacı 'çoğaltmak, sahiplenmektir.'

Ve bu güdüyü besleyen olgu; onun egosal bir varlık oluşudur.

Hatta o kadar ileri gider ki, toplum kuralları da bu ilke üzerine biçimlenir. Örneğin, bir insan 'kira' adı altında bir saçmalığı ödemeye mahkum edilir. Kirayı ödemediğinde evden atılacağı telkin edilir. Bu durumda, "ele güne rezil olacağı" sürekli olarak dayatılır.

Ele güne rezil olmamanın yolu, çalışmaktır. Kirasını ödemek için çalışmaktır. Ve çalışmanın tek bir amacı vardır. Çalışanın, çalıştığı kurumun sahibinin biraz daha zenginleşmesini sağlamaktır.

Karakteristik bir problem olarak bu durum, insanlarca sorgulanmaz. Çünkü insanlara, bir gün sen de işveren olabilirsin gibi bir hayal dayatılır.

İşte menzili şaşmış toplumun dayattığı kural ve kaideler, bir bütün olarak bu çelişkilere dayanır.

Mesela, bir fabrikaya girersiniz. Üretirsiniz. Üretiminiz neticesinde, fabrika kâr eder. Fabrikanın 'sahibi/rabbi' bu kârı kişisel mülkü haline dönüştürür.

Siz ürettikçe, başkaları kazanır. Ve siz sadece, kiranızı, elektriğinizi, suyunuzu, kredi kartlarınızı ödersiniz. Yaptığınız minik birikimler yoluyla; kendinizi güvene aldığınızı telkin edersiniz.

Ne demektir insanın kendini güvene alması?

Bu, yaşanılan ortamın güvensiz olduğuna işaret eder. Büyük balık küçük balığı yutar ilkesinin doğal yansımasıdır.

Ama sorunludur. Hatalıdır!

Çünkü Arslanlar, sadece ceylan ve benzeri canlılara saldırırlar. Arslanlar, arslanlara saldırmazlar…

Dolayısı ile güvensizlik insani bir durum değildir. İnsan, ancak farklı türlerden dolayı güvensiz hissetmelidir. Bir arslan ya da ayı saldırısından dolayı.

Ama kendi türünden gelen bir saldırıdan ötürü (fakirlik, yoksulluk bu saldırının ürünüdür.) güvensizlik duyuyorsa, bulunduğu ortam; tamamen doğaüstüdür. Doğadışıdır. Yalandır, çelişkilidir.

Ama insan ne yapar?

Bu saldırılara karşı, ortamı doğallaştırmak yerine, ya da bunun için mücadele etmek yerine, biriktirerek güven temin etmeye çalışır…

İşte tam olarak sorun budur…

Eğer böyle bir bakış açısı hakim ise, o ortamda 'doğadışı kurallar hakim demektir.' İşte Kuran bu kurallara 'ŞİRK' diyor…

Şirk, şeytanın ve evliyalarının dinidir. Bir prensipler bütünüdür ve tarihsel olarak farklı kılıflarda, aynı işi yürütmüştür.

Bugün de yürütmektedir…

Yazar-Düşünür, yoldaşımız İhsan Eliaçık bu durumu şöyle özetliyor;

Zamanımızın Tanrısı Mammon/Para, tabusu da Mülkiyettir…

Türkiye'de mülkiyetten bahsettiğinizde, **komünist, dinsiz, ateist, sosyalist, Marksist…vs.** ilan edilirsiniz. Bu, mülkiyetin bir tabu olduğunu gösteren en büyük delildir. Hele ki, anlattıklarınızı dinlemeden, dinleyip değişecek insanların korkusundan dolayı, yaftalanırsınız..

Denklem basittir; bir adam eğer yaftalanıyorsa; o adam çok korkutucu, egosal varlığın bacaklarını titreten bir söz söylemiş demektir. Ve tarih boyunca bu böyle olmuştur...

Peki diğer çelişki nedir?

3. Tarihselcilik Farklılıkları

Tarihselcilik, yanılgılarla dolu bir bakış açısıdır. Egosal varlığın bina ettiği yorumlamalar üzerinden, insanlığı afyonlayan bir zehirdir.

Egosal varlığın tarihselciliği, mülkiyet ve mucize üzerine bina edilmiştir. İnsan-Tabiat köprülerini yakan, yok eden bir algı yaratmaya programlanmıştır. Bu algının inandığı bir Tanrı vardır. Bunlar da o tanrıya Allah derler.

Ancak, Allah'ı, tabiat ile çelişen işlerin baş faili olarak göstererek, kendi 'tabiat çelişkilerine meşruluk kazandırırlar.' El altından bir bilinç altı operasyonu yürütürler...

Bir insanın, yeryüzünde olması olanaksız olan bir işi, Allah'ın mucizesi olarak göstermesinin tek nedeni, kendi yaptığı 'doğaüstü/doğadışı' fiilleri meşrulaştırmasıdır. Bu tip olgular, Allah'ı yücelten olaylar değildir. Aksine, Allah'ı çelişkilere boğan bir sav üretme faaliyetidir.

Allah, dağları yerinden söktü, havaya uçurdu... vs.

- Bu nasıl olur?
- Allah dilerse olur...

Genel savunma yöntemi budur. Yani buna göre Allah, kendi yarattığı doğal kuralları çiğnemeyi adet edinmiştir. O halde, bunu 'halifesi olan insan da yapabilmelidir?' Eğer yapamıyorsa, Allah, despot bir diktatördür. Ve ben bu savı öne sürenlere hep şunu sorarım;

Allah Teala, Elçisi Muhammed'i Cehenneme atabilir mi?

- **Elbette atabilir!**

Peki atar mı?

- **Kem, küm... Atmaz tabi!..**

Neden atmaz?

Ben yanıtlayayım, çünkü kendi yarattığı kural ve ilkelere 'tam bağlılık sergiler' ve büyüklüğü, gücü, üstünlüğü zaten bu duruştan dolayıdır.

Yani, benim nezdimde 'Allah'ın karşımda bir ölüyü diriltmesi' büyüklüğüne değil, çelişkili olduğuna işaret eder. Çünkü, eğer bir ölüyü diriltirse, diğer tüm ölüleri de diriltmesi gerekir ki adaleti temin edebilsin...

İşte bu perspektifin genel adı; "kerametizm"dir.

Kerametizm, kenzin; yani kapitalizmin en büyük afyonudur. Kuran ve diğer dinsel metinlerin "**mülkiyeti meşru kılan sözlere dönüşmesini amaç edinmiş bir ideolojidir.**"

Bir gün adamın birine sordum;

3 yaşında bir çocuk ölünce nereye gider?

- Tabii ki Cennet'e...

O zaman ben 90 yaşında ölürsem, Allah'ım beni 90 sene yaşattın, önüme birsürü imtihan aracı çıkarttın. Ve sonunda cehennemlik oldum; ama bu çocuğu 3 yaşında öldürdün, şimdi de cennete sokuyorsun, sen bizimle alay mı ediyorsun, deme hakkına sahip değil miyim?

İşte, **kenz ve şirk dininin tanrısı**, bu kadar aciz, bu kadar çelişkilidir!

Ancak, bizim Rabbimiz olan Allah; bu tip çelişki ve acz alametlerinden münezzehtir. Adildir, Hakimdir!

Evet, onlar Allah adında bir puta tapıyor. Ve o puta, alemlerin Rabbi olan Allah'ın ismini takmışlar. Ama taptıkları putun Allah ile hiçbir ilgisi yok. Çünkü o put **zalim, aciz ve adaletsiz.** İnsanları cennete sokmak için çilelere boğan, dünyada yoksulluğu nimet gören bir tanrı.

Kuran ve Elçisi Muhammed (selam olsun) dilinden öğrendiğimiz ve iman ettiğimiz Rabbimiz Allah ise; adaleti, ilahi adaletten, yeryüzü adaletine dönüştürmüştür.

İlahi adalet, zulmü mübah göstermek için uydurulmuş bir kılıftır. Allah ise, kitabında defalarca; adaleti yeryüzüne indirmiştir. İşte dine karşı din, şirke karşı tevhid duruşu budur.

Ve bizim ölçümüz tevhiddir...

PEKİ TEVHİD NEDİR?

Tevhid, ırksal, mülkiyet ve tarihselciliğe dayalı ayrılıkları inkâr ve lağv eden bir dünya görüşüdür. **Allah'ın tüm peygamberlerinin 'resmi ideolojisidir.'**

Tevhid'e göre üstünlük 'takvadadır.' Takva, Allah'a yakınlıktır. Ve Kuran'a göre Allah'a yaklaşmanın yolu, halka yaklaşmaktır. Halk olmak, Kuran'ın Allah lafzı ile başlayıp, Nass/halk lafzı ile bitmesinin sırrı da budur.

Bu sırra göre, ırksal farklılıklar; Allah'ın insanlığa nimetidir. Kültürel etkileşim ve gelişim içindir. Tahammülsüzlük tevhid dairesinin dışındadır. Mülk üstünlüğü şirktir ve yasaktır. Tek üstünlük, üstün değer üretmede gizlidir. Ve bu temel koşuldur...

Bizi komünistlik ile itham edenlerin idrak sınırlarını aşan bir hakikat olarak tevhid, üstün hizmeti emreder.

Takva, halka yaklaşma, halk için değer üretmektir.

Yani şu korkudan münezzehtir;

Efendim, paylaşalım peki, ama yan gelip yatan adamla, çalışan adamı nasıl ve neden eşitliyoruz...

Bunun altını ısrarla çiziyorum; "**istifleyen adam ile, değer üretmeden yan gelip yatan adam birdir, aynıdır.**"

Bizim tevhid görüşümüz, yan gelip yatmaya karşıdır. Değer üretme, sürekli bir üretim ve bölüşümü öngörür... Bu yüzden, Marksist pratiklerden ayrılır, çelişir. Çünkü manevi-ahlaki yönü vardır. Madde ve Mana dialektiğine dayanır. Kaba meteryalist bir görüşle uyum gösteremez...

Ahiret inancı vardır, hesap korkusu ve endişesi vardır, aşk vardır, sevgi vardır...

Sürekli bir paylaşım, sürekli bir bölüşüm, sürekli bir üretim...

Herkesin katıldığı bir çorba pişirme davası. Herkesin tuz, biber kattığı, bol çeşnili ve lezzetli bir çorba. Ve zengin-fakir eşitsizliğinin mümkün olmadığı bir aşk toplumu...

Ve tüm bu çelişkiler esasında iki tipin üretimidir;

Egosal varlık, yani Şeytan Evliyaları,

İlahi varlık, yani Allah dostları...

Allah dostları, '**halilullah**' olarak tanımlanır Kuran'da. İbrahim Peygamber üzerinden tanıtılır. Allah dostu demek, halk dostu demektir. Şeytan dostu demek, halk düşmanı demektir...

Sonsöz

Bu elbette son sözümüz değil. Bu Kitap, şirk dininin tanrılarına açılmış bir savaş ilanıdır. Ve o dinin dincilerine çağrıdan ibarettir.

Bu kitaptan sonra piyasaya çıkacak olan *Devrim Ayetleri* ile meseleleri daha genişçe ele alacağız. Her kitabımız bir adım öteye götürecek ve neticesinde;

Zihinlerde başlayan devrim, şehrin surlarını kuşatacaktır.

Bu çok iddialı oldu sanırım. Ama inandığımız prensipler bu yöndedir.

Günümüzün ana problemlerinden kopmuş bir dinsellik içinde, fıkıh koridorlarından gezinen zihin; Dünya'yı ve insanlığı anlayamamıştır. Yaptığı çözümlemeler basiretsizdir, işbirliğine giriştiği fikrî olgular sorunludur...

Bu açıdan Şeytan Ayetleri, bir fikir işçiliği olarak ele alınmalıdır. Bu kitap, içerdiği somut çözümlemeler ve üzerinde düşünülmüş tahliller ile yeni bir toplum projesi üretme önerisidir.

Ve umuyorum ki ulaşması gereken yere (zihinlere) ulaşır...

Görüşmek temennisi ile...

Eren Erdem

01.09.2011, İstanbul

YARARLANILAN KAYNAKLAR

(İlgili kaynakların bir kısmından alıntı yapılmış, bir kısmından direk alıntı yapılmamıştır. Ama tamamından istifade edilmiştir.)

- Kuran'ı Kerim
- Zebur (Mezmurlar)
- Tarih'ul İslam – Zehebi
- Müfredat – Ragıp El İsfehani
- Tarih'i Taberi – Taberi
- Tabakat – İbn'i Sad
- Kitabu'l Zühd – Ahmed bin Hanbel
- Esbab'ı Nüzul – Abdülkadir El Duri
- Sahih Buhari Tercemesi
- Fetava'yı Resulullah
- Fıkh'ı Ekber – İmam'ı Azam (Şerhi)
- Uydurma Hadisler – İbn'ul Kayyum El Cevzi
- Fusus'ül Hikem – Muhittin İbni Arabi
- Hanginiz Muhammed – R.İhsan Eliaçık

- En Mühim Mesaj Kuran – Prof.Dr.Suat Yıldırım
- Tavasin – Hallac el Mansur
- Ebuzer – Ali Şeriati
- Dine Karşı Din – Ali Şeriati
- İslam ve Sınıfsal Yapı – Ali Şeriati
- İslam'ın Vaadettikleri – Roger Garaudy
- Entegrizm – Roger Garaudy
- Kapitalizm – Ayn Rand
- Yeni Türkiye Cumhuriyeti – Graham E. Fuller
- Kulluk Kitabı – Muhammed İkbal
- Nehc'ul Belağa (Hz.Ali'nin Hutbeleri) – Gölpınarlı Terc.
- Cem'ül Fevaid – İmam Rüdani (Hadis Kaynağı)
- Çeşitli Siyer Kaynakları
- Atatürk ile Allah Arasında – Sinan Meydan
- İslam Ekonomisi – Muhammed Ebu Zehra
- Hz.Muhammed – Muhammed Hamidullah
- İslam Sosyalizmi – Mustafa Sıbai
- Das Kapital – Karl Marks
- Zamanın Gerçek Tarihi – Cahit Doğan Doğar
- İslamiyet ve Sosyalizm – Roger Garaudy
- Abdestli Kapitalizm – Eren Erdem
- Gayya Karanlığından Kuran Aydınlığına – Eren Erdem
- İslam ve Kapitalizm – R.İhsan Eliaçık, Eren Erdem, Hakkı Yılmaz, Yılmaz Yunak
- Nurjuvazi – Eren Erdem
- Kuran'da ki Din ve Uydurulan Din – Kuran Araştırmaları Grubu
- Şeytancılık – Prof. Dr. Yaşar Nuri Öztürk

- Kuran'ı Kerim Tefsiri – Prof.Dr. Süleyman Ateş
- Tebyin'ül Kuran – Hakkı Yılmaz
- Fark – İbn'i Teymiyye
- İslam Ansiklopedisi – Diyanet İşleri
- Sömürgeci Dincilik – Prof.Dr. Şahin Filiz
- Adalet Devleti – R.İhsan Eliaçık
- Cumhuriyet Tarihi Yalanları 1 ve 2 – Sinan Meydan
- Yeni Paradigmayı Okumak – Fikret Başkaya
- Cavidname – Muhammed İkbal
- Türkiye ve Küreselleşme – Erol Manisalı
- Kuran'ı Kerim Fihristi – Recep Aykan
- Ortacağ'da Endüstri Devrimi – Jean Gimbert
- Evrenin Kayboluşu – Gary R. Renard
- İlahi Matriks – Gregg Braden
- Karakutu – Ediz
- Konuşmalar- Konfüçyus
- Emperyalizm – V.İ. Lenin
- Ulusların Kaderini Tayin Hakkı – V.İ. Lenin
- Devlet – Platon
- Devlet – İbni Haldun
- Klasik Anarşizm – Bakunin, Kropothcin, Proudhon
- Mülkiyet- Proudhon
- İslam'da Sosyal Adalet – Seyyid Kutup
- Hayat'us Sahabe
- Mecelle
- El Keşşaf - Zemahşeri
- HALKnet.com
- Adilmedya.com
- Hasenat (Kuran Dizin Programı)